Bei Jing Shi "Shi Er Wu"Nong Cun She Hui Shi Ye
Fa Zhan Lan Pi Shu

北京市"十二五"
农村社会事业发展蓝皮书

赵秋菊 ◎ 主编

中国农业科学技术出版社

图书在版编目（CIP）数据

北京市“十二五”农村社会事业发展蓝皮书 / 赵秋菊主编. —北京：中国农业科学技术出版社，2016. 10
ISBN 978 - 7 - 5116 - 2769 - 8

Ⅰ. ①北… Ⅱ. ①赵… Ⅲ. ①农村－社会事业－白皮书－北京－2011－2015 Ⅳ. ①D669

中国版本图书馆CIP数据核字（2016）第238666号

责任编辑 张孝安
责任校对 贾海霞
出 版 者 中国农业科学技术出版社
北京市中关村南大街12号 邮编：100081
电　　话 （010）82109708（编辑室）（010）82109702（发行部）
（010）82109709（读者服务部）
传　　真 （010）82106650
网　　址 http: // www.castp.cn
经 销 者 各地新华书店
印 刷 者 北京富泰印刷有限责任公司
开　　本 710 mm × 1000 mm 1/16
印　　张 17
字　　数 260千字
版　　次 2016年10月第1版 2016年10月第1次印刷
定　　价 88.00元

《北京市“十二五”农村社会事业发展蓝皮书》

编 委 会

EDITORIAL BOARD

序 言

FOREWORD

"十二五"以来，北京市充分发挥政府推进农村社会事业发展的主导作用，不断加大统筹城乡、推进城乡一体化发展力度，努力推动首都科技、教育、文化、卫生等优质资源向郊区配置，将城区优质资源辐射到郊区。市教委、市科委、市民政局、市人力社保局、市农委、市文化局、市卫生计生委、市体育局和市科协等相关委办局从解决农民最迫切、最现实的就业、教育、医疗、住房、社保等民生问题入手，在农村社会事业的政策制定和资金方面给予了大力支持，财政新增教育、卫生、文化等事业经费和固定资产投资重点向农村倾斜，尤其是在提供基本公共服务方面取得了明显成效，北京市城乡基本公共服务均等化进程始终走在全国前列，农村社会事业稳步健康发展。据北京市统计局、国家统计局北京调查总队发布的监测结果显示，近年来，北京市城乡公共服务一体化实现程度一直处于较高水平，为建设国际一流的和谐宜居之都提供了有力支撑。

《北京市"十二五"农村社会事业发展蓝皮书》一书，客观现实地对北京市"十二五"期间农村社会事业发展情况进行了总结，对"十三五"时期的农村社会事业发展进行了展望，希冀通过健全完善城乡一体化体制机制，深化农村改革，加大生态环境建设力度，着力解决农村基础设施、公共服务的薄弱环节，大力促进农民增收，不断缩小城乡差距，努力让农民享受同城里人一样的生活，进一步提高城乡发展一体化水平。同时，本书收集整理了近年来国家和北京市出台的社会保障、社会保险、医疗卫生和文化教育等农村社会事业相关的政策法规。2016年是"十三五"的开局之年，农村社会事业工作任务艰巨，对我们从事农村社会事业的工作者提出了更高的要求。希望本书能够发挥农村社会事业发展宣传册和农村社会事业工具书的作用，对研究农村社会事业的专家、学者，以及从事“三农”工作的决策者、实践者、推动者有所裨益，提供一些思考和启示，同时能够为解决实际问题提供指导和借鉴。

本书在编写过程中，北京市教育委员会、北京市科学技术委员会、北京市民政局、北京市人力社保局、北京市文化局、北京市卫生计生委、北京市体育局和北京市科学技术协会等相关委办局给予了市农委大力协助，在此表示衷心感谢！

“十三五”时期是全面建成小康社会的决胜阶段，也是进一步缩小城乡差距、全面推进城乡一体化发展的攻坚时期。作为“三农”工作者，任重道远，让我们发扬“三农”工作者的优良传统和作风，携起手来，抢抓机遇、真抓实干、奋力前行，为新时期北京“三农”事业持续稳定发展、为实现“中国梦”，做出应有的努力和贡献。

中共北京市委农村工作委员会书记
北 京 市 农 村 工 作 委 员 会 主 任

2016年8月

目 录 CONTENTS

第一部分 报 告

▶ 文 化 / 68

▶ 卫生计生 / 79

第二部分 政策法规

▶ 人力社保法规 / 184

▶ 文化法规 / 214

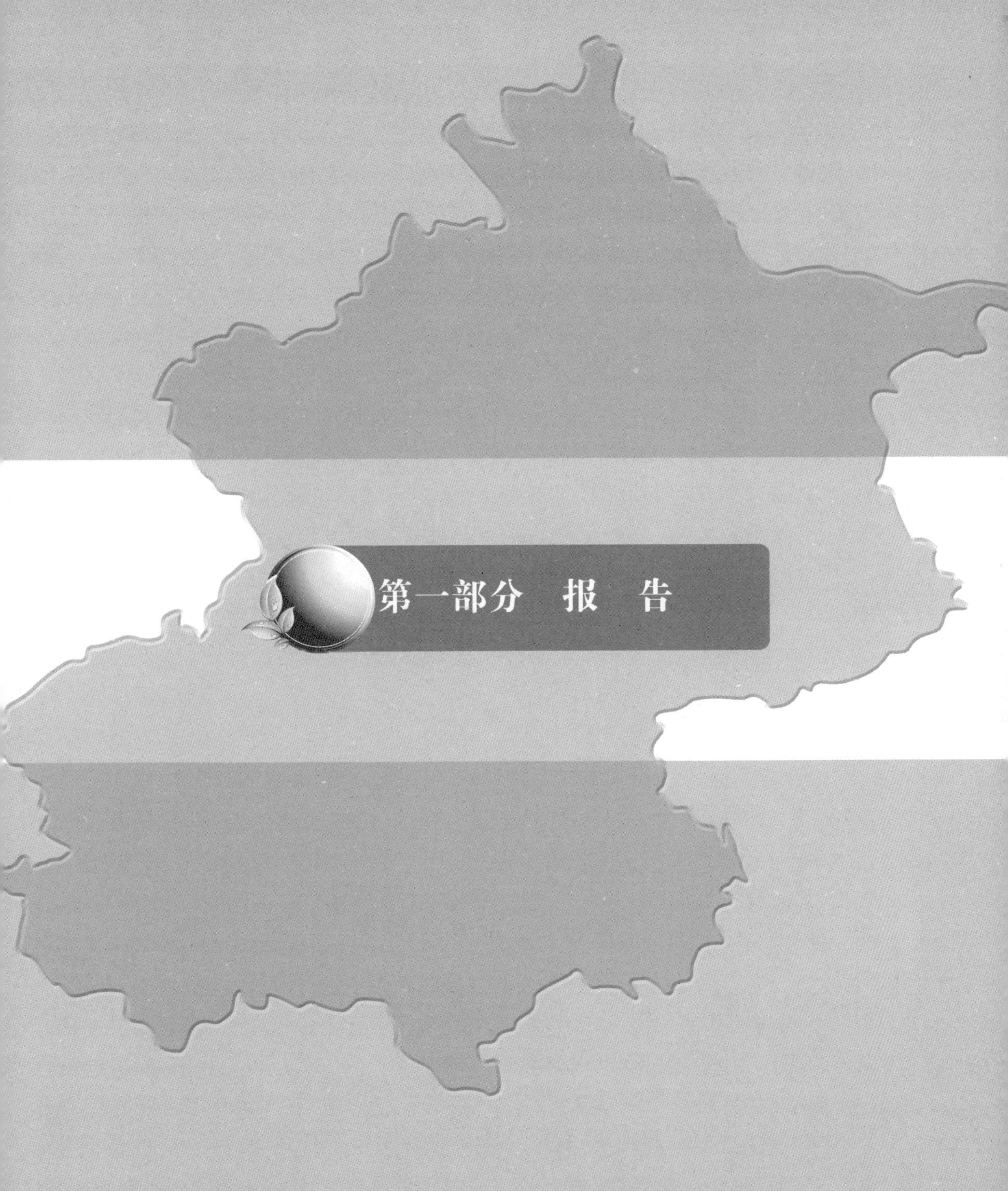

第一部分 报 告

综　述

落实首都城市战略定位　全面推进城乡一体化发展

北京郊区（不含朝阳区、海淀区、丰台区）土地总面积1.53万平方千米，占全市总面积的93%。2015年建制乡镇182个、行政村3 936个；全市户籍农业人口233.8万人。为积极适应首都城市战略定位的新变化、新态势，北京市农村社会事业工作从战略高度出发，在大局中找准定位、在调整中发挥优势、在发展中提升水平、在改革中增强动力，加快构建城乡互促共进的体制机制，全面推进城乡发展一体化，特别是城乡社会事业发展一体化水平得到了较大提高。为更好地记录北京市“十二五”期间农村事业发展的历程，本书在第一部分重点介绍了北京市“十二五”期间农村社会事业取得的主要工作成效及“十三五”期间农村社会事业工作的规划和思路。第二部分收录了国家和北京市农村社会事业相关的政策法规。全书旨在重点回顾“十二五”时期北京市农村社会事业发展取得的辉煌成就，展望“十三五”发展的宏伟蓝图，分析目前农村社会事业发展存在的薄弱环节，着力研究解决发展中遇到的困难和问题，进一步提高城乡社会事业发展一体化水平。

一、农村劳动力就业政策和服务体系趋于完善

充分就业是实现经济发展和社会稳定的重要前提。实现农民转移就业、有效就业、享有城乡均等的就业政策，一直是北京市近年来最为关注的民生大计之一。北京市将城乡劳动力就业作为统筹城乡发展的重要内容，先后出台了一系列政策措施，基本形成了城乡一体化的就业服务体系。完善就业管理服务体系，不断将公共就业服务由城镇向农村延伸，建立了覆盖农民的就业失业登记

制度、就业困难人员就业援助制度、创业服务制度等，实现了城乡就业和失业登记、劳动力市场和就业服务的统一。率先在全国建立了覆盖全市的市、区、镇（乡、街道）和村（居）四级的城乡一体化的公共就业服务体系，各级公共就业服务机构全部开放，做到机构、人员、经费、场地、制度、工作“六到位”。在不断完善城乡一体的就业体系的同时，还大力加强城乡就业服务信息化建设，率先建立了覆盖全市的城乡劳动力市场信息系统，实现了全市范围劳动力信息的共享。

2010年3月起，建立了“纯农就业家庭”转移就业援助制度，在加大鼓励单位招用力度的同时，提出要充分开发利用公益性岗位，帮助“纯农就业家庭”至少一名劳动力实现就业。此外，为加快促进农民转移就业，还开展了“就业服务村村通工程”“春风行动”“城乡手拉手就业协作”等活动，帮助农村劳动力实现就业或转移就业。“十二五”时期共帮助就业和转移就业38.2万农村劳动力。

二、农村社会保障初步实现城乡一体化

北京市社会保障的城乡统筹工作起步较早。2008年，北京市开始建立新型农村社会养老保险制度，到2009年就已经实现了居民社会养老保险的城乡并轨，新制度打破了城乡户籍界限，将符合参保条件的本市城镇和农村居民统一纳入到城乡居民养老保险体系，并实现了缴费、待遇等标准上的城乡一致，在全国率先实现了养老保障制度的城乡全覆盖和一体化。不断完善新型农村合作医疗制度，试点开展城乡居民大病保险制度，并形成了以城镇居民基本医疗保险和新型农村合作医疗为主要内容的覆盖城乡区域的居民医疗保险制度体系，在全国率先实现了居民医疗保险制度对城乡区域的全覆盖。截至“十二五”末，参加新型农村合作医疗的人数达到223.9万人，参合率为99.3%。新农合筹资标准已提高到1 200元。

通过整合制度、统一标准、提高待遇，已初步做到社会救助的城乡统筹。2002年4月，北京市开始建立并实施农村居民最低生活保障制度。2006年4月，建立农村低保动态调整机制。从2015年7月1日起，实现城乡低保标准城乡一

体化，2016年城乡标准统一为800元。专项救助内容日益丰富。城乡医疗救助制度不断完善，大幅提高救助标准，进一步加大了对包括老年人在内的困难群众救助力度。农村弱势群体住房难问题得以缓解，为实行分散供养的农村五保户、低收入家庭（含低保家庭）、享受抚恤补助的优抚对象和民政部门认定的其他住房困难户提供农村住房。教育救助范围不断扩大，并确保符合条件的困难学生能够及时得到相应的教育救助。

社会福利实现城乡无差异。福利性养老保障实现城乡一体化，2007年12月，北京市政府印发《北京市城乡无社会保障老年居民养老保障办法》，这是全国第一个统筹城乡、标准一致的福利性养老保障制度。2015年年末，全市174.0万农村居民参加了城乡居民养老保险，34.1万农村居民领取了城乡居民福利养老金。城乡居民基础养老金由每月280元提高到了470元，福利养老金由每月200元提高到385元。社会优抚达到城乡标准统一，2008年6月，北京市民政局、市财政局和市教委下发《关于调整义务兵优待政策的通知》，统一了城乡义务兵优待金标准，并逐年对优抚对象抚恤补助标准和义务兵优待金标准进行调整，截至2016年，义务兵优待金标准已提高到每人每年3.71万元。

三、城乡一体化的医疗卫生服务体系建设扎实推进

发展农村卫生事业是保障农民健康幸福的基础，是建设美丽乡村的重要内容。北京市持续加强农村医疗卫生工作，完善农村基本医疗卫生服务项目，基层公共卫生服务均等化进程加快推进。农村基层卫生服务体系进一步夯实。全市各涉农区县统筹实施社区卫生服务机构与村卫生室的设置规划，大力推进包括村卫生室在内的社区卫生服务机构标准化建设。

农村卫生人才队伍建设进一步加强，为加强农村卫生人才队伍建设，北京市为农村地区定向培养医学毕业生，并在“十二五”期间增加了专业和学历层次的设置。城乡卫生对口支援工作深入开展，北京市市级财政每年出资500万元，用于三级医院和城六区二级医院对口支援郊区县区域医疗中心、其他二级医疗机构和山区、半山区乡镇社区卫生服务中心，受援医院已经覆盖所有涉农区县，较大程度地提升了农村医疗服务水平，同时，引导中心城区优质医疗资

源加快向郊区疏解，积水潭医院、同仁医院等9家城区医院在郊区建立分院。农村卫生服务方式不断改善，各乡镇社区卫生服务中心在提供基本医疗服务的同时，还通过建立社区卫生服务团队，主动为农村居民开展健康管理和健康促进服务。基本公共卫生服务均等化显著推进，通过多种举措完善城乡一体化的公共卫生服务网络，提供均等化的基本公共卫生服务。

四、城乡教育事业均等化水平显著提高

近年来，北京市不断加大对农村学前教育、义务教育、普通高中、职业教育和成人教育的投入力度，推进教育资源均衡配置，城乡教育事业均等化水平得到显著提高。农村学前教育事业发展迅速。随着农村经济的发展，城乡差别的缩小，北京市不断加大实施村办幼儿园建设项目，支持村办幼儿园的资金投入、师资配备和教育管理工作，农村地区学前教育事业有了较大发展。此外，城乡义务教育均衡发展取得显著成效，北京市高度重视义务教育工作，市、区县两级财政每年不断加大义务教育投入力度，在教育经费的支撑下，农村师资状况得到显著改善，城乡一体化办学逐步推进，随着学校办学条件显著改善，城乡办学差别进一步缩小。

农村职业教育取得重要进展，积极发展农业职业教育，努力改善农村办学条件，完善管理，规范办学行为，加快专兼职教师和工作队伍建设，使农村职业教育工作得到显著加强。农村成人教育和农民教育培训力度不断加大，经过多年的实践探索，北京市已经初步形成以政府为主导，以社会力量为补充的“一主多元”农民教育培训体系，依托专业培训机构和推广机构，通过农民田间学校、阳光工程培训、农村实用人才培养、全科农技员队伍建设、设施农业骨干农民培养、现代农民远程教育工程等途径，培养了一大批新型农民。

五、农村文化基础设施和服务水平不断提升

北京市重点加强基层和乡村公共文化设施建设，以均等化为目标，以社会化为机制，以数字化为手段，完善市、区县、街道乡镇和社区行政村四级公共

文化服务体系，推动公共文化设施由全覆盖向高标准提升，供需对接和资源整合不断加强，首都公共文化服务体系日益完善。全市乡镇综合文化站和行政村文化活动室建设任务已经完成，实现每个乡镇所在地、每个行政村均有一个综合性的文化体育活动场所。通过文化信息共享工程、农村文化室“四网合一”工程和数字文化社区建设的实施，初步形成了全市街道、乡镇、社区、行政村为一体的网络服务体系。根据市文化局对16个区县的调查，全市四级文化设施建有率达到98%，率先在全国实现城乡公共文化服务设施基本全覆盖。

积极推动农村体育事业健康发展。成立了市、县（区）、镇（乡）三级农民体育协会，落实农民健身工程，开展农村体育活动。发起了北京市农民运动会，每4年举办一届，目前，农民运动会已成功举办8届。2012年4月，北京市体育局、市农委下发了《关于开展创建北京市体育特色村的通知》，经过5年的努力，创建了200个体育特色村。这些体育特色村不仅为发展村级体育工作引导了方向，同时也起到了典型示范作用，很好地带动农民积极参与体育健身活动，为增强农民体质发挥了巨大的作用。数据显示，本市已配套建设全民健身路径工程共8 261套，覆盖到100%的街道（乡镇）、有条件的社区和100%的村，另外，建有农村乡镇体育健身中心243处、行政村农民体育健身工程4 963处，涌现了一批深受农民喜爱的文体活动。

六、农业科技助推都市型现代农业“调、转、节”高效发展

北京市农业科技工作坚持城乡统筹、创新驱动、创新发展战略，依靠科技进步，推动产业结构调整，促进发展方式转变，走出了一条“高端、高效、高辐射”的都市型现代农业之路。“十二五”期间，北京农业科技进步贡献率已经超过70%，接近发达国家的水平。截至2015年，全市农业技术交易额超过160亿元，是“十一五”时期的近2倍。2010年，科技部、农业部和北京市签署协议，共同启动了北京国家现代农业科技城（以下简称北京农科城）建设，旨将北京打造成为全国农业科技创新中心和现代农业产业链创业服务中心。北京农科城建设，促进了农业科技资源有效整合，形成了巨大的创新合力。同时面

对日益严峻的水土资源和人力资源等方面的约束，为促进农业科技与产业紧密结合，农业科技成果快速转化应用，北京不断完善农业技术推广服务体系，更新提升推广服务手段，改进方式方法，全力推动都市型现代农业发展方式转变、功能拓展和综合生产能力提高。“十二五”期间，北京“都市型现代农业高效用水原理与集成技术研究”等37项农业科研成果获得国家科学技术奖，“生态观光果园建设关键技术研究与应用”等113项成果获得中华农业科技奖，“果树优质丰产光能、肥水高效利用技术推广应用”等23项成果获得全国农牧渔业丰收奖。

农业科技服务以科技套餐工程示范基站、科学健康人、科普惠农兴村计划等工作为重点，发挥以点带面的辐射作用，取得了显著成效。充分发挥科协的组织优势，使“三下乡”活动开展常态化，组织广大科技人员到农村田间地头开展形式多样的科技服务，为农民提供科学技术信息。科技套餐工程示范基站建立农业专家工作站，广泛凝聚首都地区涉农科技社团，团结一批农业科技工作者，围绕基站建设和区域农业发展需求，长期、持续提供科技服务。与相关村镇结对帮建，共同制订“结对共建”五年倍增计划，促进农民增收脱贫。

下大力气培养新型职业农民，坚持上下联动，开展农村劳动力转移就业培训、农民自主创业培训、一产专业农民培训。积极探索创新培养模式，借鉴和参考国内外成熟做法，在京郊开办农民田间学校，重点扶持市级示范校，培养农民乡土专家、科技示范户、技术带头人和新型农民。逐步扩展培训领域，在提升和更新农民发展理念、提高综合素养方面加大培训力度，着力培育具有较高思想道德水平、文化素质和职业技能，适应中国特色世界城市建设需要的新型农民。2012年，启动实施的全科农技员队伍建设工程，实现了对农村的“全覆盖”，这项工程是北京农业科技人才培养中重要制度创新，有效解决了“线断、网破、人散”的难题。

“十三五”时期是全面建成小康社会的决胜阶段，是落实首都城市战略定位、加快建设国际一流的和谐宜居之都的关键阶段，也是进一步缩小城乡差距、全面推进城乡一体化发展的攻坚时期。城乡一体化发展要坚持“创新、协调、绿色、开放、共享”的发展理念，经过5年努力，到“十三五”末，城乡发展一体化体制机制进一步健全，以城带乡、城乡一体、协调发展的新型城乡关系进一步完善，农村地区发展活力进一步增强，城乡居民基本权益保障更加有力，城乡公共服务更加均等，城乡居民收入水平更加均衡，城乡要素配置更加合理，城乡产业发展更加协调，实现高水平的城乡发展一体化和农业现代化，农村地区率先全面建成小康社会。新型城镇化和新农村建设取得新成效。新型城镇化试点工作稳步推进，城区、郊区发展更加协调，郊区在城市功能疏解和产业结构调整中的作用得到充分发挥。城乡结合部建设取得明显成效，重点新城建设综合服务功能进一步提升，建成一批功能性特色小城镇，新型农村社区试点建设继续推进，建设1 500个美丽乡村，山区发展取得新突破。进一步推进农转非工作，提高户籍人口城镇化率。提前实现农民收入翻番。坚持农村居民收入增长速度快于城镇居民，低收入农户收入增长速度快于全市农民平均水平的“两个快于”目标，提前实现农民人均收入比2010年翻一番。力争到2020年，农民人均收入达到3万元，低收入农户人均收入达到1.5万元。全面建成都市型现代农业示范区。农业“调、转、节”取得显著成效，农业用新水减少2亿立方米左右。农业的生态功能更加凸显。土地产出率、劳动生产率、资源利用率、科技贡献率国内领先，农产品“三品一标”覆盖率提升到60%以上。全面建成都市型现代农业示范区，实现高水平的农业现代化。基本公共服务均等化持续推进。进一步提升公共服务全覆盖水平，进一步缩小城乡基本公共服务差距。城乡教育资源配置更加均衡。加快建立城乡统一的就业失业管理制度，进一步完善城乡社会保障制度，城乡居民基础养老金和福利养老金水平稳步提高，尽快实现新农合市级统筹和即时结算，建立统一的城乡居民医疗保险制度。乡村治理水平明显提高。基层组织建设明显增强。农村社区综合服务设施不断改善，精细化服务管理水平不断提高。农民素质和农村社会文明程度继续提升。

执笔：崔社龙

加大农村基础教育投入　促进城乡教育均衡发展

“十二五”期间，北京市教育事业以办好人民满意的首都教育为宗旨，把率先实现首都教育现代化的目标作为工作的出发点，凝心聚力，团结奋进，锐意改革，使北京市教育事业保持了全速前进的速度和热度。截至2015年年底，北京市共有乡村中小学306所。其中，小学236所，在校生6.45万人，教职工6 492人；中学70所，在校生2.28万人，教职工5 447人。市委市政府历来高度重视农村教育事业的发展，始终把它作为最大的民生，坚持优先发展不动摇，将农村教育纳入教育规划纲要，多次召开农村教育工作会议，加大资金投入，到2014年12月，北京市教委安排市级教育经费用于农村及薄弱地区比例就接近70%，投入总量超过90亿元，切实推进了农村教育工作的发展，使农村教育发生了根本性的变化，并实现了历史性跨越。同时，市教委通过落实“探索城乡教育一体化的有效途径”国家教育体制改革试点项目、“绿色耕耘”培训、农村中小学教师城镇研修工作站和北京市特级教师京郊行动计划等政策措施，大大提升了农村教育的水平，极大地满足了农村群众对优质教育的需求，也走出了义务教育优质均衡发展的新路子。

一、“十二五”期间首都农村教育取得的成效

（一）教育保障能力全面提升

基础教育投入显著增长，对薄弱地区、薄弱环节和家庭经济困难群体的扶持力度持续加大。“十二五”期间实施学前教育3年行动计划，投入5.9亿元，

新建村办幼儿园289所。实施中小学建设3年行动计划，增建城乡一体化学校65所，新增优质学位4万多个。初步建立义务教育学校教师、校长流动机制，中小学教师绩效奖励激励机制进一步完善。

1. 乡村基础教育投入显著增加

“十二五”期间，北京市城乡教育一体化公共服务标准体系不断完善，包括中小学公用经费定额标准、办学条件标准、校长和教师专业标准、学生学业和综合质量标准、均衡发展督导评价标准等，通过标准体系统筹城乡一体化发展。

此外，北京市级财政每年新增教育经费主要用于农村教育，新增教育经费事业费70%用于支持区县基础教育事业发展；教育费附加60%向财力薄弱区县和农村地区倾斜；城乡学校全部按统一公用经费定额标准进行经费拨付。对山区学生、城乡低保家庭学生、特殊教育学生、专门教育学校学生做到“三免两补”。截至2014年12月，市教委安排市级教育经费用于农村及薄弱地区比例接近70%，投入总量超过90亿元。加强了农村幼儿园建设，共计投入8亿元，建设了330所村办园，不断改善办学条件，基本普及了学前三年教育。坚持“两为主”原则，2010－2014年累计投入随迁子女义务教育专项资金19.5亿元，2014年随迁子女进入公办中小学就读的人数为39.31万人，比例达77.0%，来京务工人员随迁子女公平接受义务教育得到保障。

2. 乡村基础教育设施水平明显提升

“十二五”期间，北京市教育委员会加大市级统筹协调的力度，推动城乡教育一体化取得明显成效。全面推进落实城乡教育“四倾斜”政策，学前教育、中小学建设三年行动计划顺利实施，新建65所城乡一体化学校、289所村办幼儿园。

2011年，启动基础教育设施专项规划编制工作，规划涵盖基础教育全学段、城乡全覆盖。通过持续实施《北京市中小学建设三年行动计划》《北京市学前教育三年行动计划》，以及针对农村办学条件专项改造，学校面貌发生显著变化，尤其是农村地区、远郊区县、相对薄弱学校硬件提升明显。

2012－2014年，北京市级重点建设65所城乡新区一体化学校，新增优质学位4万多个，仅此项目就使城市发展新区和远郊区优质教育总学位达10万个。

引进学大等4家优质民办教育机构在平谷、昌平、通州、大兴等4个郊区县开展委托办学试点。2012年启动建设北京数字学校，优质信息资源覆盖所有农村中小学校和近11万农村中小学生。

2013年，北京市教育委员会切实落实《北京市乡镇校外活动站及乡村学校少年宫管理办法》，主要针对农村地区未成年人校外活动场所的管理，实现每个乡镇建有一个校外活动站、普及校外教育活动的工作目标，确定建立乡村少年宫的原则为面向农村未成年人免费开展课外、校外活动。从学校实际出发，结合地方文化特色、学校教师和社会志愿者的特长，开展课外、校外活动，做到与学校教育有机结合。“十二五”期间，共建成乡镇校外活动站168个。

3. 乡村教师队伍建设不断完善

为提升乡村教师整体水平，北京市加大乡村教师的支持力度。进一步建立健全乡村教师政治理论学习制度和教育、宣传、考核、监督与奖惩相结合的师德建设长效机制，全面提高乡村教师思想政治素质和师德水平。创新乡村教师编制管理，保障乡村教师编制人员配备，开展乡村教师定向培养，多渠道拓展乡村教师补充渠道。采取挂职交流、城乡一体化管理、乡镇中心学校教师支教等途径和方式，重点引导优秀校长和骨干教师向乡村学校合理流动。

实施“乡村教师素质提升计划”，大力提升乡村教师能力素质。在职称（职务）评聘和骨干教师评选上向乡村学校倾斜，提高乡村教师生活待遇，建立乡村教师荣誉制度，在全社会大力营造关心支持乡村教师和乡村教育的浓厚氛围。逐步形成城乡统一的编制标准；专项实施《北京市公开招聘农村中小学音体美等学科教师三年行动计划》；在特级教师、市级学科教学带头人和骨干教师的评选中设立农村专项指标或岗位。建立补贴制度，改善农村中小学教师的工作生活条件。

实施面向农村中小学教师的远郊区县区域教育合作项目、京郊教师“绿色耕耘”培训、农村中小学教师城镇研修工作站、北京市特级教师京郊行动计划、农村地区小学数学教师专业发展培训、中小学英语教师“歆语工程”培训、农村幼儿园转岗教师培训等项目，2015年累计培训5 920人，为农村教师的专业发展提供较大力度的支持。根据国务院关于加强教师队伍建设的要求，牵头研制了《北京市〈乡村教师支持计划（2015－2020年）〉实施办法》，加强本市乡村教师（包含镇区、乡村中小学校和幼儿园教师）队伍建设，健全乡村教师师德建设长效机制。

实施村办园教师培训，通过授课、幼儿园开放等形式对14个区县的460多名村办园教师进行了培训。健全促进校长教师流动的体制机制，统筹解决少数学校设施不足问题，在更高起点上促进首都义务教育优质均衡发展。

（二）教育公平取得新突破

初步形成优质均衡的“北京教育新地图”，坚持义务教育免试就近入学，不断扩大优质学校服务片区。2015年小学就近入学比例达到94.06%，初中就近入学比例达到90.55%。推动区县开展义务教育均衡化创新实践，16个区县全部通过国家义务教育发展基本均衡县评估。残障儿童少年入学保障机制进一步健全。教育资助体系不断完善，资助覆盖面进一步扩大，力度持续提升。

1. 推动义务教育均衡化发展

坚持深化改革，均衡配置优质义务教育资源，着力促进入学机会公平，教育公平取得新突破，初步形成优质均衡的“北京教育新地图”；紧紧围绕“让学生在家门口上好学”的主题，切实落实十八届五中全会对义务教育发展的新要求，深化对义务教育均衡发展的研究与实践，完善了义务教育治理体系，助推义务教育均衡发展，提出了义务教育均衡发展政策分析模型和北京市推进义务教育均衡发展的思路与模式；建立了北京市中小学办学条件数据库，追踪了近10年来区县间义务教育学校办学条件均衡配置情况；对义务教育资源管理使用效益开展前瞻性研究，研制了北京市推进区域义务教育均衡发展资源管理使用效益评估指标体系，开展了资源配置与管理使用效益试评；开展了义务教育阶段学生发展水平综合分析研究，指导区县深化义务教育均衡发展实践探索，总结分析了区县义务教育均衡发展典型经验并跟踪开展推广宣传，为区县实现义务教育基本均衡目标提供了有力支持。坚持义务教育免试就近入学，不断扩大优质学校服务片区，2015年小学就近入学比例达到94.06%，初中就近入学比例达到90.55%。

随着近几年生源高峰的到来，进一步扩充学位，挖掘潜力，保障百姓入园、入学，回应了老百姓上好学基本需求。在促进义务教育均衡发展基础上，重点建立完善公平的入学规则，继续坚持就近的基本原则，改革小学入学以及小升初的依据和途径，优化程序，确保公平。着力推进招生考试改革。加强对中、高考改革的研究，对试题难度、考试科目、内容、方式等进行全面系统的改革优化，提高考试的科学性和可信度。坚持素质教育导向，扭转音乐、体育、美术、科技教育的功利性，着力培养学生兴趣爱好。

2. 健全残障儿童入学保障机制

2011年以来，北京市政府教育督导室认真开展了区县特殊教育工作专项督导，有效推进了区县特殊教育工作。制定并实施北京市中小学融合教育行动计划、特殊教育学校办学条件标准及进一步加强随班就读工作意见，认真落实特殊教育提升计划（2014－2016年），保障残疾儿童少年受教育的权利。重点工作包括特殊支持教育中心引领工程、随班就读主体工程、送教上门辅助工程、学前特殊教育服务工程、特殊教育教师队伍建设工程、特殊教育社会支持工程。2014年开展特殊教育学校办学条件达标和示范性资源教室建设，重点建设30个学前特殊教育资源教室，提升特殊教育办学水平。2015年，全市共有基础教育阶段特殊教育学校22所，在校生7 136名，其中137名学生在普通中小学附设特教班上学，4 439名学生在普通中小学随班就读。

3. 完善教育资助体系

梳理各项教育奖补机制，完善奖、贷、勤、补、免多方式资助政策体系，全面落实学前教育资助政策、义务教育阶段免费政策以及中等学校奖助学金等资助政策，进一步完善高校家庭经济困难学生资助政策体系，提高资助水平，落实研究生国家奖学金和职业教育免费政策。坚持“助困奖优”结合，保证家庭经济困难学生完成学业。

2012年，北京市政府发布规范幼儿园收费办法，对家庭经济困难儿童以及革命烈士子女、孤儿和残疾儿童入幼儿园给予专项资助。同年发布军人子女教育优先实施细则。2013年，市教委召开北京市学生资助工作会议，各级财政共投入36.7亿元，资助北京地区高校、中职学校和高中家庭经济困难学生，其中市级财政投入30.1亿元。

（三）教育改革不断深入

改革招生计划分配方式和考试录取方式，优质普通高中名额定向分配到区域内初中。实施地方重点高校招收农村学生专项计划，进一步增加农村学生的入学比例。开展职业教育高端技术技能人才贯通培养、“3+2”中高职衔接和职业高中综合高中班试点工作，促进农村职业教育人才培养。来京务工人员随迁子女接受义务教育后在京参加升学考试工作方案出台。

1. 改革考试招生制度

在高考成绩、学业水平考试、综合素质评价三位一体的框架下，以中高考命题改革为切入点，制定实施2014－2016年中考中招改革、高考高招改革框架方案。改革优质高中招生名额分配到区域内初中的办法，2015年分配比例达到40%，并逐步完善招生名额分配办法，提高指标分配比例。出台普通高中学业水平考试、高中学生综合素质评价、减少和规范中高考加分项目和分值等配套文件。

坚持义务教育免试就近入学，推广学区制、对口直升和九年一贯制入学，升级全市统一的小学和初中入学服务系统，实行严格的计划管理，未经批准不得擅自调整招生计划，完善非本市户籍适龄儿童接受义务教育证明证件材料审核工作，落实好义务教育免试就近入学政策。并进一步规范特长生招生，全面清理加分政策。

2. 增加农村学生入学比例

实施地方重点高校招收农村学生专项计划，进一步增加农村学生的入学比例。围绕增加农村地区学生接受优质高等教育的机会，启动市级优质教育资源统筹工作，30所示范高中和特色高中重点面向远郊区县投放2 242个招生计划。适应职业院校学生选拔的需要，加快推进高职院校分类考试，2015年高职分类招生录取1.1万人，占到全部高职录取的40%。

3. 加快发展面向农村的职业教育和成人教育

北京市委高度重视职业教育发展，为办好职业教育持续不断地投入人力财力，明确要创办具有北京特色的职业教育就必须走高端化、系统化、国际化道路的目标。开展职业教育高端技术技能人才贯通培养、“3+2”中高职衔接和职业高中综合高中班试点工作，促进农村职业教育人才培养。制定了《贯彻落实国务院关于加快发展现代职业教育的决定的实施意见》（以下简称《意见》），《意见》可以用六句话，四十八个字来概括，即明确定位，构建体系；形成机制，创新模式；贯通学段，融合类型；强化合作，扩大交流；完善保障，加强督导；对接需求，体现服务。

农村成人教育坚持以加强各级各类农村成人学校建设，构建并夯实农民终身教育体系为重点，积极探索多种类农民成人学历教育模式及农民教育培训模式。截至“十二五”末，北京市农村地区共有成人学校3 075所，其中，区县成人教育中心（或社区教育中心）10所，北京电大分校10 所，北京市农业电视广播学校郊区分校10所，乡（镇）成人学校154所（市级示范校85所），村成人学校2 891所（市级示范校521所）。以市农业高等院校为龙头、区县级成人教育学校为依托、乡镇成人学校为骨干、村成人学校为基础的四级农民终身教育体系日趋完善。“一村一名大学生”计划、“技能+基础”等多种农民成人学历教育模式并举，招生规模取得突破性进展，“十二五”期间共培养农民中专生2万人。农民实习实训基地的建成、田间学校的开办、流动课堂车的启动突破了原有课堂教学模式，结合各种培训项目，通过采取“技能+基础”“田间学校+中职”“中专+技能”“基地+农户”“文化驻乡”“农艺入户”“跟踪式”实践教学等多种教育教学模式，探索发展“做给农民看，带着农民练，指导农民干，帮助农民赚”的“师傅带徒弟”人才培养模式，培训新型农民、全科农技员、林果乡土专家3万人，且培训效果大幅提升。此外，成人学校的信息化建设也取得了突破性进展，“十二五”期间，市教委依托北京市农林科学院信息研究所建立了北京市农民远程教育信息平台，并投资3 400万元在全市154个乡镇成人学校建立了农民远程教育网接受站点，配备了远程教育接收系统、教学课件点播系统、双向视频系统等，实现了农民远程教育“镇镇通”，农民与专家面对面交流、零距离沟通。

4. 解决随迁子女在京升学问题

进城务工人员随迁子女的教育问题一直是社会热点，市教委也非常重视，努力均衡各类教学资源保障随迁子女在京接受义务教育。实施来京务工人员随迁子女接受义务教育保障工程，对接收来京务工人员子女的公办学校按同等标准拨付生均经费和落实教师编制，坚持以公办学校为主接收随迁子女，此外，还通过委托办学和购买服务等方式进一步扶持和规范打工子弟学校办学。仅2012年、2013年和2014年北京市在生均经费之外又投入随迁子女专项资金5.2亿元、5.5亿元和1.5亿元，推动随迁子女接受北京市教育。同时，结合北京市实际，出台了《进城务工人员随迁子女接受义务教育后在京参加升学考试工作方案》，并公布《进城务工人员随迁子女在京参加高等职业学校招生考试实施办法》，符合5项规定的随迁子女可在京报考高职。

“十二五”期间，首都农村教育事业发展成绩斐然，但有些工作还有待进一步推进。乡村教师队伍的整体水平相对城区还有一定差距，这是农村教育事业发展的短板；城乡一体化学校建设还需要进一步深化；当前的财政经费使用结构和管理制度还不太适应城乡一体化发展的要求，经费偏重硬件投入，而农村地区教育软件投入还没有得到很好的满足。

二、“十三五”期间农村教育工作规划与展望

“十三五”期间，农村教育工作将认真落实首都城市战略定位，以均衡配置资源为重点，以提高教育质量为核心，以体制机制改革为动力，坚持统筹规划、城乡一体、分类指导、分步实施，通过调整优质教育资源布局，加快缩小城乡差距，努力办好人民满意的首都教育，为建设国际一流的和谐宜居之都提供有力支撑的工作思路，切实增强责任感和紧迫感，加快促进义务教育公平发展，加快提高义务教育质量。要加强统筹规划，解决突出问题，合理调整和科学规划学校布局，合理配置城乡教师资源，加强乡村教师队伍建设，提高特殊群体教育保障水平，着力解决教育公平热点难点问题，努力让每个孩子都能接受公平的有质量的教育。要面向全体学生，推进素质教育，培养中国特色社会

主义合格建设者和可靠接班人。

（一）全面深入实施素质教育，提高学生综合素养

1.加强中小学生社会主义核心价值观教育

将社会主义核心价值观的育人目标和内容融入到学科教学中，强化课堂教学主渠道育人，提升综合育人效果。继续实施中小学生培育和践行社会主义核心价值观“一十百千”工程。开展中小学文明校园创建活动，实施中小学中华优秀传统文化素养提升工程，推进中华优秀传统文化特色校建设，强化青少年学生文化认同和文化自信。深化“中国梦”主题教育，开展感恩励志教育。实施“七五”普法规划，贯彻《青少年法治教育大纲》，在中小学设立法治知识课程，着力推动法治教育基地和支持体系建设。深入推进民族团结进步教育，充分发挥民族团结教育示范学校的典型示范作用。

2. 加强体育美育工作

坚持面向全体、全面普惠，以完善人格、增强体质、提升技能、培养兴趣为目标，强化体育教学和课外锻炼。开展平衡膳食校园健康促进行动。全力推广校园足球和冰雪运动，深入推进体育后备人才培养。完善美育机制，改进美育教学，提高学生的审美情趣和人文素养。充分调动高等学校和社会力量持续支持中小学体育、美育优质均衡发展。

3. 完善实践育人体系

持续推进社会大课堂建设和常态化应用，深化资源单位课程开发，丰富资源类型。继续实施初中开放性科学实践活动，为学生提供丰富、多元、优质、创新的科学实践活动课程。继续推进初中综合社会实践活动，完善组织管理和评价机制。扎实开展学校军训，进一步提升国防教育水平。加强可持续发展教育，推进可持续发展示范区建设，培育学生可持续发展素养。

（二）拓展基础教育优质资源，办好百姓身边学校

完善和实施全市及各区基础教育设施专项规划，加大资源统筹配置力度。重点推进城市功能拓展区、城市发展新区和生态涵养发展区的学校建设，促进

城乡教育一体化发展。加大优质教育资源向农村辐射力度。深化现有65所城乡一体化学校建设和发展；鼓励城区优质高中在远郊区举办民办学校；引进优质民办教育机构在郊区开展委托办学。进一步推进义务教育学校校长教师交流轮岗，引导义务教育学校校长教师在城乡间合理流动。

1. 提升学前教育服务保障能力

扎实推进第二期学前教育三年行动计划，多种形式扩大学前教育资源。继续加强农村幼儿园建设，新建一批村办园，基本实现户籍儿童学前入园全覆盖，构建以公共财政投入为主的农村地区学前教育体系。落实好保育教育费减免政策，资助家庭困难儿童及残疾儿童接受教育。推进幼儿园内涵发展，坚决防止“小学化”倾向，加强对各级各类幼儿园的监督管理，加强学前教育师资培养，确保幼儿园相关人员配足配齐。

2. 推进义务教育优质均衡发展

初步建立涵盖学校办学条件标准、校长发展专业标准、教师教学基本功标准、学生核心素养体系、教育教学质量标准等内容的义务教育基本公共服务标准体系。依据标准体系，推进义务教育基本公共服务均等化。加强城乡基础教育均衡配置，加大区域教育资源整合力度，支持各区推进集团化办学、学区制改革、教育集群发展和九年一贯制办学探索，形成有效的配套管理机制。引导教师在城乡间合理流动，将优质教育资源向农村延伸。配合考试招生制度改革，加强课程教材建设，进一步给予区、学校课程自主权，构建符合现代教育理念、具有北京特色的义务教育课程体系。落实北京市义务教育部分学科教学改进意见的精神，提升学科教学质量。做好符合条件的随迁子女义务教育工作，加强自办学校分类治理。

3. 促进普通高中多样化特色发展

加大学校办学自主权，支持学校特色发展，为不同潜质的学生提供更多选择空间。深入推进课程改革，加强高中与初中和高校的衔接，探索多样化人才培养模式和贯通途径。实施普通高中学业水平考试，完善综合素质评价体系，加强对学生的生涯规划指导。完善市级优质高中教育资源统筹工作机制，加大对经费、编制、教育用地、招生等工作的统筹力度，进一步扩大优质高中教育资源，惠及更广大学生。

4. 深化农村高等教育和职业与成人教育

推动部分高校疏解项目落地郊区。继续实施高招“农村专项计划”和“3+2中高职衔接试点项目”，郊区高考升学率达到80%左右。实施“高等技术技能型人才贯通培养计划”。通过科技入户、集中培训、现场指导、技术服务、田间学校、远程教育等方式，开展农业生产技能培训和新型职业农民培养。制定职业农民培养规划和支持政策，支持农业院校办好涉农（林）专业，健全完善农广校体系，定向培养职业农民，经过5年时间使新型农业经营主体带头人基本得到培训。

（三）深化人事制度改革，提升教师综合素质

针对北京市庞大的乡村教育教师数量，北京市实施乡村教师支持计划的主要支持政策，围绕“下得去、留得住、教得好”的工作目标，明确提出今后5年加强乡村教师队伍建设的8项主要举措，打出“组合拳”，力求多措并举，力求精准施策，力求标本兼治，全面加强乡村教师队伍建设，努力造就一支素质优良、结构合理、甘于奉献的乡村教师队伍，为率先实现首都教育现代化和义务教育优质均衡发展提供坚强有力的师资保障。

1. 全面加强师德建设

加强教师职业理想和职业道德教育，增强广大教师教书育人的责任感和使命感，全面提高师德水平。健全教师职业道德教育、宣传、考核、监督与奖惩相结合的师德建设长效机制，将师德教育列为教师教育的必修内容，将师德表现作为教师资格认定、定期注册、业绩考核、职称评审、岗位聘用、评优奖励的首要内容，并接受学生、家长和社会的监督和评议。

2. 加强高素质专业化师资队伍建设

深化师范生教育改革，扩大师范生培养规模，健全师范生管理机制，全面提高师范生教育质量。重点实施“乡村教师素质提升计划”和“中小学教师开放性培训计划”，大力提升农村中小幼教师素质。继续实施本市公开招聘农村中小学音乐、体育、美术等学科教师三年行动计划，加快解决农村地区中小学

部分学科教师短缺问题。

3. 保障教师地位和待遇

依法保障城乡教师收入水平基本均等，对农村教师的工资、职称等实行倾斜政策，稳定农村教师队伍。建立乡村教师岗位生活补助制度，完善职称（职务）评聘、骨干教师评选向乡村学校倾斜政策，切实提高乡村教师的待遇和社会地位。建立教育人才生活需求调查制度，以养老保险、医疗和住房等保障为重点，优化教育人才发展的生活环境。将符合条件的教师纳入住房保障范围，支持乡村学校建设周转宿舍，帮助乡村教师解决工作和生活困难。探索建立乡村教师荣誉制度，鼓励优秀教师到乡村从教。

4. 健全教育人事管理制度

逐步实行城乡统一的中小学教职工编制标准，对乡村学校实行倾斜政策。探索教育系统编制统筹管理新机制，完善学校编制管理办法，实现编制动态管理、盘活编制资源，提高使用效益，切实解决中小学校缺编问题。

资料提供：北京市教育委员会

执笔：赵秋菊

打造国家农业科技城　推进首都农业现代化

“十二五”时期，是首都站在新的起点上全面建设小康社会的关键时期，是深化改革开放、深入推进经济发展方式加快转变的攻坚时期，也是北京市农业科技事业发展大有作为的重要机遇期。5年来，北京市委、市政府把城乡发展一体化作为解决“三农”问题的根本途径，加快体制机制建设，加大投入力度，加强统筹协调，全面推进城乡一体化发展。按照中央、北京市委和市政府的关于农村工作的总体布局，深化北京国家现代农业科技城（以下简称北京农科城）建设，发挥首都资本、技术、信息、人才等现代农业创新和服务资源作用，强化农业科技创新，着力培育农业高精尖产业结构，加快农业结构调整和科技成果转化应用，转变农业发展方式，着力构建与首都功能定位相一致，与二三产业相融合，与京津冀协同发展相衔接的高效高端农业产业体系，推进都市型现代农业高效发展，支撑首都食品质量安全和生态宜居城市建设，大力推动首都公民科学素质提高，努力搭建科技工作者发挥作用的工作平台，各项工作开展顺利，取得了显著成效，圆满完成了“十二五”时期既定的目标和任务。

一、“十二五”期间农业科技取得的成效

（一）创新体制机制，探索农业科技协同创新实现方式

北京农科城建设本着“央地联动、资源统筹、服务引领、产业融合”的原则，不断创新机制体制、突破技术瓶颈、优化产业链条、探索科技金融结合、促进产业融合、注重科技惠民，已成为全国“一城两区百园”农业科技创新和

产业促进体系的关键力量和牵头主体，得到科技部、农业部的高度重视和充分肯定。

建设现代农业产业技术体系北京市创新团队。以产品为单元，以产业为主线，建设从产地到餐桌、从生产到消费、从研发到市场各个环节紧密衔接、环环相扣的现代农业产业技术体系，集成首都农业科技资源，使科研、教学、推广单位有效结合，解决了科研与推广“两张皮”问题。

完成科技部与北京市、山东省和陕西省的农业科技协同创新战略结盟协议签署，建立“一城两区”农业科技协同创新的高层协调机制、督导工作机制、联席会议制度、网联办公制度等实施规则，以实现科技资源和政策联动共享机制。

首创北京农科城管理委员会、北京农科城投资管理委员会、北京农科城投资有限公司“三位一体”高效管理运行机制，有力保障了北京农科城建设的顺利进行，并已辐射到山东省黄河三角洲示范区和陕西省杨凌示范区。

建设种业科技成果托管中心，探索科研院所和企业两种科技成果托管模式，已托管成果近万项，通过种业科技成果托管网络平台，展示种业科技托管成果。北京农科城建设以来，北京农业技术交易额超过160亿元，是“十一五”时期交易总额的2倍之多，成果的应用推广为服务农业提质增效、促进农民增收致富作出了贡献。

推动北京农科城投资有限公司与中国农业大学新农村发展研究院开展战略合作，共同促进教育与科技金融资源融合共享，探索金融服务模式创新，加快高校成果转化途径。目前，新农村发展研究院已经与北京7个郊区县签署全面技术服务合作协议，有效支撑了首都现代农业和新农村建设发展。

（二）开拓信息金融服务模式，实现成果应用惠民富农

按照“一城多园五中心”布局，打造国家层面的现代农业高端服务平台。农业科技网络服务中心基本建设成为全国农业科技数据源中心、服务源中心和物联网服务中心，信息服务能力不断增强。建成北京农科城多媒体网络视频会议系统，开展跨区域重大活动的网上直播、商务洽谈和在线培训等服务。搭建“三农”综合信息云服务平台，汇聚各类信息资源100万条，为全国30多个省

市提供冷链物流、农情监测、电子商务、农业物联网等各类信息服务，与80余个国家农业科技园区实现联网。

农业科技金融服务中心不断创新金融与科技相结合的服务模式，成立北京农科城投资有限公司，推动北京农科城基金群建设，组建北京农科城农商俱乐部，聚集联想、新希望、中粮等17家产业投资基金。推动中农科产业发展基金（15亿元）开展农业项目投资，支持新发地成立现代农业物流基金（5亿元）。

采取企业、科研院校参与的方式，创造了政府资本与民营资本相结合共同投入的新的商业化运作模式，加强种业科技成果（品种、技术、知识产权等）的价值评估和交易服务，推动科技成果价值化、商品化、股权化和产业化。依托投资公司搭建起的投融资服务平台，使基金群和行业优势资源入驻北京农科城，建立以社会资本为主体，以基金群建设为主要形式的农业科技金融服务体系，发起成立国家农业科技园区协同创新战略联盟基金。

围绕首都及全国农业科技信息服务需求，构建农科城综合信息服务平台。支持农险评估技术研究及综合服务平台建设，完成了北京市1 500个承保村基于遥感技术的冬小麦等作物地块提取，构建了服务于农险业务的遥感监测识别技术、农作物风险的关键气象因子快速识别技术体系，为北京现代农业持续健康发展和京郊社会和谐稳定提供技术与金融支撑。

（三）建设农业科技创新创业创优平台，优化打造特色农业产业链

北京农科城遵循“现代服务业引领现代农业，促进一二三产业融合发展”的理念，聚集技术、资本、信息等现代农业服务要素，形成“高端研发、品牌服务、营销管理在京、生产加工在外”的现代农业产业模式，实现高端服务、总部研发、产业链创业和先导示范四大功能。围绕都市型现代农业发展和首都新农村建设的需求，以企业为主体，北京农科城已创建13个现代农业领域科技创新服务联盟，不断强化产业链创业功能，打造了生物种业、生物燃气、循环农业、园林苗木、草莓、奶业、花卉等11条品牌产业链，为全国现代农业一二三产融合发展提供了示范。

1. 现代种业产业链

实施“2468种业行动计划”，以及小麦、玉米、蔬菜、马铃薯4大种子产业化工程，进一步巩固了“三中心一平台”（全国种业科技创新中心、企业聚集中心、交易交流中心和发展服务平台）的地位，助推都市型现代农业调转节能高效发展。以生物种业为突破，加强以分子育种为重点的基础应用研究和生物技术开发，着力作物、畜禽、林果花卉、蔬菜、水产“五大”种业体系科技创新，围绕优势籽种（玉米、蔬菜、苗木），重点选育了玉米、小麦等抗旱节水突破性新品种。成立农科城良种创制中心，突破作物育种核心技术，建立了水稻、玉米、大豆、棉花等作物的规模化遗传转化体系。建设通州国际种业科技园，开展育种研究、试验示范、展示推广活动，打造以高通量分子育种服务为引领的“育繁推一体化”作物种业产业链，从“良种创制、成果托管、技术交易、良种产业化”四大环节进行创新。组建北京农科城玉米品种开发联合体，加快新品种产业化开发，使京科968玉米新品种实现了1 400万亩的产业化推广，已成为农业部主推玉米品种；京科、农华和中单系列品种推广面积已占到全国玉米种植面积的18%。

北京市华都峪口禽业有限责任公司的蛋鸡标准化、规模化、现代化的“全进全出”两段饲养新模式和“高产、稳产”技术，以及“三维”孵化理论为实现北京农科城产业链创业功能，构建精准、高效的蛋种鸡繁育体系起到巨大推动作用，使蛋种鸡打破“洋鸡”一统天下成为现实，仅京红、京粉系列品种就推广到全国31个省市自治区，累计推广25亿只，市场占有率达40%。

另外，昌平园的安全蔬菜、优质果品和绿化苗木产业链，顺义园的高端花卉服务产业链，均为全国的种业科技创新能力提升提供有力支撑。

2. 智能农机装备产业链

围绕北京都市型现代农业对智能化农机具的需求和农业生产中对动植物生长环境信息、生命信息的数字化采集需求，及以提高农业生产环保、节能、高效的实际需要，集成北京独有的研发、智力优势，以企业为主体，不断强化产业链创业功能，推动了科技、信息、资本等要素与产业链各环节的深入融合，形成了以整地、播种、施肥、喷药、喷灌，土壤、水、空气检测，智能嫁接、移栽及工厂化基质生产与应用为核心的智能装备产业链。

全力支持首都设施农业科技创新服务联盟（简称联盟）在设施农业优化设计方面开展集成创新，制定了果菜类蔬菜栽培、叶菜类蔬菜栽培、蔬菜育苗以及双向生态型等不同用途的17种日光温室的设计结构标准，进一步规范了日光温室建造结构。支持联盟对环境控制装备开展研发，并在国内率先建立了温室生产智能控制管理的综合应用集成平台，研制了20余种温室自动化控制软硬件设备；研发出适合我国农业生产的高技术含量、低成本、方便实用的农业智能装备，通过产业化开发，已辐射推广到全国14个省市区。研究推广节水灌溉设施、小型田园耕作机、温室卷帘机、小型保鲜库等设施装备17万台（套），使设施农业节水灌溉面积达到95%，设施蔬菜耗水量全国最低。

在通州区建成全国首个以企业为主体的植物工厂工程技术研究中心。开展植物工厂低碳节能等方面的研究及产业化推广，植物工厂设施及装备累计推广面积2万多平方米，实现销售收入1.4亿元。

平谷区北京绿都种猪育种园区通过配备VELOS母猪智能化群养管理系统，实现了养猪现代化自动控制，大大降低了人工成本，经测算，每场可减少人工8人，年可节省人工费用28.8万元。

支持水环境联盟在农村污水收集、处理和资源化利用以及雨洪利用等方面开展技术分析和优化集成，形成并提出先进适用、低成本的技术方案和技术指南，联合开展关键技术研发和推广应用，构建了一套节能、节水、节药的安全高效的生产技术体系。通过示范、推广的方式在全国范围带动农业装备智能化的提升，具有显著的社会效益。

3. 食品安全检测产业链

构建了从田间到餐桌的全产业链食品安全科技支撑体系。依托新发地农产品批发市场，建设了国际化的农产品现代物流科技园，打造以电子商务、金融服务为手段的农产品现代交易模式，与京郊100家合作组织、10家配送企业和10家超市对接，实现订单销售、定向配送、定制服务，降低流通成本，保障首都农产品应急供应和质量安全。建立食品安全领域工程技术研究中心和重点实验室18个，聚集了食品安全检测服务机构16家，检测仪器装备超过5亿元，为生产、加工、销售企业提供了解决方案、检测标准、分析仪器、快速检测等全程服务。

在新发地建设的北京农科城农产品现代物流科技示范园，成功对接泰国、智利等国的7个生产基地、20个品牌超市和北京100个社区便民店，初步构建起农超对接、农社对接的快速安全配送体系，实现了“生产基地－批发市场－终端市场”的物流监管和食品安全监测。

建立基于全产业链的物联网监管系统，连通共享了多省份的13个农产品行情数据库和8个农业大省的14个农业科技成果发布源，已与100多家企业、科研单位及科技园区实现了网联和视频展示。搭建了北京农科城名果微商城，初步建立了“从果园到餐桌”的果品产业链全程追溯体系，塑造了北京“五五茗果”水果电商优质品牌。

4. 农产品加工与食品制造产业链

北京农科城还依托中粮、首农、新发地等龙头企业建设食品安全与营养健康研发服务平台，开发营养健康、高附加值产品，优化延伸农产品加工与食品制造产业链，带动一批农产品加工与物流企业发展。

5. 循环农业

循环产业创新发展生物燃气循环经济模式。推动德青源公司建设国际领先水平的生物能源产业链，探索出集种植、养殖、加工、沼气发电为一体的“未来农场”模式，为京郊1万户农民提供生活用沼气，每年向社会提供1 400万千瓦时的绿色电力，年实现二氧化碳减排8.4万吨。

人工湿地技术把传统的养殖模式转型为生态养殖，净化养殖水体，使直接排放下游的水实现零污染。山区沟域里的农林复合系统，在涵养生态的同时，为农民带来了多种致富的种养殖机会。

（四）聚焦农业高端研发，建设国家农业科技创新高地

强化种业科技创新，支撑“种业之都”建设。在种业科技创新和产业促进方面，着力打造良种创制与种业交易中心，组建现代种业科技创新服务联盟，搭建种业科技成果托管平台和首都现代育种科技服务平台，建设北京农科城通州种业园，构建了“一中心、一联盟、两平台、一园区”的“1121”种业产业

链科技创新服务体系，联合200多个央地科研院所、种业龙头企业和相关服务机构的优势科技资源，聚集院士、千人计划等种业高端人才。围绕生物种业、智能装备、生物疫苗等高端产业，已研发出一批重大农业科技成果并实现产业化应用推广。5年内，仅玉米、小麦、大豆、西瓜、大白菜五种主要作物品种审定数就达183个；创制了世界首个水稻全基因组芯片；主导完成世界首张西瓜全基因组图谱；建成世界最大的玉米标准DNA指纹库；育成的“京葫36号”西葫芦新品种打破了跨国公司的长期垄断；选育出京科968等系列高产玉米和全国领先的杂交小麦新品种，北京作物良种覆盖率达97%，蔬菜种子销售占全国25%，种业交易额达115亿元；培育出京红、京粉系列蛋种鸡品种，种鸡规模亚洲第一，种鸡销量世界第一；冷水鱼种苗的市场占有率达50%。率先在全国实现“低风险、低成本、高效率、高效益”的种公牛规模化自主培育，打破国外奶牛种源对我国奶牛种业的垄断制约，建成辐射全国的奶牛良种供应与技术示范基地，进一步巩固了北京市全国奶牛良种基地的核心地位，目前北京奶牛良种全国市场占有率达到35%。超高压果品加工技术和装备实现突破，建立了全国第一个超高压果蔬生产和加工基地。

通过实施协同创新，抢占农业科技创新高地，促进了首都现代农业快速发展，“十二五”北京农业科技贡献率已达到70%，接近发达国家水平。北京现代农业已步入创新驱动发展的快车道，引领带动全国现代农业走高端、高效、高辐射之路。

（五）引导创新资源聚集，打造现代农业示范样板

围绕全国科技创新中心建设，依托院士专家工作站、海智计划、金桥工程、创新理论培训、科技专利推送等平台，引导创新资源向企业聚集。“十二五”期间，启动了郊区“科技套餐工程示范基站”项目，开展基站的综合展示中心、技术推广中心、乡土专家中心、农民培训中心、技术咨询中心以及籽种研发中心功能建设。

1. 示范引领

房山基站围绕综合展示中心建设，在展示手段上进行升级改造，以示范基地内“基于物联网系统下的智能农业生产管理流程”作为展示重点，展现农业

生产智能化管控全过程。门头沟基站示范山区生态修复系统，靠山吃山，挖掘当地濒临灭绝物种进行繁育，积极开展新型农民培训，提高搬迁农民职业技能，逐步形成北京地区矿山治理的示范样板。

2. 科技推广

顺义基站通过专家工作站强化科技力量，研发选育出观赏菊新品种，同时引进花期延迟技术，集成转促配套科技成果。充分发挥基站农业技术推广中心和技术咨询中心作用，通过示范基地向周边地区推广，直接对接北京国际鲜花港。

3. 辐射带动

通州基站充分发挥籽种研发中心作用，搭建农业科技工作者的干事平台，联合当地苗木企业科技人员，以示范基地作为初试、中试实验室，研发出“华源发黄杨”“张家湾1号”等原创常绿、彩叶树种，逐渐成为北方地区提供城市美化的苗木基地。大兴基站将“示范基地+专家工作站”的模式复制推广到河北省保定地区；延庆基站也正在积极与河北省怀来、赤城地区农业组织密切对接，示范推广好成果、好经验、好典型。

4. 培养新型农民

昌平基站在示范种植栗蘑的基础上，与北京烹饪协会、北京营养师协会等科技社团合作，开发稀有菜品，并对周边农户进行“栗蘑宴”烹饪培训。不仅增强农民实用技能，更充实了当地民俗旅游资源，使基站成为新型农民的培训中心，促进农业生产人员多元发展。

5. 增收致富

平谷基站食用菌示范项目2013年试种香菇16万棒、15栋标准温室，菇农每栋温室获纯利3万元。2014年共种植香菇90万棒、85栋标准温室，每栋温室获利4万元。

6. 科技服务

吸引中国植保学会土壤改良技术、中国园艺学会“蔬菜卫士”线上服务、北京神舟绿鹏农业科技有限公司花期延迟技术等项目分别在延庆、顺义基站落户。北京农学会、北京山区发展研究会、北京蔬菜学会、北京植物病理学会、北京地理学会、北京食用菌协会等多家科技社团，开展横向联合行动，针对基站示范基地产业提供针对性指导，使产业特色更加明显，初步形成当地现代农业示范样板。推出一批乡土专家，申请了“北京乡土专家”微信公众号，通过微信平台建设实现科技成果推广。

（六）布局专业化园区建设，发展城乡一体化美丽乡村

按照“规划先行、主体先建、机制先进、优者先定”的原则，结合区域资源禀赋，积极推进昌平区、通州区、顺义区、延庆区、房山区、密云区6个国家农业科技园区特色建设，初步形成了产业特色鲜明、商业模式创新、引领作用显著的园区发展格局，促进传统农业走一二三产融合发展之路。昌平园开展设施农业、精准农业、低碳农业等先导技术示范，打造草莓、园林苗木等绿色景观产业链；顺义园打造高端花卉研发、会展、创意、销售为一体的花卉服务产业链，开创了农民“绿岗就业”、特派员创业、促进产业新模式；通州国际种业园发展高通量分子育种技术为引领的“育繁推”一体化现代种业基地；延庆园着力打造生态循环现代农业产业，探索集“生态种养殖－食品加工－清洁能源－有机肥料－订单农业”的“未来农场”模式。园区共吸引132家院所、企业入驻，园区总体产业投入超过40亿元，2014年实现销售收入56.46亿元，展示示范品种6 200个，辐射带动村镇525个。

（七）以产业为主线，建设现代农业产业技术体系北京市创新团队

围绕北京市主导产业，建设果类蔬菜、叶类蔬菜、食用菌、粮经作物、西甜瓜、生猪、奶牛、家禽、观赏鱼以及鲟鱼、鲑鱼、鳟鱼等10个产业创新团队，组建10个研发中心，52个综合试验站，214个农民田间学校工作站，组织开展全产业链各环节的技术攻关、试验、集成、示范与推广。北京市创新团队研发具有自主知识产权的优良新品种97个，其中农作物92个、畜禽新品种5个；引进筛选出适合本市的优良新品种103个，其中农作物73个，畜禽新品种2个，水产新品种28个；围绕设施果菜、畜禽和水产工厂化生产、农业节水、农产品质量安全、生态循环、高效生产、农机农艺融合等研发集成新技术338

项；研发农兽药、饲料、肥料、小型设备、农业机械等252项；开发出农产品加工产品43个；共组织农民培训、观摩活动9 300余次，培训农民超过30万人次，培养新型职业农民6 000余人。技术应用规模累计117.1万亩*，覆盖家禽5 280万只、奶牛176.2万头次、生猪518万头。通过技术成果的推广应用，累计节约用水2亿立方米，年减少化肥使用量近1万吨，年减少化学农药使用量15%。

（八）探索国际合作新模式，提升现代农业国际化水平

发挥农科城国际合作交流中心资源优势，搭建首都农业科技国际合作交流平台，提升首都现代农业国际化水平，与92个国家和地区、35个国际组织建立了战略合作伙伴关系。推动科技成果走出去，已将德青源生物燃气技术和装备出口美国；力促北京杂交小麦新品种出口巴基斯坦并进行大面积种植，增产效果达到30%～50%。加快先进成果引进，与盖茨基金会开展合作，实施了主要作物育种等7个中美农业旗舰项目。举办系列国际论坛，提升了北京农科城的资源凝聚力和国际影响力。科技支撑世界草莓大会、世界葡萄大会和世界种子大会等一系列国际会展。

北京农科城国际合作交流中心创建“农业技术价值评估系统”，分为农业专利技术、农业非专利技术和植物新品种3个子系统，全面地覆盖了农业科技成果的各种类型，采用预期收益法、成本法和成本－预期收益法等国际上成熟的评估方法，评估过程充分考虑到市场风险、技术风险、法律风险、经营因素及成本因素等，同时紧密结合现行科学的资产评估理论，设置了不同的价值评估模型及其参数，评估数学模型与参数的科学设置成为用户获取合理价值的核心保障。建成“农业科技资源”知识产权数据库，数据量达150余万条，涉及种植业、畜牧业、林业、农业投入品等分类1 000多项，为社会各界和企业提供政策法规咨询、市场开拓、合作交流等系列服务。

（九）强化新型职业农民培训，培育新型生产经营主体

以解决好“谁来种地”“如何种好地”为出发点，强化新型职业农民培训

---

* 1亩≈667平方米，15亩=1公顷，全书同

工作，形成了以政府为主导，以社会力量为补充的“一主多元”教育培训体系。“十二五”期间，开展了农民田间学校、全科农技员队伍、农村劳动力阳光工程、骨干农民、林果乡土专家、农村实用人才等培训，建立健全了市、区两级培训师资库，2015年入库师资416名，其中市级83名，区级333名。统一规范了培训教学的三类课程设置以及学时要求，强化了国家通用型教材、特色精品教材的分类管理工作。依托专业培训机构和推广机构，共培训农民11万人以上，其中，农民田间学校2万人，农村劳动力阳光工程2.94万人，农村实用人才4.6万人，林果乡土专家1万人左右。组织实施了大兴区、密云区2个国家级新型职业农民培育试点区建设，探索并初步形成了生产经营型、专业技能型、专业服务型“三类协同”，初、中、高“三级贯通”，市、区、乡镇“三级共管”，培育、认定、扶持“三位一体”的新型职业农民培育工作格局。2015年，2个试点区全面启动认定工作，共组织认定新型职业农民552名。大兴区制订完成了新型职业农民认定管理办法，明确了认定条件、认定程序、组织步骤、启动试点、政策扶持等一整套认定工作思路。在创新创业扶持上，密云区通过搭建创新创业工作平台，增强农民就近就业观念和就业能力。2015年，对创业青年、农机大户、“互联网+青年销售团队”等实行重点倾斜，制订了农机具购机补贴（国补基础上补30%，没有国补的补80%），设施蔬菜园区的新品种、新机械、新技术等惠农项目补助等，带动了青年骨干队伍的发展。

（十）建设基层推广体系，提升科技成果转化与服务能力

贯彻落实《中华人民共和国推广法》和市政府全面推进都市型现代农业服务体系建设的意见精神，按照“十二五”服务体系建设总体规划的要求，开展了10个远郊区基层农技推广体系改革与建设补助项目、149个乡镇的条件建设项目和2 831个村的村级全科农技员队伍建设工程，实现了基层农技推广工作的三个“全覆盖”。条件建设上，初步建成大兴区、密云区2个市级示范区、26个示范乡镇和100个村级农业综合服务站，为100%的农业乡镇农技推广机构配备了检验检测、信息采集和农民培训等仪器设备，为全科农技员每人配备1套工具箱，为基层免费开通“农业科技网络书屋”账号4 082个；制度建设上，初步建立起基层农技推广工作“五项工作制度”“四统一管理制度”，形成了比

较完整、系统的基层农技人员高研班、“农业科技大讲堂”、农民田间学校辅导员培育和农业部万名骨干等培训体系；推广效能上，探索并推进了具有各区产业服务特点的“包村联户”机制创新、绩效考核人员激励等方式方法，依托补助项目，北京市每年平均建设30～50个综合性或区域性的农业技术试验示范基地，每年组织签约上岗区级“首岗”+“岗技指导员”400人左右，2015年首岗38名，岗技指导员352名。锻炼和培养出一批扎根一线、带动力强、农民满意、业绩出色的基层专业技术干部。据补助项目实施区统计，2012—2015年，基层农技推广机构共获市级科技奖励6项、区级科技奖励9项，17人受到国家、市级、区级政府或有关部门表彰嘉奖，其中国家级2人、市级2人、区级13人。有21人被评为农业推广研究员，85人晋升为高级农业专业技术职称。

（十一）推进“农民致富科技服务套餐”，开展送科技下乡活动

1. 推进“农民致富科技服务套餐”配送工程

积极动员和组织广大科技人员到农村开展形式多样的科技服务，为农民提供科学技术信息，把绿色农业、循环农业、节水农业科学技术尤其是能实现增产增收的果业矮化密植技术送到千家万户、田间地头。建立农业科技推广服务体系，实实在在地为“三农”服务，动员40余个涉农科技社团开展送科技下乡活动，为13个区县开展服务指导，共开展科技下乡3 400余次，试验示范科技成果645项，示范辐射面积144万亩；开展各类培训1 747次，培训农民近11万人次。

2. 实施“科学健康人”项目

自2014年“科学健康人”启动以来，通过“健康班车”活动，为10个远郊区县的40余家乡镇卫生院与16家涉医学会建立了沟通平台，共开展64场次活动，参与专家540多人次，服务郊区百姓近4 500人次，培训基层医生近340人次，并且通过项目向郊区百姓发放健康宣传材料25 000余份。项目直接参与群众达2万多人次，平均每天都会有一场“科学健康人”项目活动在为民生服务。

3. 开展“科普之春”系列活动

推动农业科技创新，在北京市各郊区县开展系列活动，截至2015年已成功

开展17届。

4. 推行“科普惠农兴村计划”

截至2015年，北京市市级科普惠农兴村计划共计表彰奖补农村专业技术协会189个、农村科普示范基地212个、农村科普致富带头人123名、农业科技服务专家106名、专业技术指导员120名，奖补资金7 062万元；实施百村农民科学素质提升行动，邀请专家深入农村，在乡村中开展百场科普讲座，将讲座内容制作成光盘，发至13个区县，目前已开展讲座128场。

5. 制定“结对共建”五年倍增计划

自2013年以来，在密云区大豹子岗、小豹子岗、官石沟、南沟、大岭村种植大榛子共计100亩；在大石虎峪、大果峪两条山沟和大岭村村口开垦改造土地50亩，种植软枣猕猴桃魁绿共4 300棵，同时矗立水泥架杆T型架2 100根；为蜜蜂养殖场引进了30群中华蜜蜂并成功地繁殖出28群；种植红树莓2 000棵，为下一步路边绿化美化和采摘打下很好的基础。

（十二）建设科技工作者队伍，培育新型职业农民

结合都市型现代农业实现形式和发展新兴旅游服务业的需求，实施“科普惠农兴村计划”“农民致富科技服务套餐配送工程”及“农民田间学校”“乡村青年社”等计划项目，推动农业技术推广能力与农民职业技能的提升，促进农民依靠科技致富；通过建设区域中小型农村科技成果展示厅、农村科技服务港、京郊科学文化魅力走廊和现代农业观光走廊，宣传普及食品安全、环境保护、防灾减灾、新能源以及国家现代农业科技城的建设成果，不断引导农民建立科学的生产观与生活观。依托高等院校、科研院所、行业部门，建立百支科普志愿者小分队，积极鼓励农村科技协调员、大学生村官做好所在地区的农村科普工作。2010年启动实施的全科农技员队伍建设工程，截至2015年年底，共有在岗村级全科农技员2 498名，实现了对农村的“全覆盖”。试点建设多个农业科技综合服务试验站，完成149个乡镇基层农技推广服务体系基础条件建设，切实解决农民生产问题。

（十三）实施食品质量安全保障专项，构建全链条质量安全保障体系

建设国家母婴乳品健康工程技术研究中心，建立供京蔬菜安全生产示范基地，搭建食品安全检测技术、装备研发、监管信息化平台，初步构建起“从农田到餐桌”的食品安全科技支撑体系。支持首都安全投入品科技创新服务联盟单位开展行业共性关键技术研发，开发新型高效生物农药、生物肥料、生物饲料及兽用生物制剂等安全投入品新产品55种，推动亩均化肥施用量降低30%，实现生物农药用量超过20%。加强食品加工技术、营养品质提升技术、高值化加工技术及资源综合利用技术的科技攻关，推动实现80%以上的规模农产品加工企业通过ISO、HACCP体系认证。在新发地、顺鑫石门批发市场、规模社区等集成应用了30项安全生产、绿色防控、物流监控、产品追溯等配套技术，强化了批发市场食品质量检测监控能力。此外，建立猪肉、乳制品食品安全追溯信息管理平台，初步实现本市肉制品、乳制品等食品的安全可追溯，为保障首都“菜篮子”安全提供了有力的支撑。

（十四）致力绿化、节水、环保科技，夯实生态文明建设基础

重点开展餐厨垃圾、人畜粪便、农林废弃物高效混合发酵、氨氮调控与高效产气、沼气工程实时诊断与动态调控、林业害虫信息素引诱剂、水域生态修复等技术的研究，开展脱硫净化一体化、成套化装备及生物质秸秆燃气一氧化碳、氢气生物转化装备的研制，在通州区、平谷区和延庆区开展科技示范，推广生物燃气电热联产、电热碳联产和林果废弃物综合利用的商业化模式，实现减排二氧化碳4 749吨，为首都蓝天工程建设贡献了力量。推进农村建筑节能改造、农村新型采暖技术、清洁燃气利用等方面开展技术攻关和成果示范推广应用，扎实推进农村燃煤减量化能源清洁化。

实施“首都增彩延绿科技示范工程”“北京林木种苗产业提升‘圃林一体化’科技示范”等科技项目，加大彩叶、抗逆等新品种的筛选和培育，构建高效的种苗工厂化繁殖技术体系，为北京市百万亩造林工程和郊野公园建设提供优质苗木，使首都园林从“绿化”向“彩化、美化”转变，向特色、精品转

变，引领其走上了“高端、高效、高辐射”之路。果树、花卉育种同样紧扣产业的发展需求，选育高端适用品种并加大推广力度，为首都生态文明和国际一流的和谐宜居之都建设提供了科技支撑。

二、“十三五”时期农业科技规划与展望

“十三五”时期是我国全面建成小康社会的决胜阶段，也是北京市建设全国科技创新中心，落实首都城市战略定位，加快建设国际一流的和谐宜居之都，实现京津冀协同发展的关键时期。全市农业农村工作将围绕“落实发展新理念，全面提高新时期城乡一体化发展水平”这一主题，做到“五个坚持”“五个加快”“两个确保”开展。即坚持“四个全面”战略布局，坚持创新、协调、绿色、开放、共享发展理念，坚持服务首都城市战略定位的要求，坚持城乡一体化发展的方向，坚持农民主体地位；加快推进农村改革向纵深迈进，加快推进新型城镇化与美丽乡村建设双轮驱动，加快推进郊区疏功能、转方式、治环境、补短板、促协同，加快推进都市型现代农业向集约、高效、绿色、安全发展，加快推进乡村治理迈上新台阶；确保农业农村形势持续向好，确保农民持续增收。围绕健康中国建设、首都生态绿色发展和全要素生产率创新驱动发展等目标，落实中央一号文件精神和北京市都市型现代农业重点工作部署，进一步深化北京农科城建设，做到政策有方向，工作有目标，惠民有实效，服务现代农业创新创业，服务新农村建设，服务城乡统筹发展。

（一）构建“高精尖”农业产业结构

聚焦农业、环境和能源等领域关键科学问题，部署开展基础和前沿技术研究。重点组织实施水资源保护与利用、垃圾处理和资源化利用、北京生态功能提升等任务。到2017年，形成20项以上重大创新成果，实现再生水出水稳定达到地表Ⅳ类水，重大园林绿化工程良种使用率达到95%，生态承载能力提高25%。加快构建“高精尖”经济结构。深入实施“北京技术创新行动计划”和“《中国制造2025》北京行动纲要”，以先导技术引领产业发展，着力推进现代种业发展，加强主要农作物重大新品种培育，持续推进现代种业“育繁推”

一体化体系建设，推动农业装备制造业向智能化发展。

（二）促进“京津冀”协同发展

促进京津冀农业协同发展。探索建立京津冀农业协同推进机制，推动三地产业统筹布局、联动发展。建设环京津鲜活农产品基地，鼓励本市种植、养殖企业与津冀开展有效对接，建立直接或紧密型的蔬菜和“肉、蛋、奶”外埠生产基地，建立京津冀优质渔产品养殖基地。推进京津冀农业安全合作，努力推进统一标准化体系和检测结果互认，完善区域农产品质量安全监管体系，建立农产品质量安全信息共享平台，逐步实现京津冀动物防疫一体化。拓展京津冀休闲农业与乡村旅游半径，联手打造一批旅游景观和基地。推动京津冀“互联网+”协同发展，建设农业协同平台和农业资源平台，促进三地农业信息化协同发展。构建京津冀农业协同创新链，健全京津冀协作联合攻关机制，加大北京农业高新技术向津冀的推广辐射力度，加快农业科技成果转化。加快建设京津冀创新共同体，合力打造“中国农业硅谷”，在农业节水、高产高效、质量安全等重点领域开展共性关键技术的研发与应用。

（三）推进农业“调转节”

深入推进农业结构调整，全面落实《中共北京市委北京市人民政府关于调结构转方式发展高效节水农业的意见》。发展节水节能高效生态农业，启动“两田一园”划定工作，持续优化农田结构；严格执行“禁限目录”，实现畜牧水产业控增减存；设施、农艺双管齐下，确保农业节水目标实现；推动生态农业建设，实现化肥农药“零增长”；推进农业业态创新，发展特色优势主导产业；实施“菜田补贴”政策，推进“菜篮子”工程提质增效。加快实施地下水严重超采区和重点水源保护区农业结构调整方案。

（四）引领“一二三”产业融合发展

继续深化北京国家现代农业科技城建设，大力推进科技服务业创新发展，发展高端现代农业，重点建设昌平区、顺义区、通州区等农业科技园区，形成了产业特色鲜明、发展模式先进、示范作用显著的园区发展格局，以科技支撑城市可持续发展和服务民生重大需求，发挥农科城对全国的辐射带动作用。延伸农业产业链，重构农业价值链。积极培育龙头企业与农产品品牌。支持创意农业研究，通过整合北京创意农业资源，搭建创意农业推动产业融合发展的创意展示和科技服务平台，设计与研发创意产品，构筑服务体系，并结合首都特色农业开展创意与创新融合发展的示范应用，推动了科技、文化与创意结合，提高创意农业供给侧能力，提升都市休闲产业发展能力，带动农民增收，带动了传统农业向现代农业优化升级，不断促进着产业融合发展和城乡一体化建设。

（五）推动科技金融促进产业链创新

贯彻实施《北京市关于推动科技金融创新支持科学研究机构科技成果转化和产业化的实施办法》。鼓励金融机构、投资机构、专业性及综合性科技金融服务机构，在天使投资和创业投资、科技贷款、融资担保、融资租赁、科技保险、多层次资本市场和中介服务等方面开展创新，为科研机构科技成果转化和产业化提供服务和支持。鼓励银行类金融机构创新科技贷款产品和服务，为科研机构及其项目团队利用知识产权、股权、科技企业及个人信用、科研设备、科研用地融资提供多样化贷款产品。此外，将推进组合金融服务模式创新，鼓励银行针对科技成果转化和产业化项目与担保、融资租赁、保险、股权投资等机构合作，运用认股权贷款、股权质押贷款、贷款保证保险、信托计划、集合票、企业债券以及股权投资等融资方式，推出组合融资产品。支持知识产权评估、技术转移、专利代理、信用评级、信用增进等科技金融中介服务组织发展，鼓励各类科技金融服务机构利用互联网、移动互联网、大数据等技术，建设科技成果转化和产业化投融资信息服务平台。

与金融机构合作，对全市基层农技协、农民合作组织授信，组织专家团队为贷款单位提供技术支撑，对基层农技协、农民合作组织进行生产指导，促进科技成果产业化。

（六）推进“互联网+农业”融合发展

把“互联网+农业”作为推进北京市农业供给侧结构性改革、培育新的经济增长点的重要举措。实施“互联网+”农业建设工程，充分发挥北京在互联网产业上的资源优势，围绕农业生产、经营、管理、销售、服务等环节，应用大数据、云平台、物联网、移动端等互联网技术工具，使互联网成为服务农业全产业链的重要手段。推进智慧农业建设，以大田、设施蔬菜标准园、农业生态园、规模化养殖场、农机智能装备等为重点，实现农业生产方式的智能化、精细化、精准化。积极引导和支持农产品电子商务，鼓励各类新型经营主体在农产品流通中运用电商技术，建成一批交易活跃、稳定运营的涉农电子商务平台，开辟农产品流通新渠道。加强农产品市场监测预警，制定统一标准，加强信息采集，构建农产品价格预测系统、风险预警系统。强化农业信息服务，构建农业信息资源共建共享模式，完善农业电商综合服务平台，提供农业科技、市场信息、郊区资源、农产品质量追溯等综合服务。

（七）深化农业科技国际交流合作

与国际农业企业或相关机构共建农业科技园区，进行北京农业品种和技术示范，推广北京优良品种和农业适用技术，提高农业生产效率，促进农业增产、农民增收。与政府部门、技术转移专业机构、行业协会和重点企业合作，搭建国际技术转移平台，共同支持中外企业技术交流与对接，促进合作国技术水平提升，同时帮助中国企业链接全球创新资源和市场。联合技术研究与示范，开展关键技术研发与产业化，开展技术本地化研究，联合制定国家标准或国际标准，开展技术适应示范。联合开展科技政策、科技园区规划、科技发展规划、孵化器建设等研究。就灾害预警、科技资源共享、科技园建设以及特定技术领域构建区域一体化合作网络，促进科技资源的互联互通。

（八）提高农业科技服务水平

健全“一主多元”的农业技术推广体系，加强现代农业科创团队和全科农技员队伍建设，鼓励和支持农业科研院所、高等学校与新型农业生产经营主体进行对接，积极推行推广型教授、推广型研究员制度，优化农业科技人才队伍。

加强院士专家工作站建设。发挥高端智力资源与企业自主创新对接平台作用，引导创新要素向企业聚集。加强院士专家工作站评估工作，引导院士专家工作站规范发展，到"十三五"末，全市院士专家工作站达到200个，服务中心达到15家，围绕大型企业重大科技创新难题，有效开展科技咨询、联合研发和攻关。

创新实施"海智计划"。加强海智工作基地建设，联系海外科技团体，汇集海外专家资源开展咨询服务，面向首都企业的人才需求，举办海智项目洽谈活动，提供海外科技人才信息。服务首都科技型企业"走出去"战略，吸引海外科技人才来京开展离岸创新创业。

提升"金桥工程"实效。建立完善科技研发创新与应用服务平台，汇集科研院所、高等院校的成果，整合企业需求，在"架桥"上做好文章。调整工作定位和服务对象，构建项目评价评估体系，为高校大学生、青年科技工作者开展科技研发和科技成果转化提供资金支持。

继续开展"科学健康人班车"项目，进一步发挥项目平台作用，为基层医务工作人员和社会公众提供更有针对性的健康科技服务。

全力推进都市型现代农业示范基站建设，着重加强六个中心功能建设，全力将基站打造成为当地农业产业化发展的样板和农业科技专家施展才华的舞台，切实发挥科技示范引领作用。巩固完善一批科技社团作用发挥充分、农业技术推广显著、辐射带动地方经济发展见成效的示范点，形成科技服务网络。

（九）持续增加农民收入

建立农业农村投入稳定增长机制，完善农村发展与农民的利益联结机制。优化财政支农支出结构，创新涉农资金投入方式和运行机制，推进整合统筹，提高农业补贴政策效能。推进农业产业链和价值链建设，建立多形式利益联结机制，培育融合主体，创新融合方式，拓宽农民增收渠道，更多分享增值收益。努力发展农产品加工业和农业生产性服务业。拓展农业多种功效，推进农业与旅游休闲、教育文化、健康养生等深度融合，发展观光农业、体验农业、创意农业等新业态。加快发展都市现代农业。激活农村要素资源，增加农民财产性收入。加大农民转移就业培训力度，提高就业技能。推进分类帮扶。实施科技精准扶贫致富计划，在发展特色产业、提升农民科学素养、培训新型职业农民等方面开展精准扶贫活动，提升贫困农民脱贫致富能力。

（十）构建新型农民培训长效机制

大力开展农村科技教育培训，全方位、多层次培养各类新型职业农民和农村实用人才；开展形式多样的科普活动，提高农民科学素质，引导农民建立良好的生活习惯和科学的生活方式；加强农村科普公共服务能力建设，结合美丽乡村、新型农村社区建设和乡村旅游业发展，建设一批农村科技、科普示范基地，面向农民和基层农技推广人员开展短期技术、技能培训，推广实验新技术新品种，提供更为实时快捷的农业技术信息服务。

全面开展网络教育，提高农民运用互联网获取农业生产、生活、经营等方面知识的能力，培养新型职业农民和智慧农民。加强农村科普信息化建设，积极推进互联网+农业的发展，促进农村电子商务发展。

加强农村重点人群科普工作，配合相关政策和投入，面向远郊区留守农民特别是农村留守儿童、留守妇女和留守老人，开展科普重点帮扶。做好“结对共建五年倍增计划”举办农用技术培训班，培养一支专业农民技术管理员和营销骨干队伍。

（十一）搭建基层组织交流合作平台

建设科技信息服务体系。整合原有的信息服务、外国专利推介服务等技术创新服务平台，建立人才、技术、信息、项目需求等综合性信息系统，开展科技信息推广应用“一站式”服务，促进国外专利信息引进吸收和再创新。探索建立企业、高校加强交流合作的机制和平台，促进高校、科研院所与企业、园区有效对接，实现资源共享。

（十二）提高“菜篮子”安全保障水平

严格落实“菜篮子”行政首长负责制，继续实施新一轮“菜篮子”工程，加强“菜篮子”基地建设，切实提高首都鲜活农产品日常供应能力、应急保障能力及质量安全水平。全面实施菜田补贴。着力打造一批能够规模生产、具有品种优势、品牌优势的专业村镇和蔬菜产销主体。发展工厂化蔬菜、食用菌生产。实施畜禽良种工程，推动畜牧业规模化、标准化发展和绿色健康养殖。完善农产品质量安全检验检测体系，提升农产品质量和食品安全水平，大力推进农业标准化生产，农产品“三品一标”覆盖率提升到60%以上，打造“北京安全农业”品牌，建立健全农产品质量和食品安全信息平台，推进“全国农产品质量安全县”创建。进一步完善动植物疫病防控体系。加快北京农产品现代流通体系建设，推进农产品流通基础设施升级改造，加快建成北京鲜活农产品流通中心，加快区域性农产品批发市场承接平台建设，构建环京津一小时鲜活农产品物流圈。

资料提供：北京市科学技术委员会　北京市科学技术协会

执笔：刘艳鹏

民　政

完善涉农惠民政策制度　着力提高民生保障水平

“十二五”期间，北京市在涉农民政事业上积极探索，勇于开拓，锐意创新，农村基层民主政治建设、农村社区建设、农村救助事业、农村综合防灾减灾工作、农村社会福利事业、农村养老服务事业、农村殡葬工作以及农村社会组织建设等方面实现了创新发展，成效显著，同时，相关的法律法规进一步完善，涉农民政工作体系更加健全和规范，为农村建设和农村发展夯实了基础。

一、“十二五”时期涉农民政取得的成效

（一）农村基层民主政治建设进一步推进

1. 严格民主选举制度，保障村民选举权

2012年，北京市第十三届人大常委会第三十五次会议修订了《北京市实施〈中华人民共和国村民委员会组织法〉的若干规定》和《北京市村民委员会选举办法》。为更好地指导全市依法依规开展村民委员会换届选举工作，研究制定了《北京市村民委员会选举工作指导规程》，确保了村民委员会换届选举工作严格依法，平衡有序开展，圆满完成了13个涉农区县第八届、第九届村民委员会选举工作，通过换届选举，村民委员会班子成员结构进一步优化，领导农村建设的能力进一步提高，村民群众的民主法制意识进一步增强，有效保障了村民群众的民主选举权。

2. 规范民主决策制度，保障村民决策权

2013年，北京市民政局结合农村基层工作实际情况，重新修订了《北京市

村民代表会议规则》（京民基发〔2013〕330号），赋予村民代表会议相关职权，明确凡是与农民群众切身利益密切相关的事项都要实行民主决策，主要包括村集体土地承包和租赁、集体企业改制、集体举债、集体资产处置、村干部报酬、村公益事业的经费筹集方案和建设承包方案等。2014年，中共北京市委组织部、中共北京市委农村工作委员会、北京市民政局联合制定下发了《关于进一步加强村务公开和民主管理工作的意见》（京民基发〔2014〕499号），（以下简称《意见》）。《意见》中对民主决策的程序与形式进一步进行了规范和完善，确保村民决策权落到了实处。

3. 完善民主管理制度，保障村民参与权

村民自治是农村稳定与繁荣的根本，北京市依照中央有关规定，根据形势任务发展变化，进一步修订和完善了《村民自治章程》《村规民约》等社会规范，明确村级组织、村干部和村民行为准则，提高全体村民自我管理、自我教育、自我约束的能力。市民政局将2015年确定为首都农村基层民主基础建设年，深入推进村务公开和民主管理工作，对农村“三资”管理、村级重要岗位人员管理、村级印章管理等，制定出台了一系列制度和措施，通过民主的渠道解决村民自治过程中的矛盾和疑难问题，强化了村民自治功能。

4. 加强监督机制建设，保障村民监督权

2011年，中共北京市委办公厅、北京市人民政府办公厅印发了《关于建立村务监督委员会工作的意见》的通知（京办发〔2011〕32号），对建立村务监督委员会的重大意义、指导思想和基本原则、村务监督委员会的主要内容及工作要求等都做了明确规定，并于2011年在全市农村各村普遍建立了村务监督委员会。为加强村务监督委员会规范化建设，2013年5 月，中共北京市委办公厅、北京市人民政府办公厅印发了《北京市村务监督办法（试行）》（京办发〔2013〕17号）。同年年底，中共北京市纪律检查委员会、中共北京市委组织部、中共北京市委农村工作委员会、北京市民政局联合印发了《关于建立村务监督委员会工作规则（试行）》（京办发〔2013〕484号）。保证村委监督委员会“六有”，即有牌子，有场所，有活动，有计划，有台账，有印章。

在实际工作中，北京市不断探索和创新村务监督工作机制，形成一批有特色的监督机制。为适应时代发展潮流，引进网络媒体监督媒介，开创了“听声见影档案”和“全程视频直播”的监督形式，保证了监督的持续性和实效性。朝阳区高碑店村通过引入视频影音技术，实现了村民对村委会工作监督的及时化。积极创新村务公开形式，形成了一套以“全方位晒账”“五延伸”“六步法”为主的村务公开制度和方法，同时，积极创建“公开民主管理示范单位”，促进村务公开的全面发展和提升。

5. 村务公开和民主管理“难点村”治理工作成效明显

根据中央关于开展村务公开和民主管理“难点村”治理工作的指示要求，“十二五”期间北京市开展了二轮“难点村”治理工作。第一轮在全市3 943个建制行政村中，共排查出“难点村”105个，通过3年的治理，到2011年年底，105个“难点村”全部完成治理工作任务。第二轮在全市3 940个建制行政村共排查出“难点村”122个，通过3年的治理，到2015年年底，圆满完成治理工作任务，达到了“难点村”面貌实现根本性转变的目标。在整个“难点村”治理工作过程中，北京市从加强组织领导、创新治理模式、建立长效机制、夯实治理基础、突出治理帮扶等方面入手，“难点村”治理工作成效明显，基层民主政治建设进一步加强，促进了农村经济社会发展，有效维护了首都农村社会稳定。

（二）农村社区建设深入发展

1. 着眼于提高农村社区服务质量和效率，促进社区基础设施和服务项目逐步完善

推动建立了农村基本公共服务网络，基本实现农村社区服务全覆盖。全市13个涉及农村社区建设的区县分别成立了区县级社区服务中心，农村社区服务站进一步健全完善，并按比例配备了专门工作人员，基本整合了政府部门各项工作，劳动就业、社会保障、社区养老、文体教育、人口计生、社区安全、流动人口管理服务等工作实行了“一门式”“一站式”服务，并建立健全了首问责任、一口受理、限时办结、投诉处理等业务管理制度，对服务事项办理全程进行动态跟踪。

2. 着眼于加强农村社区精神文明建设，促进农村社区文化事业健康快速发展

以弘扬“北京精神”为主体，以大民政文化为引领，以社区文化站、图书室、宣传栏、社区广场等场所为阵地，以举办农村传统节庆、民间艺术和文艺比赛等活动为载体，深入开展文明村镇、文明家庭创建活动，打造了诸如怀柔区街道邻里节、通州区于家务家训格言栏等一批农村社区文化特色品牌。

3. 着眼于提高农村社区建设水平，促进社工等社区专业人才队伍建设不断加强

多年来，通过设置岗位、购买服务、专业培训、公益组织等方式，不断加强农村社区人才队伍建设。在加强村（社区）“两委”班子建设的同时，引进社会工作者、社区志愿者、大学生“村官”等专业人才，优化农村社区建设队伍年龄层次和知识结构。同时，还设置了交通、卫生、教育等岗位，聘请一批热心公益的社区协管员参与相关服务工作。

4. 着眼于推动农村社区建设健康发展，推动相关政策法规逐步完善

确保农村社区建设不偏向、不走样。目前，出台并实施了《关于做好建立村务监督委员会工作的通知》（京村办发〔2011〕8号）、《关于进一步开展农村社区建设典型示范社区创建活动的意见》（京民社区发〔2012〕75号）等文件，初步形成了一套较为完备的政策法规体系，为北京市农村社区建设提供了制度保障。

（三）农村社会救助事业全面提升

1. 社会救助制度日臻完善

建立健全了城乡统筹的分类救助制度，考虑救助对象年龄、身份、身体状况、家庭结构等因素，对分散供养的城乡特困人员，以及城乡低保中的罹患重大疾病人员、重残人、老年人和未成年人等特殊困难人员，按照城市低保标准的15%～40%上浮救助金。统一了城乡低收入家庭认定标准，实现城乡居民医疗、教育、住房等专项救助认定条件的统一。构建了包括资助参合、医疗费用

减免、门诊救助、住院救助、重大疾病救助和生育救助等内容的多层次的城乡医疗救助制度；资助参合范围扩大到农村低收入人员，门诊救助和住院救助比例提高到70%，封顶线分别提高到4 000元、40 000元；重大疾病救助病种扩大到15类、134种，救助比例提高至75%，救助最高额度为80 000元；实施社会救助对象住院押金减免和出院即时结算；制定因病致贫家庭医疗救助政策，将发生高额医疗费用、超过家庭承受能力、基本生活出现严重困难的因病致贫家庭纳入医疗救助范围。完善供暖救助政策，提高燃煤自采暖救助标准；制定集中供暖救助措施，解决困难群众的基本生活困难。调整了临时救助制度，对遭遇突发事件、意外伤害、重大疾病或其他特殊原因导致生活陷入困境的家庭或个人，通过发放临时救助金、提供救助服务和转介服务等形式，给予应急性、过渡性救助。

2. 社会救助标准大幅提高

按照城乡统筹的发展要求，注重加大农村低保标准的调整幅度，“十二五”期间，农村低保标准从月人均300元提高到710元，年均增幅约24.03%；2015年7月实现全市城乡低保标准并轨，城乡低保标准位居全国前列，补助水平居全国首位。截至2015年年底，全市农村低保对象约3万户、4.8万人。

扩大救助范围，对未纳入低保范围的农村低收入家庭提供专项救助，缓解家庭困难。2015年，本市城乡低收入家庭认定标准为家庭月人均收入930元，全市当年享受低收入救助的农村低收入家庭5 658户、17 246人。

农村五保供养标准根据统计部门公布的上年度当地农村居民人均消费支出确定。“十二五”期间，全市13个涉农区县农村五保对象供养标准从2011年的年人均6 754元至15 224元调整提高到2015年的11 190元至20 313元。

3. 社会救助改革创新成效凸显

社会救助制度城乡统筹基本实现，最低生活保障、低收入家庭救助、专项救助以及临时救助等制度从保障范围、保障内容、工作程序、保障标准等方面实现了城乡统一，特困人员供养制度在农村五保供养制度的基础上延伸到城市，供养内容实现城乡一致。创新社会救助管理体制，健全各级政府部门间的联动工作机制和居民经济状况核对机制，实现数据信息的互联互通，形成了部门合力，整合了救助资源，提高了救助效率。建立完善慈善救助信息平台，对接救助需求与慈善资源，有效衔接慈善救助与政府救助。通过政府购买服务的方式，试点社会组织参与社会救助事务性工作、开展社会工作专业服务等，丰富了救助服务的方式，积累了有益的经验，为推动社会救助社会化奠定基础。

（四）农村养老服务事业快速发展

1. 农村养老服务事业稳步推进

“十二五”期间，北京市高度重视农村养老服务工作，积极推进养老服务城乡一体化发展。一是为114 953名农村地区80岁以上老年人每人每月发放居家养老服务补贴100元，每年投入补贴资金13 794.36万元。二是在农村地区签约发展养老服务单位3 622家，其中老年餐饮企业538家，为农村地区老年人居家养老提供快捷便利的服务。三是建成乡镇养老照料中心162个，发挥社区托老、专业支撑、技能培训、信息管理等方面的枢纽和辐射作用，实现机构养老、社区和居家养老相互依托、资源共享、融合发展。四是在农村地区发展全托型托老所49家，为有需求的农村老年人提供托老服务。五是建成农村地区乡镇办养老机构156所、床位数21 625张，主要收住本地区五保供养对象和部分低保、低收入老年人。六是经过2013－2015年3年的连续建设，全市共建成农村幸福院958个，有效缓解了农村老年设施不全、陈旧过时的问题，极大地改善了老年人的生活环境，提高了农村老年人的幸福指数。

按照《北京市居住公共服务设施配置指标》要求，将养老服务设施纳入公共服务设施统一规划、优先建设，社区托老所建设按社区人口每千人建筑面积90平方米、用地面积130平方米，每处一般规模为800平方米的标准建设，设置不少于10张日间照料床位、娱乐康复健身设施和社区居家养老服务中心。农村地区可按照“乡镇敬老院+村养老服务站+农居服务点”的模式规划建设养老照料中心，现阶段主要向所在村和毗邻村开展社区服务，长期发展可借助村委会、村集体经济组织，在本乡镇属地其他村设置服务站，并依托服务站提供入户服务，实现“以院统站带点”发展。

2. 设计本市街道乡镇级养老服务体系，创建三位一体养老服务新格局

2009年，北京市民政局等部门联合下发《关于加快养老服务机构发展的意见》，提出了以居家为基础、社区为依托、机构为支撑的“9064”养老服务新模式，即：90%的老年人在社会化服务协助下通过家庭照顾养老，6%的老年人通过政府购买社区照顾服务养老，4%的老年人入住养老机构集中养老。随着老龄化形势的快速发展，原有的“9064”养老服务格局需要与时俱进，2014年，市民政局提出建设街道乡镇养老照料中心，按照“9064”养老模式，通过“夯实中间、带两头”的发展思路，上下发动、左右联动、全面调动包括政府和社会力量在内的各类资源，倾力建设被群众幸福地称为“街坊养老院”的街乡镇养老照料中心，打造区域养老服务平台，实现机构、社区和居家三类养老服务相互依托、资源共享、融合发展。到2016年年底，全市规划建设208个街道乡镇养老照料中心，实现老年人口养老服务需求的全覆盖。

3. 推进农村乡镇公办养老机构改革，扩大养老服务保障范围

2015年出台《关于深化公办养老机构管理体制改革的意见》，将政府办乡镇养老机构接收保障对象由过去的“三无”“五保”人员，扩展到政府供养对象（包括城市特困人员、农村五保对象）、困境家庭对象（包括低保或低收入家庭中孤寡、失能或高龄的老年人）和优待服务对象（包括享受市级及以上劳动模范待遇人员、因公致残人员或见义勇为伤残人士等为社会作出突出贡献人员中失能或高龄的老年人），以及计划生育特殊困难家庭中失能或70周岁及以上的老年人，既保障了农村困难家庭老年人养老问题，又盘活了农村养老资源。

4. 探索利用农村闲置房产资源开发养老服务产业

根据市委领导指示精神，针对盘活农民闲置房产资源，增加农民财产性收入，特别是利用农村闲置房产开发经营养老服务设施的有关问题，2014年，北京市民政局领导带队，多次赴怀柔区、密云区、朝阳区、大兴区、房山区等实地调研，摸清了闲置资源存量，提出了“集中+分散式”养老服务设施建设模式，向市政府专题上报了《关于利用北京市农村闲置房产开发养老服务设施情况的调查报告》《关于利用农村闲置房产开办养老设施的试点方案》。怀柔区的九渡河镇四渡河村“集中+分散”养老服务资源开发设想，更是具有典型示范作用，2015年，确定为试点形式进行探索推进。

利用农村闲置房产建设乡村养老服务社区，要遵循“区域统筹、整体规划、集中管理”的原则，采取集中与分散结合的方式，为入住老年人提供养老照料、休闲旅游、娱乐健身、医疗护理、种植采摘等服务。应强调明确责任主体、管理构架和利益关系，建立“三个三机制”。即：实行三级管理。第一级是指利用集体建设用地建成一所区域性集中养老设施，作为养老服务中心；第二级是指以自然村为单位，对分散建设的农户养老设施集中建立养老服务站；第三级是指将每个分散建设的农户养老设施设为养老服务点。养老服务中心直接管理村养老服务站，村养老服务站直接管理各养老服务点。建立三项机制。一是建立安全巡查机制，由养老服务中心安排管理和服务监督力量，对养老服务站、养老服务点的安全管理、服务质量、服务保障等进行巡查；二是建立医疗巡诊制度，由养老服务中心安排医疗护理人员，定时对分散的养老服务点老年人进行医疗巡诊、建立健康档案和卫生防病宣传，并配备急救车辆设施；三是建立餐饮配送机制，由养老服务中心或养老服务站统一为分散居住的老年人提供一日三餐，配送成品或半成品。完善三方合作。明确开发运营商、农村房产专业经营合作社、农户三方之间的合作关系，开发运营商负责整体运营管理和养老机构主体责任；农村房产专业经营合作社与开发运营商建立合同关系，农户与农村房产专业经营合作社建立合同关系，农户与开发运营商之间不直接发生利益关系；农村房产专业经营合作社在养老机构整体运营中，承担社会第三方监督管理和维护农户利益职责。

（五）农村综合防灾减灾工作不断推进

1. 自然灾害救助实现了应救尽救

“十二五”期间全市民政系统积极履行保障群众基本生活的责任，面对突如其来的自然灾害，在市委市政府的领导下，全力保证了受灾群众有衣穿、有水喝、有饭吃、有病能医，5年共投入救灾资金3.4亿元，其中申请中央应急救助资金1.3亿元、冬春救助资金0.25亿元，市级下拨应急救助资金1.1亿元、冬春救助资金0.45亿元，各区县投入救助资金0.26亿元，累计救助群众基本生活4.5

亿人次（表1）。

表1　“十二五”期间下拨救灾资金及救助人数统计

年度	资金总额（万元）	中央资金（万元）		市级资金（万元）		区县资金（万元）	救助人次（千人）
		应急救助	冬春救助	应急救助	冬春救助	救助资金	
2011	2 978.1	0	300	498.3	850	1 329.8	48 427
2012	25 858	13 000	700	10 000	1 200	958	126 800
2013	2 702.8	0	1 000	600	900	202.8	182 419
2014	2 033	0	500	0	1 500	33	85 118
2015	40	0	0	0	0	40	8 929
合计	33 611.9	13 000	2 500	11 098.3	4 450	2 563.6	451 693

2. 农村灾害信息员队伍不断壮大

“十二五”期间按照每个社区（村）1～2名灾害信息员的标准，完善了基层灾害信息员队伍建设，截至2015年年底培训灾害信息员12 000余人，其中农村灾害信息员有8 000人左右，占比2/3，提升了农村自然灾害应急救助综合能力。

3. 农村综合防灾减灾示范社区创建工作进一步加强

“十二五”期间全市共创建国家级和市级综合防灾减灾示范社区1 049个，其中农村创建综合防灾减灾示范社区262个，门头沟区和延庆区力度较大，分别创建农村综合防灾减灾示范社区161个和58个。通过创建活动的开展，提高了农村社区综合防灾减灾水平，促进了美丽乡村建设。

4. 民生保险覆盖面逐步扩大

“十二五”期间全市民政系统大力推动农村保险工作，从2013年开始自然灾害公众责任险、见义勇为救助责任险、行政区域公众责任险、团体意外伤害保险、农房家庭财产险、农村房屋正房倒塌保险等险种陆续在各区开始试点或实施，截至2015年年底，9个郊区开展民生保险工作，区级财政总共投入资金3 769万元，保证了特殊群体在受灾时得到保障。

二、“十三五”时期涉农民政规划与展望

经过“十二五”时期的长足发展，首都民政事业在统筹城乡发展方面迈出了重大步伐，许多领域都已实现城乡一体化。但随着经济社会发展及首都城市功能定位调整，相比城乡居民对改善民生、参与社会治理的多样化需求，民政事业仍存在着城乡发展布局不均衡、程度不协调等问题。例如，与城区相比，农村社区建设主要靠乡镇财政和村级投入，资金来源有限，人员、工作经费没有纳入财政预算；农村社区服务中心建设缺乏政策支持，各区县发展规划、机构设置、工作队伍各不相同，地区发展很不均衡；农村养老等服务内容及项目偏少，服务人员缺乏等。

（一）全力推进农村基层民主自治机制和制度建设

健全和完善以村党组织为核心、自治组织为主体、群团组织为纽带、经济社会组织为补充的农村基层组织体系。着力推进村务公开和民主管理工作制度化、规范化、程序化建设，以村民会议、村民代表会议为主要载体的民主决策制度不断完善，以《村民自治章程》《村规民约》为主要内容的民主管理制度不断健全，以村务公开、内外监督、群众评议为主要方式的民主监督制度不断强化，健全按规矩办事、靠制度管人的长效机制，实现依法治村，依制治村，切实把权力关进制度的笼子里。进一步提升农村基层社会治理能力，村务公开全面真实，实现公开内容精细化、公开程序规范化、公开形式多样化、公开时间具体化。民主决策程序规范，民主管理落实到位，民主监督有力有效，党组织领导下的多方参与、协同治理工作格局不断完善，实现农村基层社会治理民主化、法治化。

（二）进一步推进农村社区建设

1. 深化政策理论研究，完善农村社区建设政策法规

按照城乡统筹发展、新型城镇化建设等总体思路，突出以城带乡、以乡促城、城乡共赢的政策导向，全面推进北京市城乡一体化进程。同时，有关政策

和文件的出台应当尊重农民的意愿、尊重村庄的演进规律和尊重城镇化的发展规律，避免盲目撤村并居、盲目集中居住和盲目划转农地。

2. 加强分类指导，统筹推进农村社区建设

对传统农村社区、城乡结合部农村社区和小城镇周边农村社区进行分类指导、统筹推进，坚持宜农则农、宜工则工、宜商则商，突出当地特色和比较优势。依托现代信息技术手段，加强智慧社区建设，缩小农村社区之间因特色化而带来的差距。

3. 大力发展农村社会组织，充分激发农村社会活力

发展多种形式新型农民合作组织和多层次的农业社会化服务组织，逐步构建集约化、专业化、组织化、社会化相结合的新型农业社会组织体系。加大对农村社会组织服务的购买力度，完善购买服务制度建设，强化后续监管。

4. 加大投入，全力推进基本公共服务均等化

探索解决农村社区办公和服务的场所、人员和经费问题，实现农村社区有人办事、有处办事、有钱办事的目标。加强公共服务体系建设，促进公共服务在农村社区的全覆盖；为农民提供医疗卫生、社会救助、技术信息等公共服务，促进老有所养、残有所助、孤有所抚、病有所医、贫有所帮政策的落实；搭建公共服务信息化平台，为实现政府公共服务向农村社区延伸创造条件。

（三）促进社会救助事业全面、协调、可持续发展

1. 推动社会救助立法

制定《北京市社会救助实施办法》，出台与《北京市社会救助实施办法》相配套的政策，统筹社会救助制度体系，提高救助对象认定的准确性。通过立法，整合救助资源，拓展救助渠道，做好部门之间政策衔接。同时，不断提升社会救助工作人员的法治能力，深化救助人员特别是基层经办人员对相关政策法规的理解和把握，提升社会救助政策运用和执行水平，提高社会救助工作人员的法律意识和依法履职能力。

2. 完善最低生活保障制度

综合考虑致贫因素，落实好最低生活保障分类救助制度，对特殊困难人群适度上浮救助标准，提高保障水平。健全最低生活保障标准调整机制，逐步提高最低生活保障标准，确保低保标准增幅不低于城镇人均消费性支出增幅，实现低保标准与经济发展水平同步增长。完善最低生活保障复审制度，强化最低生活保障对象的动态管理，实现社会救助精准化。

3. 统筹特困人员供养政策

建立城乡统一的特困人员供养制度，加强政策衔接，合理确定特困人员供养标准，确保特困人员供养水平与经济社会发展水平相适应，确实保障特困人员的基本生活需求。

4. 完善多层次医疗救助制度体系

将医疗救助范围扩大到因病致贫家庭中的重病患者，综合考虑社会救助对象患病情况、个人自负费用等因素，分类分段设置救助比例和最高救助限额。扩大医疗救助定点医院范围，推进医疗救助与基本医疗保险信息管理平台互联互通，实现信息交换和即时结算。加强医疗救助与慈善救助有序衔接。

（四）打造社区级养老服务体系，建设社区养老服务驿站

科学应对人口老龄化，完善以居家为基础、社区为依托、机构为补充、社会保障为支撑的养老服务体系。引导农村地区依托行政村、较大自然村，利用自家农家院、村活动中心等场所，建设乡镇养老照料中心、农村社区养老服务驿站等养老设施，为农村老年人提供日常照料、健康管理、精神关怀、养老助残、文化娱乐等居家养老服务。通过购买服务、股权合作、建立养老服务业发展引导基金、鼓励社会力量参与养老服务等方式提高农村养老服务水平，让农村老年人安享晚年。

为深入落实《北京市居家养老服务条例》和《北京市养老服务设施专项规划（2015－2020年）》，进一步构建市、区、街道乡镇、社区（村）四级养老服务体系、加快养老服务业发展、更好地满足群众多样化养老服务需求，从2016年开始，在本市社区层面展开社区养老服务驿站建设，充分利用社区资

源，就近为有需求的居家老年人提供生活照料、陪伴护理、心理支持、社会交流等服务，成为社区老年人家门口的“服务管家”。驿站是街乡镇养老照料中心功能的延伸下沉，作为居家养老服务的基础，是政府为社区老年人提供基本养老服务的重要载体和主要途径，由政府给予土地、设施、政策、资金等方面的优惠措施和扶助支持，广泛动员社会各界力量积极参与，充分发挥市场在养老服务资源配置中的基础性作用，“放水养鱼”，壮大居家养老服务商，促使社会力量成为养老服务业的主体，推动首都养老服务业快速发展。2016年，计划试点区先行建设150个，“十三五”期间全市布局，计划将驿站纳入农村地区每个村委会建设。

“十三五”期间将重点加大农村养老等养老服务工作短板的投入，促进养老服务资源配置的均衡性，进一步促进养老服务城乡一体化发展。

（五）农村综合防灾减灾再上新台阶

1. 提升农村灾害信息员报灾手段的科技水平

2016年，将采购4 000台北斗便携终端，重点考虑偏远山区和灾害易发地区报灾条件，集中装备广大农村灾害信息员，丰富在各种情况下灾害信息员的灾情上报手段；同时为了保证灾情报送的及时性和准确性，从2016年开始在全市推广移动报灾，乡镇一级普遍使用民政部手机APP报告灾情，不断优化农村灾害信息员的工作条件。

2. 加大农村综合防灾减灾示范社区创建工作力度

针对当前北京市农村地区创建综合防灾减灾示范社区工作比较薄弱的问题，“十三五”期间将调整有关政策，对农村创建工作予以倾斜，同时积极申请市级资金支持，对创建给予资金支持，激发创建综合防灾减灾示范社区工作积极性，重点给经济实力较弱、基础条件较差的农村地区提供帮助。

3. 不断规范农村冬春救助工作流程和应急救助标准

按照民政工作精细化的要求，持续跟踪《北京市民政局关于加强受灾人员冬春期间基本生活救助工作的通知》（京民救发〔2015〕434号）的落实情况，督导各区采取申请冬春救助专项资金、对符合临时救助条件的因灾人员开展基本生活救助两种方式，对冬春期间因灾导致基本生活困难的人员和家庭予以救助，对冬春救助工作流程加以规范，同时重点研究应急救助工作标准，争取出台市级应急救助标准。

4. 逐步实现民生保险重点险种全覆盖

贯彻落实习近平总书记在考察北京发展时提出的新要求，以维护经济社会稳定，提高突发灾害应对能力，更好地保障和改善民生需要为目标，将救灾工作由依靠政府投入向市场主导转移，加快对目前在各区落地的民生险种进行调研，选择1～2种进行重点论证，积极协调市级财政资金支持，争取在全市推广实施。

（六）进一步深化社会组织登记管理制度改革

“十三五”时期，积极贯彻落实北京市委、市政府的决策部署，进一步深化农村干部社会组织登记管理制度改革，创新社会组织培育扶持体系，加大社会组织购买服务力度，为涉农社会组织发展壮大创造更加良好的环境。

资料提供：北京市民政局

执笔：魏蕾

统筹城乡创新保障制度　全面覆盖促进民生发展

北京市人力社保工作始终坚持以“民生为本、共享发展”的原则，把促进人的全面发展，增进人民福祉作为工作出发点和落脚点，深入贯彻习近平总书记视察北京时的重要讲话精神，紧紧围绕首都城市战略定位，积极应对新常态，统筹推进各项工作。同时，北京市人力社保局作为新农村建设成员单位，在市委市政府的领导下，按照确定的北京市新农村建设重点工作和折子工程目标，按照职责分工，积极支持“三农”工作，从促进转移就业、完善保障等方面，积极促进新农村建设，为首都“三农”工作发展保驾护航。

一、“十二五”时期人力社保工作取得的成效

“十二五”时期是首都率先实现全面小康社会的重要时期，是建设“人文北京、科技北京、绿色北京”与中国特色世界城市的关键时期，北京市人力社保工作全面落实科学发展观，坚持以人为本、民生为重，坚持公平和适度普惠的原则，按照“全覆盖、保基本、多层次、可持续”的基本方针，以统筹城乡、整合制度、完善功能、强化服务为重点，按照“制度一体化、服务均等化、管理精细化”的思路，加快建设与首都经济社会发展水平相适应的全面小康型社会保障体系，圆满完成了“十二五”时期北京市社会保障事业发展的重点任务和保障措施，使广大人民群众共享社会发展成果，为实现全面小康社会的宏伟目标奠定了基础。

（一）城乡统一的就业格局基本形成

1. 将就业促进政策覆盖到农村和农民

认真贯彻落实国务院《关于进一步做好新形势下就业创业工作的意见》（国发〔2015〕23号），北京市出台了《关于进一步做好新形势下就业创业工作的实施意见》（京政发〔2015〕59号），进一步将就业促进政策覆盖到农村和农民。进一步明确了实施就业优先战略，坚持稳增长与促就业良性互动，推动就业结构调整升级，积极推进创业带动就业，努力稳定就业，加大就业帮扶力度。鼓励农村劳动力创业，促进农村一二三产业融合发展。开展家庭农场试点，扩大对农民专业合作社、龙头企业的贴息奖励范围，大力发展农产品加工、休闲农业、乡村旅游等产业。建设一批农业创新示范基地和实践基地，大力发展"互联网+农业"，支持农民网上创业。推进农村劳动力转移就业，高度重视土地流转、农业结构调整后的农民转移就业帮扶工作。围绕培育新型农业经营主体、新型城镇化建设等方面，加大促进就业、鼓励创业和职业培训的政策扶持力度。着力加强农村社会公共管理服务、生态文明建设，全面建立农村社会公益性就业组织，对年龄偏大、生活困难的农村就业困难人员给予托底安置。

2. 农民收入显著提升

"十二五"期间，北京市政府通过拓渠道、促就业、强社保等措施，着力促进农民增收，同时加大政策统筹和资金投入，帮助低收入农户增收，连续实现"两个高于"目标，即农村居民收入增速高于城市居民，低收入农户收入增速高于全市农民。全市农村居民人均年收入逐年递增，5年来年均增长了11.2%，增速连续7年快于城镇居民。2015年，北京市农民人均可支配收入达20 569元（图1）；低收入农户人均可支配收入达到8 494元，连续5年快于全市农民整体增速。

同时，北京市政府为提高工资性收入，实施了城乡统一的就业政策，大力促进农民转移就业。目前，41.21万名实有登记农村劳动力中，80.3%实现了转移就业，农民工资性收入始终稳定在70%以上。

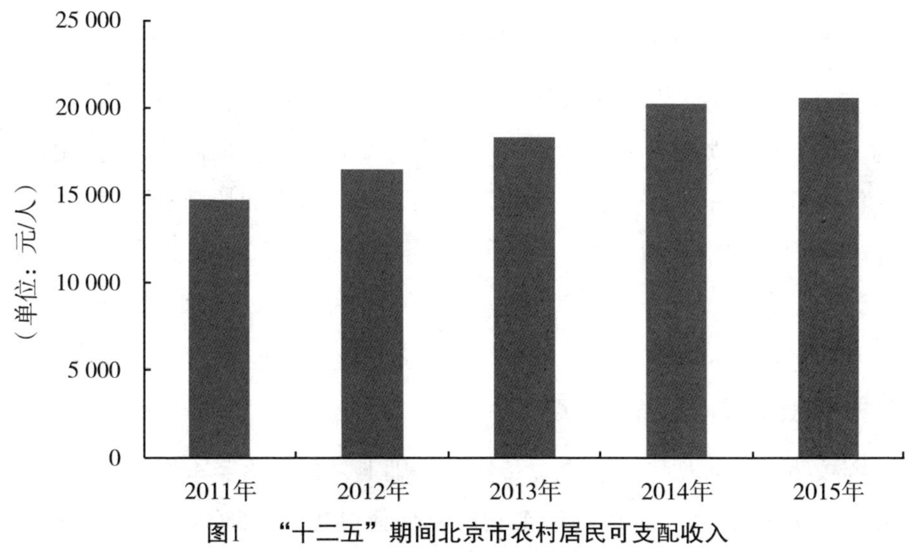

图1　“十二五”期间北京市农村居民可支配收入

3. 城乡统一的促进就业创业政策体系不断完善

在全面实施农村劳动力转移就业管理制度的同时，将城市化建设地区的农村劳动力纳入失业登记范围，使农村劳动力纳入公共就业服务体系，获得与城镇劳动者同等的促进就业帮扶。城镇促进就业政策进一步向农村延伸，实现鼓励单位招用、公益性就业组织“托底”安置、小额担保贷款贴息、职业培训补贴、职业介绍补贴和稳定就业岗位补贴等就业创业政策的城乡统一。

4. 重点群体和地区就业帮扶力度持续加大

加强城乡就业困难群体援助，试点推行精细化就业管理服务，落实各项管理、服务和帮扶政策，实现城乡“零就业家庭”动态为零以及纯农就业家庭至少一名劳动力转移就业，5年来共帮扶城乡就业困难人员就业79.5万人。积极促进农村劳动力转移就业，重点围绕“绿色北京”发展战略，全面实施绿色就业行动计划，结合区域功能定位、经济发展方式转变和产业结构调整，大力开发绿色就业岗位，推广“一产员工制”用工模式，5年来共帮助5万名城乡劳动力实现绿色就业。加大对城乡就业困难地区的扶持，房山区、门头沟区、平谷区、怀柔区、密云区、延庆区、石景山区和丰台区等生态涵养区和失业率较高区的促进就业政策所需资金，由失业保险基金拨付75%，5年来共拨付帮扶资金3.4亿元。

5. 城乡劳动者就业服务进一步加强

打造“百姓就业”公共就业服务平台，集网站、报刊、微博、微信、移动电视为一体发布各类就业服务信息，为城乡劳动者提供更加便捷、均等的就业服务。深入开展“就业援助月”“春风行动”“民营企业招聘月”专项就业服务活动，组织各类服务活动近4 000场，服务城乡劳动者300万人次。加强就业培训，实施“春潮行动”，加强订单、定向、定岗培训，有效对接就业岗位，5年来培训农村劳动力14.8万人。

6. 加强困难群体的就业援助

在继续给予困难地区就业资金帮扶的基础上，积极落实重大经济建设地区的就业影响倾斜政策。到2015年年底，鼓励新机场建设地区就业政策初见成效，引导70家用人单位招用696人；在土地流转上市试点地区西红门镇实行城乡统一的就业失业管理制度；研究顺义区五彩浅山生态旅游开发地区和延庆区公益岗位就业倾斜政策，提供重大帮扶措施。在政策引导下，通过鼓励用人单位优先招用、实施精细化就业帮扶等措施，全市截至11月底有1 985家企业招用本市农村劳动力1.85万人，享受补贴1.8亿元，全年帮扶5.78万人实现本市农村劳动力就业。

（二）统筹城乡的社会保障体系基本建立

1. 加快城乡社会保障一体化步伐

（1）推动职工社会保险实现全覆盖

在已经建立起的社会统筹和个人账户相结合的养老保险制度模式的基础上，通过“十二五”期间的一系列改革，制度体系更加完善。2011年，落实《中华人民共和国社会保险法》要求，完善农民工参保政策，将稳定就业农民工全部纳入城镇职工养老保险制度，实现了城乡职工“同工、同险、同待遇”。2013年，将灵活就业的本市农村劳动力纳入职工养老保险制度。

（2）推进养老保险从制度覆盖到人群覆盖

2014年，落实国务院《关于建立统一的城乡居民基本养老保险制度的意见》（国发〔2014〕8号）和人社部《关于城乡养老保险制度衔接暂行办法》（人社部发〔2014〕17号），在充分考虑现行政策的连续性，以及保持与国家政策统一性的基础上，对原有城乡居民养老保险政策进行调整完善，制定和出台了城乡居民养老保险与职工养老、城乡低保、农村五保和优抚制度的衔接政策，实现了与国家制度的全面统一。2015年年末，城乡居民养老保险参保人数达到187.6万人，其中农村户籍174万人；享受福利养老金人数为46.1万人，其中农村户籍34.1万人。

（3）实现养老保险制度顺畅转移衔接

为贯彻落实国家相关政策，北京市先后出台《关于印发北京市基本养老保险关系转移接续几个具体问题处理意见的通知》（京人社养发〔2011〕120号）和《关于贯彻国务院统一城乡居民基本养老保险制度暨实施城乡养老保险制度衔接有关问题的通知》（京人社居发〔2014〕177号），为跨地区流动就业人员，以及跨城乡人员的基本养老保险关系的转移接续提供了政策依据，及时为参保人员办理了基本养老保险转移接续业务。这些衔接政策的出台，保障了劳动者流动就业时的养老保险权益。

（4）建立了城乡居民大病保险制度

为了进一步减轻城镇居民医疗负担，2013年，落实人社部、财政部等单位印发的《关于开展城乡居民大病保险工作的指导意见》（发改社会〔2012〕2605号），北京市制定《北京市城乡居民大病保险试行办法》（京发改〔2013〕2827号），正式实施了城乡居民大病保险制度。

（5）进一步健全和完善社会保险政策，努力适应新农村建设的需要

继续实施征地转非安置、整建制农转居、转移就业和灵活就业农村劳动力参加职工社会保险政策，为首都新农村建设提供基础保障。

一是对于实施建设征地的乡或村，按照《北京市建设征地补偿安置办法》（市政府148号令），依据征地数量和批准的转非指标，将转非劳动力纳入城镇职工社会保险体系，享受与城镇职工同等的社会保险待遇；二是对于具备整建制农转居条件的乡或村，按照一事一议的原则，由所在区政府向市政府提出申请，经市政府批准后实施，使转居农民享受与城镇职工同等的社会保险待遇；三是对于转移就业的本市农村劳动力，允许按城镇职工的标准缴费，达到

法定领取条件时，享受与城镇职工同等的社会保险待遇。四是对于灵活就业的本市农村劳动力，制定了使其能够以灵活就业人员的身份参加城镇职工社会保险政策，实现了城乡灵活就业人员参保政策的统一；五是在职工养老保险和居民养老保险均有缴费的人员，可以选择在两者之间进行转移衔接，并最大限度地照顾农转居、农转工人员的基本待遇。

（6）扩大失业保险收益人群范围

根据政策规定，在基本生活保障方面，北京市失业保险政策保障的是参保群体的权益，但是在发挥“防失业、促就业”功能时，北京市的失业保险政策则突破了“领取失业保险金的失业人员”这一政策界限，将其范围扩展到所有“城镇登记失业人员”和“农村转移劳动力”。在北京市涉及失业保险基金的8大类20项促就业项目中，岗位补贴、社保补贴、职业培训补贴、职业介绍补贴等方面均实现了城乡一体。另外，为了更好地适应就业形势发展变化，北京市不断调整“就业困难人员”的适用范围，从最开始的“城镇4050人员”（2003年规定）扩大到后来的“4050人员、中重度残疾、低保人员”（2009年规定），再到之后的“城乡4050人员、残疾人员、低保人员、初次进京随军家属、登记失业一年以上人员、“零就业家庭”劳动力、“纯农就业家庭”劳动力”（2012年规定）。对“就业困难人员”适用范围的拓展，有力推动了失业保险“促就业”政策的实施效果。

2. 不断提高社会保障待遇水平，着力改善民生

2015年，继续实施城乡居民养老保险金和老年保障福利养老金调整机制。从2015年1月起调整基础养老金由每人每月430元提高到470元，增幅为9.3%；福利养老金由每人每月350元提高到385元，增幅为10%，受益人群合计达到90万人，其中80%以上为农村居民；参加新型农村合作医疗的人数达到223.9万人，参合率为99.3%。新农合筹资标准由520元提高到1 200元。低保标准、低收入家庭认定标准和抚恤补助实现了城乡统一，使全市享受居民养老保险待遇群体分享了首都经济发展成果。

3. 均等的人力社保公共服务体系更加健全

北京市社会保障制度建设的重点由城镇职工转向城乡全体居民，进一步健全了“职工+居民”的社会保障制度体系，基本实现了制度无缺失、人群全覆盖、衔接无缝隙。覆盖市、区、街道（乡镇）和社区（村）的人力社保公共服务体系基本建立，为城乡居民提供均等化的人力社保公共服务。公共就业服务体系布局日趋合理，形成了市级公共就业服务机构统筹管理，各区公共就业服务机构提供专业化服务，街道（乡镇）社保所和社区（村）工作站实施日常服务的格局。社会保险经办服务体系进一步完善，形成了以社区两级经办机构为中坚，街道（乡镇）社保所为骨干，银行及各类定点服务为依托的社会保障经办服务网络。基层公共服务平台建设不断加快，全市328个街道（乡镇）全部建立了社保所，工作人员达到6 214人，为城乡居民提供80余项就业社会保障业务；在所有社区（村）建立了就业服务站，为城乡居民提供职业指导、职业培训、就业失业登记、就业帮扶、社会保险参保登记等服务。

二、“十三五”时期人力社保工作规划与展望

党的十八届五中全会通过的《中共中央关于制定国民经济和社会发展第十三个五年规划的建议》指出，“十三五”是全面建成小康社会、如期实现第一个百年目标的决胜期，北京市人力社保局将在认真学习贯彻党的十八大和十八届三中、四中、五中全会精神，深刻领会习近平总书记系列重要讲话特别是来北京视察讲话精神的基础上，全面落实中央一系列决策部署，以服务首都城市战略定位和京津冀协调发展大局为指导思想，进一步提高公共服务供给水平，更好地保障和改善民生，将“创新、协调、绿色、开放、共享”五大发展理念融入新常态下的人力社保工作，确保完成新时期的工作目标任务，努力谱写人力社保事业“十三五”新篇章。

（一）保就业促民生

1. 完善就业创业政策

继续把促进就业放在民生工作的突出位置，以深入贯彻落实市政府《关于进一步做好新形势下就业创业工作的实施意见》（京政发〔2015〕59号）文件

为契机，进一步实施就业优先战略，积极推进创业带动就业，实施更加积极的就业政策。继续实施新农村建设的系列政策措施，紧密围绕改革和首都战略功能定位调整，以实现城乡充分就业为目标，实施更加积极的就业政策，着力改善农村劳动力转移就业环境，提升就业管理和服务水平，推动城乡就业一体化发展，进一步构建统一的就业政策体系，让农村户籍居民享受同城里人一样的就业扶助政策，促进劳动者充分就业、稳定就业、公平就业，努力保持就业局势稳定。

2. 完善城乡一体的促进就业体系

加快建立城乡统一的就业失业管理制度和失业保险制度，将鼓励劳动者自谋职业（自主创业）和灵活就业的社会保险补贴政策扩大到农村劳动力。探索城乡就业困难人员综合评价标准，提供精细化的就业援助。继续推动绿色就业，促进农村劳动力就近就地稳定就业。

3. 大力促进农民转移就业

高度重视土地流转、土地征占、农业结构调整后的农民转移就业帮扶工作，全面提高农村居民就业质量。健全城乡就业困难人员长效帮扶机制，全面做实就业管理、就业服务和就业援助，加快建立城乡统一的就业失业管理制度。结合平原造林管护等公共管理服务和绿色生态建设项目，加强公益性岗位开发力度，将就业困难人员“托底”安置机制向农村延伸。开展在村集体经济组织、农民专业合作社稳定就业的农民参加职工社会保险的调研和试点工作。加大农民转移就业培训力度，提高就业技能。全面落实鼓励用人单位招用本市户籍农民的岗位补贴和社会保险补贴政策。研究制定实施鼓励农村劳动力自谋职业（自主创业）、合理引导农村就业困难人员灵活就业的社会保险补贴政策。

4. 完善农村发展与农民的利益联结机制

促进农业农村产业融合，推进农业产业链整合和价值链提升，让农民共享产业融合发展的增值收益。鼓励发展股份合作，引导农民自愿以土地经营权等入股龙头企业和农民合作社，采取“保底收益+按股分红”等方式获得更高收益。培育新型农业经营主体，加大对各种形式的农民专业合作社、农业龙头企业、家庭农场的扶持力度，引领农民参与分享产业链收益。引导农民主动对接市场，调整产品结构，发展优质优价农产品，研究制定区域大宗特色农产品价格调控机制，提高农民家庭经营收入。在新型城镇化和美丽乡村建设中，让农村集体经济组织和农民更多参与农村生态环境、基础设施、公共服务等项目建设，获得更多经营收益和劳动报酬。探索盘活农民闲置住房，发展旅游养老业。结合农村集体经营性建设用地制度改革，让农民更多分享土地增值收益，增加农民财产性收益。深入推进集体产权制度改革，制订支持集体经济组织做大做强的有关政策，完善其市场主体地位，创新经营模式，提高经营管理效益，增加农民集体股权收益。探索建立绿色生态为导向的农业补贴制度，提高生态补偿标准，提高农村社会保障水平，增加农民转移性收入。实施农村产业融合发展试点示范工程。各项财政支农资金使用要与农民收入增长支持政策体系相联系。

5. 着力推动低收入农户增收和低收入村发展

认真贯彻落实《中共北京市委北京市人民政府关于进一步推进低收入农户增收及低收入村发展的意见》，加强组织领导，加大工作力度，实现低收入农户收入增速快于全市农民平均水平，力争2020年人均可支配收入达到1.5万元；现行标准下的低收入村全部消除。

推进分类帮扶。调整提高低收入农户和低收入村认定标准，对全市20万户、50万人的低收入农户和500个左右的低收入村建档立卡，精准帮扶，定点帮扶。通过扶持产业帮扶一批、促进就业帮扶一批、山区搬迁帮扶一批、生态补偿帮扶一批、社会保障兜底一批、社会力量帮扶一批的“六个一批”分类帮扶措施，进一步推进低收入农户增收工作。加强社会帮扶，健全党政机关、部队、人民团体、国有企事业单位定点帮扶机制，实现低收入村定点帮扶全覆盖。鼓励民营企业、社会组织、个人等社会力量参与低收入帮扶工作。

6. 提前实现农民收入翻番

坚持农村居民收入增长速度快于城镇居民，低收入农户收入增长速度快于全市农民平均水平的“两个快于”目标，提前实现农民人均收入比2010年翻一番。力争到2020年，农民人均收入达到3万元，低收入农户人均收入达到1.5

万元（表2）。

表2　北京市“十三五”时期农民民生质量发展监测评价指标

一级指标	具体指标	到2020年目标	属性
民生质量	农村居民人均可支配收入增速	快于城镇居民	约束性
	低收入农户人均可支配收入增速	快于农村平均水平	约束性
	农村居民财产性收入占比	5%	预期性
	农村居民养老金、退休金年均增速	10%	预期性

（二）不断完善的社会保险体系

坚持全覆盖、保基本、多层次、可持续的方针，围绕主线、深化改革、注重统筹、完善机制、提升能力，不断完善“职工+居民”的社会保险体系。进一步加强宣传，鼓励和引导城乡居民特别是农村居民积极参加社会保险，实现社会保险更广泛的覆盖。在国家政策指导下，继续提高城乡居民基础养老金和福利养老金待遇水平，使广大农村居民养老人员能够分享首都经济发展成果。

1. 继续完善各项社会保障制度

落实城镇职工养老保险与城乡居民养老保险的衔接政策。配合医药卫生体制改革，完善医事服务费、诊疗项目报销标准等政策；加强“保生活、促就业、预防失业”三位一体的失业保险制度建设；统筹完善工伤预防、补偿、康复制度体系；完善城乡低保标准调整制定机制，落实国家《社会救助暂行办法》（中华人民共和国国务院令［649号］）及相关政策要求，制定社会救助的地方法规，综合考虑经济物价变动、居民消费支出等因素，按照本市上年度城镇人均消费性支出的一定比例，测算确定城乡最低生活保障标准。

2. 加强城乡社会保障制度的整合衔接

贯彻落实国务院建立统一城乡居民养老保险制度的决定，进一步完善城乡居民养老保险制度，加强城乡社会养老保险制度的整合衔接，完善城乡居民养老保险与城乡低保、农村五保和优抚制度衔接政策。建立统一的城乡居民医疗保险制度，全面实施城乡居民大病保险制度。健全各项社会保障待遇标准联动调整机制，稳步提高社会保障待遇水平。

3. 稳步提高农村社会保障水平

继续提高基础养老金和福利养老金水平，完善城乡居民养老保险缴费激励机制、待遇调整机制及社会养老保险制度衔接办法，巩固城乡居民养老保障制度全覆盖成果。到2020年，建立统一的城乡居民医疗保险制度。

资料提供：北京市人力资源和社会保障局

执笔：魏蕾

文 化

发展农村公共文化事业　推进新农村文化建设

北京文化底蕴广博深厚，文化传承悠远绵长。随着社会持续快速发展，城乡人民群众的文化需求呈现快速增长态势。“十二五”时期，北京市委市政府认真学习贯彻党的十八届三中、四中全会精神和中共中央办公厅、国务院办公厅《关于加快构建现代公共文化服务体系的意见》文件精神，认真贯彻党中央国务院对现代公共文化服务体系建设的总体部署和要求，制定印发了一系列公共文化政策文件，通过出政策、建机制、搭平台、树品牌、育人才的方式，以人民为中心，大胆实践，积极探索，强化文化惠民，丰富人民群众的文化生活。通过推动首都现代公共文化服务体系建设，将推进基本公共文化服务均衡发展的重点集中在基层和农村，把乡镇、行政村文化服务机构纳入到全市管理与服务体系中，北京市农村地区公共文化事业取得了长足的发展进步，成效斐然。

一、“十二五”时期农村公共文化事业取得的成效

（一）构建基层公共文化建设政策体系

1. 在全国率先推出基层公共文化政策体系

“十二五”时期，北京市积极贯彻中央文件《关于加快构建现代公共文化服务体系的意见》，在全国率先推出基层公共文化建设政策体系 —《北京市人民政府关于进一步加强基层公共文化建设的意见》《首都公共文化服务示范区创建方案》《北京市基层公共文化设施建设标准》和《北京市基层公共文化

设施服务规范》等“1+3”公共文化政策文件。“1+3”公共文化政策文件构成北京市基层公共文化服务体系的基本框架，聚焦基层公共文化建设，是针对基层的全面的制度设计。“1+3”公共文化政策文件提出北京市加强基层公共文化建设的工作目标是在2020年率先完成国家基本公共文化服务指导标准的达标任务，充分实现基层公共文化服务标准化、均等化、社会化和数字化，基本建成均衡发展、供给丰富、服务高效、保障有力的现代公共文化服务体系，全国文化中心的示范作用进一步彰显，市民的基本文化需求得到有效满足，文化素养和文明素质得到明显提升。

2. 明确了基层公共文化建设的标准要求

构建基层公共文化服务标准化体系。从设施建设、服务内容方面，对公共文化软硬件进行标准化。以群众基本文化需求为导向，明确基本公共文化服务的内容、种类、数量和水平，特别是明确基层综合文化中心、文化室的人均藏书量、人均新增藏书量以及文化辅导培训、公益演出和公益电影放映等文化活动次数；深入推进基层公共文化设施免费开放工作，开放时间应与公众工作时间错开。

促进基层公共文化服务均等化。从推动城乡文化一体化发展、保障特殊群体基本文化权益和优化设施布局三个方面，促进实现均等化。均衡配置城乡基层公共文化服务资源，打通基层公共文化服务“最后一公里”；做好面向老年人、未成年人、残疾人、农民工、生活困难群众的公共文化服务工作；解决超大型居住区缺乏设施的问题；根据人口分布和实际需求，可以跨乡镇、街道行政区域，设置区域级综合文化中心，提升服务水平，扩大服务范围。

促进基层公共文化服务社会化。从加大政府购买力度、统筹开发各类文化资源、鼓励社会化运营方式、培育文化非营利组织和加强文化志愿服务工作五个方面，推动实现社会化。丰富政府购买公共文化服务指导目录，扩大政府购买范围，吸引鼓励社会力量提供基层公共文化服务和产品；搭建统一的服务平台，鼓励内部设施向公众免费开放；鼓励基层实行社会化、专业化运作，促进提供主体和提供方式的多元化。

加强基层公共文化服务数字化建设。从提升信息化服务水平、搭建数字服务平台和加快数字资源库建设三个方面，加强数字化建设。在基层公共文化设施实现无线网络全覆盖，免费提供上网服务；运用互联网、有线电视等手段，挖掘数字资源，加强公共文化服务系统建设。

创新公共文化管理体制和运行机制。推动基层公共文化服务管理体制创新，完善基层公共文化服务供需对接机制；开展国家级和首都公共文化服务体系示范区创建工作，带动提升基层公共文化服务水平；构建公共图书、文化活动、公益演出三大配送体系，把优质文化资源输送到基层；进一步加强基层公共文化资源整合，共建共享，形成有效联动；探索理事会制度，建立群众文化需求反馈机制，提供“菜单式”和“订单式”公共文化服务，推动文化惠民项目与群众需求有效对接。

加大基层公共文化服务保障力度。建立全市公共文化服务体系建设联席会议制度，加大统筹协调力度；强调各区政府、市政府各有关部门和单位要高度重视基层公共文化建设工作，要将基本公共文化服务列入本地区、本部门和本领域工作重要议事日程，纳入国民经济和社会发展总体规划，纳入政府固定资产投资计划，纳入同级财政预算，强化财政、设施、人才保障和绩效考核。

（二）建设覆盖城乡的公共文化服务设施

1. 提高农村公共文化设施覆盖率

“十二五”时期北京市已基本建成覆盖城乡的市、区、街道乡镇、社区行政村四级网络的四级公共文化服务网络设施。全市共有四级文化设施6 934个，包括 182个乡镇综合文化中心和3 666个行政村文化室，建有率达到98%，率先在全国实现城乡公共文化服务设施基本全覆盖。四级文化设施总面积达到245万平方米，比“十一五”新增104万平方米。截至2015年年底，全市共有区县级以上文化馆20个，区县级以上公共图书馆24个，已建成180余个非遗专题博物馆、民俗博物馆和传习所。13个涉农区拥有14个文化馆，包括国家一级馆12个、国家二级馆1个，2个正新建；14个图书馆和2个少儿图书馆，均为国家一级馆。面向农村地区的文化信息共享工程市分中心、区支中心、基层服务点总数4 295个，率先实现“村村通”，年服务16万人次。为了加强乡镇和行政村开展文化活动，北京市为每个涉农区配备了先进的流动舞台演出车、数字电影放映车和流动图书车，共356辆；为每个乡镇配备了专业演出灯光音响设备，共315套；为每个行政村文化室配备了数字电影放映设备，共3 859套。

2. 提升公共文化设施数字化水平

统筹实施全市数字化图书馆、数字文化社区等项目。北京市公共图书馆计算机信息服务网络覆盖16个区154个成员馆，共建成300个数字文化社区，运用有线电视网、互联网和共享工程的平台，把300万册电子书、7 000种期刊、2万场文化讲座等数字资源，通过电视机顶盒输入社区文化室，使人们在电视、电脑上就能看到公共图书资源和文化活动。首都图书馆通过有线电视信息网络提供40万册数字图书、160余种期刊，更新共享工程网站资源380部。在行政村文化室实施“四网合一”工程，将有线电视、数字电影、全国文化信息资源共享和远程教育融合在文化室，实现多元共享，丰富服务内容。

（三）完善城乡公共文化服务供给模式

1. 提升城乡公共文化服务效率

加强图书馆“一卡通”服务平台建设，2015年全市“一卡通”服务网点达到178个，新增持卡读者超过13万人，市级、区级公共图书馆总藏数2 425万册（件），通借图书710余万册，通还图书688余万册。2015年全市349家群众文化活动机构（文化馆、站）共组织文化活动27 000多场，参加活动人次近600万，举办培训班37 000次，培训人数170万人次，举办展览1 992个，组织公益性讲座886次。不分城市与农村，按照同一标准同时推进执行基层公共文化设施建设标准和服务规范，涉农区文化馆、公共图书馆和公共美术馆与城区同时实现三馆免费开放，基层乡镇（街道）综合文化中心和行政村（社区）综合文化室实现免费开放，吸引更多群众走进公共文化设施，享受政府提供的基本公共文化服务。

2. 推动公共文化资源向农村汇聚

充分利用首都丰厚的文化资源，搭建平台，建立机制，扩大农村公共文化资源供给范围。实施全市文化信息资源共享工程，整合图书馆、博物馆、美术馆、艺术院团及广电、教育、科技、农业等部门的优秀数字资源，通过互联网、卫星、电视、手机等新型传播载体，依托各级图书馆、文化站等公共文化设施把文化信息资源输送到农村，可用数字资源建设总量达到108 TB，整合制作优秀特色专题资源库207个。整合资源组建首都图书馆和首都剧院联盟，将各涉农区图书馆与北京行政区域内的国家图书馆、党校系统图书馆、高校和科研院所图书馆以及北京市公共图书馆共110家图书馆联合在一起，组成首都图书馆联盟，推出十大惠民服务措施，让农村群众共享全市公共图书资源。

3. 创新公共文化服务运行机制

吸引鼓励社会力量提供基层公共文化服务和产品，实施展览展示服务、公益演出服务、文化宣传、对外交流活动部门集中采购公开招标，以“百姓周末大舞台”和“周末场演出计划”为试点，公开招标公益演出服务供应商；完善公益演出活动经费保障机制，出台《北京市基层公益性演出活动专项资金管理办法》，提高“百姓周末大舞台”和“周末场演出计划”的场均演出补贴，将“百姓周末大舞台”项目覆盖范围扩大至全市各区；制定实施《北京市优秀群众文化项目扶持办法（试行）》，对在基层群众文化艺术创作与文化活动开展中取得优异成绩的原创作品和品牌活动给予扶持奖励，激发团队创作活力，提高公益演出活动水平；在基层试行社会化运营管理，由群众参与文化服务管理，探索“自下而上”反映百姓文化权益和文化愿望的途径；探索建立市级文化单位与涉农区合作机制，5家市属文化单位分别与顺义区的5个乡镇签订了文化对口共建协议，门头沟区与6家市属文艺院团结对共同开展公益性文化演出604场、观众10万余人。

（四）组建基层公共文化服务人才队伍

1. 充实公共文化服务人才队伍

积极建设三支基层公共文化服务人才队伍，专业公共文化服务队伍（包括各区的图书馆、文化馆、街道乡镇的综合文化中心和行政村的文化工作者）、群众文化组织员队伍和文化志愿者队伍，推动全市公共文化的蓬勃发展和群众文化的丰富多彩。据不完全统计，全市行政村和社区有6 651名文化组织员，基层群众文化团队达到了9 631支，同时涌现出一批代表北京群众文化发展水平的品牌团队、品牌项目和品牌平台。

2. 加强基层文化工作者培训

组织乡镇文化干部参加全国文化站长和县文化局长培训班，举办文化科长、乡镇文化站长、文化馆长、图书馆长和乡镇图书馆骨干等常规培训班，提高基层文化干部业务技能和政治素质；推出“文化驻乡工程”，开设群众文化指导员文艺中专班，把培训工作纳入到国民教育系列，提升培训的质量和权威性。为了加强基层群众文化组织员队伍能力建设，北京市实施“千人培训”计划，按照“六会”标准（会做群众工作、会组织活动、会指挥合唱、会舞蹈编排、会乐器演奏、会计算机技能）制定三年培训规划，目前已培训2 000名相对稳定、专业化水平较高的专职基层文化组织员队伍，基层文化组织员的政治素质和业务技能得到明显提升，缩短了政府提供的服务与群众需求之间的对接距离。

3. 扩展文化志愿者服务网络

北京市基本建成了全市文化志愿者服务网络，包括3.27万名在册文化志愿者和311个文化志愿团体，分别属于16个区21个分中心。文化志愿者每人每年提供志愿服务时间超过30小时，围绕服务基层社区和农村开展文化志愿服务项目，满足老年人、未成年人、残疾人和来京务工人员等特定群体的文化需求。2013年，北京市开展了“大地情深” — 国家艺术院（团）志愿服务走基层、“传递书香见证成长”首都图书馆志愿服务活动等两大系列的文化活动。2014年，深入开展第六届北京文化志愿者“送福到家”活动、百名文化志愿者连百村项目、“梦想起航 — 外来务工人员子弟关爱行动”等一系列文化志愿活动，让文化志愿服务扎根基层和农村。

（五）开展公益性群众文化活动

1. 推出群众系列文化活动

推出以“我的中国梦，欢乐新北京”为主题的“首都市民系列文化活动”，包括“歌唱北京”“舞动北京”“艺韵北京”“戏聚北京”“影像北京”“阅读北京”六大系列，举办音乐、舞蹈、戏剧、曲艺、美术、书法、摄影、百姓文化原创大赛、非物质文化遗产展演等专项文化活动，年均举办活动2万场，参与人数3 000万人次，构成北京市群众文化丰富多彩的格局和面貌。推动“百姓周末大舞台”和“周末场演出计划”、农村“文艺演出星火工程”等万场演出下基层、下农村，丰富郊区农村群众文化生活，2015年共有300余家文艺团体参加“万场演出下基层活动”，演出11 000余场，吸引观众400余万人次。

2. 扶持农村地区群众文化建设

以区文化馆为载体，引导农村地区培育各具特色的公益性群众文化活动品牌，组织“一区一品、一街（乡）一品、一社（村）一品”等系列文化活动，引领市、区、街道（乡镇）、行政村（社区）品牌活动四级联动，培育出一批优秀品牌活动、文艺团队、原创作品。形成了一区一艺术节、一乡镇一品牌，一村一团队的梯级品牌活动架构，周周有活动，月月有比赛，满足农村群众文化需求。围绕重要节庆日，组织开展系列文艺演出、展览展示等文化活动，每年元旦、春节、五一、十一、中秋节平均安排活动项目200余个、受众百万人次。通州区举办“通州运河艺术节”，成立“运河保护志愿者联盟”，搭建公共文化资源交流共享平台，深入挖掘区域文化特色，全力打造“通州味”公共文化活动。延庆区连续几年推出“非遗大观园”端午游园会，汇集多项市级以上的非物质文化遗产项目，2015年接待游客43万人次。

（六）落实公共文化建设财政保障

1. 增强公共文化建设财政投入

公共文化建设的财政投入不断增加，“十二五”时期北京市支出累计724.4亿元，比“十一五”时期提高141.6%，人均文化事业费达到115.91元，比“十二五”初期增加27.2元，是全国平均水平（42.65元）的近三倍。市级财政年均投入20多亿元，用于提供宣传文化、党员教育、科学普及、体育健身、卫生保健、校外教育、老年大学等20类基本公共文化服务。投入1.3亿元用于非物质文化遗产项目的保护和传承人的抢救培养和传承、扩大补贴范围、加大资金支持力度。2015年共74个非物质文化遗产项目保护单位获得了年度资金支持，拨付专项资金2 487万元，其中，国家级专项资金718万元，市级专项资金1 769万元。

2. 保障农村地区文化活动经费

“十二五”时期，北京市13个涉农区每年市财政转移支付资金为2.02亿元，主要包括基本补助和专项补助。基本补助包括文化馆经费补助，每馆25万～30万元；基层文化活动经费，每个街道乡镇5万～10万元，每个行政村社区5 000～10 000元；基层图书购置经费，每个区图书馆50万～150万元；培训经费，每个文化馆10万元。专项补助包括非物质文化遗产保护工作经费，每个区20万元；文化信息资源共享工程运维费，每个街道乡镇10 000元，每个行政村1 000元，支中心维护费每个每年120万元；大型特色品牌文化活动经费，每个区200万元；农村“文艺演出星火工程”经费，每行政村演出2场，每场补贴5 500～6 000元；文化设施设备更新、运行维护费，每个区100万元；露天剧场演出补助，每个剧场补助25万元，每场补助5 000元；文化广场大屏运行维护补助，每个成本26万～80万元，分为7档。

二、“十三五”时期农村公共文化事业发展规划与展望

“十三五”时期，北京市将严格遵循中央提出的“创新、协调、绿色、开放、共享”的发展理念，加强基层公共文化设施建设，加大优质文化产品和服务供给，壮大基层公共文化人才队伍，以改革创新精神推动公共文化建设新常态发展，率先建成公共文化服务体系。以“创新”为核心动力，解放思想，改革创新，实现公共文化服务管理思维、体制机制、运行模式、政策扶持的全面升级；以“协调”为重要目标，推进城乡文化均等、区域文化共生、人群文化平等、产业事业共进，实现公共文化服务的全面繁荣；以“绿色”为建设标准，提升公共文化服务的供给效率，将公共文化服务与经济转型发展、非首都功能疏解、城市形象塑造有机结合，充分发挥公共文化服务在促进首都经济社会发展中的重要作用；以“开放”为眼界胸怀，定位全国，着眼世界，激发全

社会力量投入公共文化服务建设，以公共文化服务的包容、多元和特色，形成首都国际城市的文化优势，增强北京文化的国际认同；以“共享”为根本宗旨，推动首都丰富的文化资源优势转化为文化发展优势，通过公共文化服务的提质增效凝聚民心、共助发展，让文化建设发展成果为全民共享。北京市将继续贯彻落实市城乡一体化发展规划要求，进一步完善城乡公共文化服务体系，坚持公共服务均等化，增加农村文化服务总量，缩小城乡文化发展差距，推进社会主义新农村文化建设，形成城乡经济社会发展一体化新格局。

（一）完善公共文化政策体系和运行机制

继续完善公共文化政策体系和运行机制，保障人民群众的基本文化权益。督促各区建立区级公共文化服务体系建设联席会议协调机制，保障“1+3”公共文化政策文件的贯彻落实；研究建立公共文化工作的绩效考核机制，增强对各区推动公共文化服务体系建设工作的考核督导，推动公共文化服务体系建设常态化发展；组织实施北京市优秀群众文化项目评审，支持和鼓励创作优秀群众文化项目；推进非物质文化遗产保护的立法工作；研究制定政策吸引鼓励社会力量参与公共图书馆、文化馆（中心、室）等公共文化建设。

（二）创建国家级和首都公共文化服务体系示范区

以创建国家级和首都公共文化服务体系示范区为契机，全力推动公共文化服务体系建设实现跨越式发展。借鉴第一批和第二批国家公共文化服务体系示范区（朝阳区、东城区）和示范项目（东城区“公共文化资源分类供给”、大兴区“公共文化设施空间拓展方式”、海淀区“高新技术企业园区构建公共文化服务长效机制研究”、延庆区“村级群众文化组织员建设工程”）的创建经验和创新机制，继续进行第三批国家公共文化服务示范区（海淀区）和示范项目（石景山区“公共文化服务目录制”、房山区“基层公共文化资源整合的‘房山模式’”）的创建工作。为各区搭建平台，开展首都公共文化服务体系示范区创建工作，调动地方党委、政府以及社会力量等各方面的积极性，形成公共文化建设的合力，带动提升服务体系建设整体水平，通过示范、引领和带动使全市的创建工作有一个新的格局和新的面貌。

（三）提升公共文化设施建设和服务水平

提升公共文化服务设施全覆盖水平，提高公共文化服务效率，推动基层公共文化服务实现供需对接。进一步加大对各个基层文化社区站点的建设，充分打造好“15分钟文化圈”，建设行政村和社区的综合文化室，加大乡镇和街道文化中心的服务功能，加强区文化馆、图书馆对区域的文化活动的指导。文化服务产品进行社会化，聘请专业团队对一些文化设施运营进行服务和管理，提高文化服务效率，为群众提供更加就近、就便的文化服务。启动基层综合文化中心（室）建设调研工作，编制建设计划。利用有线电视网和数字化手段，启动街乡综合文化中心数字化试点建设。整合各类资源，以群众需求为导向，建立反馈机制，将各类文化资源输送到基层。公共图书配送以各区为核心馆，同时辐射到街道乡镇和行政村社区的图书馆、图书馆的分馆或图书室，将公共图书送到群众身边。文化活动配送以各区为中心，延伸到街道社区的综合文化中心，更精准、有效地组织群众文化活动、群众文化培训和讲座。公益演出配送可以把剧目送到基层，送到社区，送到农村。

（四）建设公共文化人才队伍

重视公共文化人才队伍建设，进一步强化培训工作。鼓励优秀群众文化团队，培植、扶植群众文化品牌活动，加强对群众文化工作者的培育和培训。建立公共文化管理干部、群众文化组织员和文化志愿者三支公共文化人才队伍数据库，建立培训档案。继续按照“六会”标准每年实施千人培训工程，集中对1 000名群众文化组织员进行专题培训，提高一专多能的综合服务能力。探索岗位补贴调增机制，以政府购买公益性岗位的方式，在全市每个行政村（社区）至少配备1名文化组织员，实现文化组织员队伍全覆盖。壮大文化志愿者队伍，吸引更多的文化爱好者参与基层文化服务，为农村提供更好的文化产品、文化服务和营造更好的文化环境和氛围。对具有较高技艺水平的非物质文化遗产传统手工艺传承人或资深从业者进行培训，组织中青年传承人进入高校工作室、实验室及设计企业研究学习。

（五）推进农村公共文化事业

继续完善农村基层公共文化设施，提升设施服务效能，加快文化事业城乡一体化发展步伐。在实现农村公共文化设施全覆盖的基础上，提高农村公共文化设施的达标率，提升设施环境和服务水平。加强农村群众文化队伍建设，加强基层文化组织员队伍，加大文化志愿服务，提高服务能力和政治素质，建立健全乡镇文化站、行政村文化室人员编制，加大培训力度，推动实施千人培训计划，建设群众文化培训基地。扶持农村地区品牌文化活动，在实现涉农地区品牌的基础上，着重培育乡镇和行政村品牌文化队伍，让品牌活动在活跃农村群众文化生活中发挥更大的作用。

资料提供：北京市文化局

执笔：冯云

城乡医疗服务共享　卫生资源均衡发展

“十二五”期间，北京市卫生计生委以“保基本、强基层、建机制”基本原则为指导，积极推进城乡一体化的医疗卫生服务体系建设，强化农村群众对基本公共卫生和基本医疗服务的公平享有，促进城乡居民基本公共卫生服务均等化，不断提高北京市农村群众的卫生服务水平，取得了一定成绩。同时，初步拟定“十三五”规划思路。

一、“十二五”时期的重点工作和取得的成效

（一）推进优质医疗资源布局合理化

“十二五”以来，卫计委积极规划推动中心城区优质医疗资源向郊区布局。目前在五环和六环之间，已经规划了多个中心城区优质医疗资源向外疏解建设项目。其中，北京地坛医院迁建、北京同仁医院亦庄院区、北京安贞医院昌平分院、中国中医科学院广安门医院南区、北京中医药大学附属东直门医院通州院区、国家康复辅具研究中心附属康复医院、北京积水潭医院回龙观院区、北京朝阳医院京西院区、北京大学人民医院清河院区等项目已经建设完成并投入运营。有的项目正在建设施工，还有一批项目正开展前期研究。这些工作的开展，在更好满足郊区居民优质医疗服务需求的同时，也满足了中心城区三甲医院的发展空间需求，对北京市医疗资源布局优化具有重要意义。

（二）农村基层医疗卫生服务体系进一步夯实

各涉农区统筹实施社区卫生服务机构与村卫生室的设置规划，大力推进村卫生室和社区卫生服务机构标准化建设。截至目前，北京市在农村地区设立社区卫生服务中心180个，社区卫生服务站1 208个，村卫生室2 861个。基本实现远郊平原居民步行20分钟、山区居民步行30分钟可及医疗卫生服务的目标。对于极少数偏远地区加大医疗巡诊力度，满足群众就医需求。

（三）农村卫生人才队伍建设进一步加强

为加强农村卫生人才队伍建设，北京市自2004年开始为农村地区定向培养医学毕业生，并在"十二五"期间增加了专业和学历层次的设置。目前，招生设置包括临床医学、口腔医学、中医学、公共卫生、康复治疗及医学相关专业，学历层次包括本科和专科。各区培养人才的需求非常迫切，招生人数也在逐年扩大，根据培养院校的能力和招生计划，截至2014年9月累计招生2 267人。已经毕业1 227人，全部分配到农村地区从事医疗卫生服务工作，科学、稳步的农村卫生人才培养，取得了明显成效。

1. 开展乡村医生后备人才需求调研

针对部分郊区反映的乡村医生年龄老化、后继乏人的问题，市卫生局基层处与相关处室加强合作，本着自愿、定向、实用、留住的原则，委托首都医科大学开展乡村医生后备人才需求调研，为下一步与市教委争取政策开展乡村医生后备人才培养奠定基础。

2. 培养农村卫生人才

根据乡村医生岗位职责，不断完善教学组织管理网络，组织进行现状与培训需求调研，制订培训计划和培训大纲，加强师资队伍建设和培训督导工作。2012年，在全市13个有乡村医生的区（东城区、西城区、石景山区没有乡医）共建立了175个岗位培训教学点，培训并建立师资队伍310人，对在村卫生室执业的乡村医生免费培训不少于两次，累计培训时间不低于两周，共培训乡村医生4 922名（其中具有乡村医生执业证书并在村卫生室执业的人员有4 745名，具有助理和执业医师证书并在村卫生室执业的人员有280名），占培训管理系统内注册总人数5 025人的98%，基本做到了应培尽培。培训了四大慢性病（高血压、糖尿病、冠心病、心脑血管疾病）的防治、常见病症的诊断思路与处理、儿科常见病的诊治、应时传染病的防治及乡村医生医疗差错的防范；技能培训内容包括：体格检查（心肺听诊）、中医适宜技术治疗常见病和急诊急救等适宜技术。

3. 面向远郊区定向培养医学专业学生

2012年，北京市卫生局采取定向招生、定向培养、定向就业的方式，依托首都医科大学为北京市房山区、平谷区、密云区等7个远郊区培养卫生人才。2012年，全市共招收各类定向生310人，其中，三年制临床医学专业（山区、半山区定向班）85人，五年制临床医学专业（远郊定向）70人，三年制临床医学专业（远郊定向）126人，三年制医学影像技术专业（远郊定向）29人。2012年，全市共有218名定向生顺利结业，其中，三年制临床医学专业（山区、半山区定向班）100人，五年制临床医学专业（远郊定向）60人，高职定向生58人。

4. 培养区级医院学科骨干

为加强对区域医疗中心人才培养的扶持，组织安排区（县）级医院学科骨干到三级医院进行“一对一”的导师制培养，针对某一项专业技能进行系统、规范的培训，提高其临床技能水平和科研能力。2012年，共完成128名区学科骨干培训任务，有131名学科骨干开始接受培训。

5. 助理全科医师规范化培训

为加强以全科医生为重点的基层卫生人才队伍建设，北京市于2013年1月在通州区、大兴区、房山区、平谷区、怀柔区、密云区、延庆区7个区启动助理全科医师规范化培训试点工作。7个区已在或将在基层社区卫生服务机构（包括乡镇卫生院）从事社区卫生服务工作的2012年临床医学专业专科应届毕业生均需到经认定的培训基地参加为期两年的全日制脱产培训，已从事社区卫生服务工作的往届临床医学专科毕业生，可根据用人单位需要酌情选送。同时，将临床医学（专升本）成人学历教育与助理全科医师规范化培训并轨进行，培养学制为2.5年，采取“3+X”的招生考试政策，单独划线录取。2012

年有122名新毕业分配到基层社区的医学专业大专毕业生也开始进行为期两年的临床技能规范化培训。助理全科医师规范化培训是提高全科医生技能水平的重要举措，将会为不断缩小城乡人才差距、进一步健全和巩固基层卫生服务网络、为构建"小病在社区、大病不出区"医疗卫生体系的新格局、推进城乡一体化协调发展的进程提供重要的医学人才支撑。

（四）家庭医生式服务模式初步建立

2011年以来，北京市全面推广实施家庭医生式服务，至今已累计签约355.9万户、726.9万人，常住人口签约率达到33.49%；累计健康评估957万人次。为促进乡村医生转变服务模式，推动家庭医生式服务在农村地区深入开展，北京市积极推进乡村医生开展签约服务，印发了《关于推进乡村医生参与开展签约服务工作的指导意见》（京卫基层字〔2013〕19），在自愿的基础上，乡村医生既可与辖区村民单独签约，也可纳入社区卫生服务团队开展签约服务，并按照全市及本区开展家庭医生式服务的总体要求和服务标准，为签约村民提供规范的健康管理服务。

（五）推进基本公共卫生服务均等化

通过多种举措，完善城乡一体化的公共卫生服务网络，提供均等化的基本公共卫生服务。一是完善农村疾病监控体系。全市16个区建立了28家哨点医院的呼吸道传染病病原学监测体系，完善了传染病监测预警体系。二是加强重点传染病监控。加快推动城乡"艾滋病实验室一体化建设"，在102个社区卫生服务中心开展快速检测工作，在城六区、通州区建立确证实验室，其他区全部开展CD4检测。三是积极开展疫苗接种。北京市免疫规划疫苗共17种，其中12种用于常规接种，5种用于重点地区重点人群接种，可以预防17种疾病。加快农村免疫门诊规范化建设，全市免疫预防门诊555个，农村地区门诊全部达标。如2014年，累计接种流感疫苗111万支，其中，10个远郊区68.9万人次；全市一类疫苗共接种467.8万人次，其中，10个远郊区接种222.2万人次，各类疫苗各剂次接种率均达到99%以上。四是对7～9岁、12～15岁儿童实施窝沟封闭防龋齿服务；为围孕期妇女免费发放叶酸，预防胎儿神经管畸形；为农村孕产妇住院分娩发放补助每人600元。五是11类43项国家基本公共卫生服务项目，免费为常住人口提供，全部由政府买单。

农村卫生服务方式不断改善。与城市地区一样，各乡镇社区卫生服务中心在提供基本医疗服务的同时，还通过建立社区卫生服务团队，主动为农村居民开展健康管理和健康促进服务。通过“健康通”手机，提供24小时健康咨询服务，重点加强高血压、糖尿病、脑卒中、冠心病等常见慢性病管理，为慢性病家庭培养家庭保健员，不断提高农村居民自我保健意识。

（六）基层医疗服务能力进一步提高

在做好基本公共卫生服务的同时，努力满足社区居民的基本医疗需求。2015年，北京市社区卫生服务机构诊疗总人次5 418.8万，较“十一五”末增长49.3%，占全市23.1%。社区卫生服务机构康复能力不断增强，康复服务人次数由59.7万人次增长到105.5万人次，其中精神康复提高19.3%，肢体康复提高73.1%。

（七）乡村医生补助标准进一步提高

北京市自2008年开始，对乡村医生承担的村级公共卫生和村级常见病的防治两项职能，采取“政府购买服务”的方式分别给予适当补助。“十二五”期间，即2013年1月，原北京市卫生局和北京市财政局联合印发《关于调整本市乡村医生补助标准的通知》，乡村医生补助标准由原来的每月800元调整至每月1 600元。其中，乡村医生承担村级公共卫生职能的部分，每月补助1 000元；承担常见疾病防治，为群众提供零差价药品服务职能的部分，每月补助600元。由乡镇卫生机构对乡村医生进行定期考核，考核结果与补助发放相挂钩，调动了乡村医生服务积极性。

（八）深入开展城乡卫生对口支援工作

市级财政每年出资500万元，用于三级医院和城六区二级医院对口支援郊区区域医疗中心、其他二级医疗机构和山区、半山区乡镇社区卫生服务中心，受援医院已经覆盖所有涉农区。近三年来，受援医院平均每年达154个，支援医师累计2万余人次；在受援医院接诊51.6万人次，会诊及疑难病例讨论12 351

次，开展新技术264项，建设特色专科138个。在很大程度上，提升了农村医疗服务水平。此外，严格执行城市医生晋升副主任医师或主任医师前到基层卫生单位累计服务一年的政策，以及城市医院临床科室中级以上人员每年到社区服务不少于15天的对口支援机制。

（九）新型农村合作医疗制度进一步完善

1. 提高新农合筹资标准及补偿水平

北京市新型农村合作医疗（以下简称“新农合”）制度稳步发展，筹资水平逐步提高，受益范围逐渐扩大，保障水平持续提升。筹资水平由“十一五”末的520元提高到1 200元，增长了1.3倍；年度筹资总额从15.5亿元提高到29.1亿元，增长87%；同时，建立政府投入与个人缴费同步增长机制，政府出资比例保持在85%左右，个人缴费由30～50元提高到160元。2015年，本市参合人员223.9万人，参合率99.3%。大病保障范围逐步扩大，政策范围内住院费用补偿比例达到75%左右。自2014年建立新农合大病保险制度，将参合患者在定点医疗机构发生的符合报销范围的费用，在新农合基金初次报销以后，剩余个人自付部分超过上一年全市农村居民年人均收入的高额费用，纳入大病保险支付范围。2015年，全市新农合大病保险筹资总额1.64亿元，起付线为18 337元，为1.38万人补偿9181.6万元，大病患者实际补偿比达到55.93%，较实行大病保险制度之前提高7个百分点。

2. 商业保险参与新农合经办

北京市目前已经有10个区通过采取“共保联办”在内的方式，引入商业保险机构参与新农合经办工作。“共保”即政府将当年新农合基金筹集额的50%作为保费在保险公司为全体参合人员进行投保，双方各自按照50%的保障责任为参合农民进行补偿，补偿资金按原运行方式执行，不增加参合农民补偿环节负担；“联办”即保险公司派出专业管理人员与政府新农合管理部门联合办公，优势互补，共同管理经办新农合各项工作。另外，海淀和丰台两个区采取购买服务的方式引入商业保险机构参与共新农合经办工作。

3. 试点开展综合支付方式改革

为进一步提高新农合基金使用效益，控制医药费用不合理上涨，逐步引导居民到基层首诊，促进基层医务人员由“管疾病”向“管健康”意识的转变，结合区级公立医院改革试点工作，市卫生局印发了《北京市卫生局关于北京市区县新型农村合作医疗综合支付方式改革试点工作的指导意见》，并选择平谷区为此次改革的试点区。改革主要内容包括结合家庭医生式服务以及对现有绩效工资的调整，在社区卫生服务机构开展按人头付费；对短期危急重症住院，采用按疾病分组（DRGs）付费方式；对长期住院患者，采用按床日付费。2013年年初，试点工作全面启动。

（十）提升农村计划生育工作水平

为落实计划生育奖励优先优惠政策，在北京市逐步探索农村计划生育长效节育措施奖励制度，2008年，原北京市人口计生委开展了“农村长效节育户籍已婚育龄群众免费健康体检项目”，并列入“北京市社会主义新农村建设折子工程”和“北京市深化医药卫生体制改革工作内容”。在全市范围内对农村采取长效节育措施的户籍已婚育龄群众（包括男性、女性）进行的奖励性免费健康体检，包括一般项目检查、常规化验、生化检验、B超、乳腺检查、妇科检查、男性泌尿生殖系统检查等内容。2008－2015年，北京市政府投入近1.5亿元，为符合条件的育龄群众提供体检120余万人次。

适时调整奖励扶助金标准。根据国家财政部、原国家人口计生委《建立全国农村部分计划生育家庭奖励扶助和计划生育家庭特别扶助标准动态调整机制的通知》（财教〔2011〕622号）文件精神，同时兼顾考虑到北京市国民经济发展水平与财政可支付能力，从2014年1月1日起，上调了北京市农村部分计划生育家庭奖励扶助金标准，将政府发放的奖励扶助金由现行的每人每月100元提高到每人每月120元。“十二五”期间市级财政累计投入资金21 379.2万元，为6.62万人次独生子女伤残家庭父母和4.4万人次独生子女死亡家庭父母发放了扶助金。

2008年，原市人口计生委与市农委联合下发了《北京市关于加强村级计划生育干部队伍职业化建设的意见》，从任职资格、选聘、工作职责、岗位培训、待遇与奖惩等方面进行了规范，进一步加强村级计划生育干部队伍建设，稳定农村基层计划生育队伍，提高了村级计划生育干部队伍整体素质和工作水平。

北京市农村医疗卫生与计划生育工作还存在一些问题及明显短板，例如：农村卫生人才总量不足、结构不合理等问题突出，乡村医生年龄老化，有效吸引优秀卫生人才到农村工作的机制尚未完全建立。

有关区和单位的人才队伍和技术能力建设仍显滞后，管理水平需要提升，公立医疗卫生机构的规划意识和成本意识需要加强，对社会办医的规划引导和服务也需要进一步优化改善，市区两级规划内容和指标体系需要进一步衔接，妇幼服务供需矛盾趋于紧张。

镇（乡）村两级基础设施和设备与农村居民就医需求相比还存在一定差距，医疗卫生服务能力有待进一步提高。

二、“十三五”时期的基本思路和重点任务

（一）基本思路

以促进分级诊疗为主线，以加强全科医生为重点的基层卫生人才队伍建设为核心，以提高基层卫生服务能力为根本，以促进城乡基本医疗卫生服务均等化为目的。引导民营基层医疗机构提供多层次的非基本的医疗服务。完善新农合筹资增长机制，提高基金精细化管理水平和经办服务能力，提高参合人员受益水平，进一步发挥新农合在推动分级诊疗中的作用。为推进“健康北京”战略，实现全民健康发展目标而努力。

（二）主要目标

充分利用政府及社会力量办医资源，不断扩大服务供给，城乡居民对基本医疗卫生服务的可及性得到较好满足；深化家庭医生式签约服务，充实加强签约团队技术力量，探索开展基本诊疗服务外的个性化服务，社区卫生服务团队与城乡居民基本建立比较稳定的服务关系，不断提高服务质量；进一步改革完善基层卫生服务机构运行机制，强化绩效考核管理，使基层的服务能力、服务

质量不断提高。促进基层首诊、双向转诊、急慢分治、上下联动的分级诊疗格局初步显现。

逐步建立与经济发展水平相适应的筹资增长机制，合理调整个人缴费标准；按照国家要求落实好重大疾病保障和大病保险政策，最大限度减轻参合人员医疗负担；鼓励各区结合实际开展商业保险机构参与新农合经办试点；加强新农合基金精细化管理和定点医疗机构监管；逐步扩大住院按疾病诊断分组、按床日付费，以及门诊按人头付费等改革试点范围，引导基层首诊、合理控费，提高政府基金使用效率。为城乡居民基本医保制度整合做好准备工作。

（三）重点任务

1. 优化医疗资源布局

继续调整医疗资源布局，落实首都城市战略定位，适应新城建设、人口调控等要求，推进优质医疗资源向新城和资源薄弱地区转移，加强区域医疗中心建设，让京郊农民便捷享有优质医疗服务。积极提供规划和土地使用等方面支持，推动北京大学第一医院大兴院区建设；研究推进朝阳医院常营院区、安贞医院东坝院区、北京中医医院垡头院区、北京儿童医院丰台院区等项目前期工作；完成天坛医院主体施工。

2. 填平补齐，加强村级医疗卫生机构和乡村医生队伍建设

贯彻落实好《北京市关于加强村级医疗卫生机构和乡村医生队伍建设的实施方案》，继续加强农村医疗卫生服务，推进城乡一体化医疗卫生服务体系建设，以政府为主导、社会资本为补充，进一步完善农村基层卫生服务网络。依据本市基层医疗卫生服务可及标准，统筹规划发展社区卫生服务中心、站和村卫生室，重点完善人口增长超机构设置标准地区、新农村改造和拆迁地区及“空白村”医疗机构建设，建设规模应满足2015年本市新的《北京市居住公共服务设施配置指标》和《北京市居住公共服务设施配置指标实施意见》规定的最低配置标准。

3. 以城带乡，提升基层卫生服务能力

推进区域医联体建设，继续完善相关保障和支持政策，鼓励牵头医院与基

层开展双向转诊、专科帮扶、远程会诊等服务，确保患者享受到医联体带来的便捷与实惠。持续做好城市卫生对口支援农村工作。

4. 加强农村中医人才培养及适宜技术推广

建立100个北京中医健康乡村、社区建设基地，在乡村实施“十个一”工程，在社区实施“五个一”工程，探索农村、社区中医药服务新模式。建立城市公立中医医院服务基层新机制，发现、分析、研究农村（社区）居民健康全周期的规律和特点，提出解决方案和措施，提高基层群众的健康水平。持续开展北京基层中医药服务能力提升工程，利用中医流动医院大力开展中医巡诊服务。完善和提高社区卫生服务中心（乡镇卫生院）的中医药诊疗设备配置，强化国家中医药适宜技术培训基地和网络建设工作，开展基层适宜技术培训推广。

5. 完善新型农村合作医疗制度

完善新农合筹资和保障政策，研究新农合筹资稳定增长机制，落实好重大疾病保障政策和大病保险制度，推动新农合综合支付方式改革试点工作。探索扩大试点范围，完善相关政策；通过引导基层首诊，合理控费、提高质量，强化居民分级就诊意识；与社区签约服务相结合，激发农村社区卫生人员主动做好参合农民健康管理的积极性。开展新农合信息系统升级改造，为扩大即时结算提供保障，提高经办服务效率。进一步推动城乡居民医疗保障水平均等化，按照国家和北京市要求，积极推进城乡居民医保整合工作。

全市卫生计生系统要进一步增强发展的紧迫意识和适当超前意识，集中资源和力量破解一些重点问题和薄弱环节，力争形成服务体系整体改善的局面。医疗卫生机构规划既要体现节约要求，又要体现发展要求和弹性要求，避免“大城市病”。卫生计生系统要主动承担非首都功能疏解任务，站在当前，谋划长远。各区各单位要主动做好与市级规划在内容和指标方面的对接工作，保持步调一致，任务到位。“十三五”期间的医改任务具体而繁重，牵涉的方面多，利益格局复杂，各区各单位应当做好基础工作，全面参与和认真执行改革政策，争做改革的促进派和实干家。

资料提供：北京市卫生和计划生育委员会

执笔：周锋

提升服务均等水平 创建体育特色乡镇

全民健身关系人民群众身体健康和生活幸福，是综合国力和社会文明进步的重要标志，是社会主义精神文明建设的重要内容，是全面建设小康社会的重要组成部分。

“十二五”期间，北京市农村体育工作，以增强市民健身意识、改善市民体质为目标，不断提升均等化服务水平，在市农委、市体育局的通力合作下，在各区县体育局、农委、乡镇政府的大力支持和各村的积极努力下，创建体育特色村工作开展得卓有成效，全面完成了《北京市全民健身实施计划（2011－2015年）》的目标任务。

一、“十二五”期间工作情况

为深入贯彻落实科学发展观，按照“人文北京、科技北京、绿色北京”战略和建设中国特色世界城市的要求，坚持体育事业公益性，逐步完善符合市情、比较完整、覆盖城乡、可持续的全民健身公共服务体系，保障市民参加体育健身活动的合法权益，促进全民健身与竞技体育协调发展，丰富人民群众精神文化生活，形成健康文明的生活方式，提高市民身体素质、健康水平和生活质量，促进社会和谐与文明进步。到2015年，城乡居民体育健身意识进一步增强，经常参加体育锻炼人数达到发达国家水平并长期保持，身体素质明显提高，初步形成覆盖城乡的全民健身公共服务体系。

（一）完善全民健身体育组织网络

100%的街道（乡镇）建有体育组织；社区（行政村）全民健身辅导站组织化程度大幅度提高。100%的区县建有体育总会、行业体协、人群体协、单项体协等。30%的市级体育协会逐步实现实体化，社区体育健身俱乐部、青少年体育俱乐部有较大发展，形成覆盖面广、包容量大的社会化全民健身组织网络。

（二）市民健身人数不断增加

“十二五”期间全市经常参加体育锻炼人数比例达到了世界发达国家水平，市民体育健身意识和科学健身素养普遍增强，体育健身成为市民普遍的生活方式。每周参加体育锻炼活动不少于3次、每次不少于30分钟、达到中等以上锻炼强度的人数比例长期保持不低于49%。学生在校期间每天至少参加1小时的体育锻炼活动。老年人、残疾人参加体育锻炼的人数比例不断提高。

市民体质明显提高，达到《国民体质测定标准》合格率为95%，优秀率为25%；在校学生达到《国家学生体质健康标准》合格率为90%以上，优秀率为20%，耐力、力量、速度等体能素质明显提高。

（三）积极发展全民健身设施

全市100%的街道（乡镇）、社区（行政村）建有体育设施；100%的区县建有一个多功能全民健身体育中心；50%具备建设条件的城市公园、郊野公园建有健身场地设施；改善各类公共体育设施的无障碍条件，各类体育设施的开放率和利用率有较大提高；形成各级各类体育设施布局合理、互为补充、覆盖面广、普惠性强的网络化格局。

本市已配建全民健身路径工程共8 261套，覆盖到100%的街道（乡镇）、有条件的社区和100%的村，并适时进行更新工作。全民健身工程深受广大老年群众的欢迎，为广大老年人提供了就近、就便的健身活动场地。

建有大型、中型多功能综合全民健身体育中心28个，建有农村乡镇体育健身中心243处，建有行政村农民体育健身工程4 963处，篮球、网球、乒乓球、笼式足球、门球、棋苑等全民健身专项活动场地3 910片。

与园林绿化等部门积极配合，建设各类步道1 240千米、骑行绿道200千米，形成覆盖城乡、特色突出、功能多样的绿道网络，满足广大群众休闲健身需求。

（四）广泛开展体育健身活动

创建国际性群众体育品牌赛事10项，定期举办全民健身体育节、北京市体育大会、和谐杯乒乓球赛和体育公益活动社区行等市级群众品牌赛事活动100余项。

16个区县和燕山、开发区建设的一区一品活动20项、区县开展日常系列活动500余项，上述活动各具特色、精彩纷呈。

广大农民、职工、老年人、少数民族、妇女、残疾人等各类人群健身活动丰富多彩，百姓经常性、传统性、品牌性的全民健身活动常年不断。

为支持北京－张家口联合申办2022年冬奥会，举办了以“快乐冰雪健身、助力申办冬奥”为主题的北京市民快乐冰雪季系列活动。加强京津冀交流，共同举办全民健身活动。各类活动年参与人数1 000余万人次，具有北京特色的全民健身活动模式已经形成。

（五）发展社会体育指导员，加强科学健身指导和宣传

全民健身指导和志愿服务队伍得到进一步发展，获得技术等级证书的公益社会体育指导员数49 998人，每千人公益社会体育指导员比例达到0.341%。其中获得社会体育指导员国家职业资格证书人数达到7 000人，社会体育指导员综合素质和服务水平显著提高。广泛组织优秀运动员、教练员、学校体育教师开展义务健身辅导，培育全民健身骨干，形成组织落实、结构合理、覆盖城乡、服务到位的全民健身志愿服务队伍。

1. 加大社会体育指导员培训力度，拓宽培训渠道，形成体育健身指导服务网络

在全市已配建的全民健身工程等实现了社会体育指导员配备全覆盖。通过改革培训方式，重视培养指导少数民族体育和残疾人体育活动的社会体育指导员。吸纳优秀教练员、运动员，授予相应的社会体育指导员等级称号，充分发

挥其在社会体育指导服务活动中的引领作用。

2. 对宣传科学健身知识等服务的公益性社会体育指导员，免费提供相关知识和技能培训、业务交流，并给予表彰奖励

加强社会体育指导员管理，建立社会体育指导员档案，修改完善有关管理办法，发挥社会体育指导员协会在项目推广、活动组织、信息咨询、业务交流等方面的作用。

（六）发挥全民健身组织网络作用，逐步实现全民健身社会化

1. 强化全民健身组织网络作用

充分发挥市、区（县）、街道（乡镇）体育组织组成的行政管理网络，工会、共青团、妇联、残联等组成的社会团体管理网络，市和区县体育总会、单项协会组成的体育社团指导网络，社区和行政村等组成的基层体育运行网络的作用，相互联动、相互促进、共同发展。

2. 统筹各类人群体育均衡发展

充分发挥市教委、市农委、市民委、市社会办、市老龄办、市总工会、团市委、市妇联、市残联等主管部门和单位的积极性，统筹规划青少年、成年人、老年人以及社区居民、农民、妇女、少数民族、残疾人等人群体育工作不断发展。

（七）统筹城乡体育均衡发展

加快发展农村体育。将农村体育工作纳入全市郊区工业化、城镇化和农业现代化建设规划，加快发展农村社会事业，完善文化体育公共服务体系，开展体育工作“六进乡镇”和体育特色村镇评选活动。区县政府将发展农村体育纳入当地全面建设小康社会和社会主义新农村建设规划，统筹城乡全民健身事业发展，促进城乡体育资源和公共体育服务均衡配置，增强农村基层体育公共服务能力，充分发挥包括乡镇综合文化站在内的综合服务设施作用，利用好农村学校、企事业单位的体育设施和体育人才资源，在传统节日和农闲季节广泛组织农民开展体育活动，办好基层农民运动会。

（八）创建体育特色乡村，推动农村体育工作发展

“十二五”期间，北京市开展了创建北京市体育特色村工作。经过5年的努力，在市农委、市体育局的通力合作下，在各区县体育局、农委、乡镇政府的大力支持和各村的积极努力下，圆满完成了创建200个体育特色村的工作，特色体育活动开展得卓有成效，涌现出不少篮球、乒乓球等项目的体育特色村。这些体育特色村不仅为发展村级体育工作引导了方向，同时也起到了典型示范作用，很好地带动了农民积极参与体育健身活动，为增强农民体质起到了巨大作用。

通过创建体育特色村，推动村镇体育活动蓬勃开展，村级体育活动项目进一步做大做强，打造了一批农村体育精品活动，并逐步形成当地的业余文化生活风景线。各个体育特色村的体育健身基础工作扎实有效，健身活动丰富多彩。在此基础上，各村还打造出精品健身活动，形成一村一特色，一村一品牌的良好局面。

北京市农村体育事业在取得显著成效的同时也存在一些不足。例如：基层文化体育组织员工的工作积极性有待进一步激励和提高；农民的健康和科学健身观念有待进一步转变；大众化的健身项目和传统体育项目有待进一步挖掘、保护、提高和推广；农民体育活动的评估方式有待进一步研究制定；相关部门的协作还需加强等。

二、“十三五”期间农村体育工作的规划和思路

创建体育特色乡镇。“十三五”期间北京市将在继续创建体育特色村的基础上，打造60个北京市体育特色乡镇。通过特色乡镇的创建活动，进一步拓展体育特色村的发展空间，促进健身活动水平的普及和提高，促进健身组织、场地设施、骨干队伍的发展，使本市有更多的村、乡镇开展有特色、高水平、群众参与程度高的体育健身活动，带动村及村民欣赏、参与健身活动，树立科学健身理念，养成健康、科学、文明的生活方式，提升农村体育工作水平，促进新农村建设和城乡体育一体化发展，切实增强农民的体质。

为切实做好北京市体育特色乡镇创建工作，市体育局、市农委制定了《北京市体育特色乡镇标准》《北京市体育特色乡镇评选办法》，并就组织实施工作提出具体要求。其中特色乡镇标准规定：

（一）领导重视制度化

第一，重视体育工作，将体育工作列入乡镇发展规划中，作为建设小康村及农村社会主义精神文明建设的重要内容。

第二，定期召开体育工作会议，研究制定落实《全民健身计划》工作规划，年度、季度体育工作计划。

第三，乡镇体育事业经费和体育基本建设资金应列入乡镇财政预算和基本建设投资计划，每年用于体育活动经费人均3～5元，随着经济发展，逐步增加对体育事业的投入。

第四，积极创建体育特色村，30%以上的村获得北京市体育特色村称号。

（二）组织体系网络化

在政府引导下逐步建立覆盖各类人群的多渠道、全方位的乡镇、村级全民健身协会，形成居民自愿参与、民间化、社团化的管理模式和运行机制，努力把所有能参加健身活动的人都容纳在组织中并在其中活动，实现全民健身组织网络化目标。

（三）健身设施多元化

提供公众体育设施，配备与本辖区体育特色相适应的健身器材，正确引导体育消费，激发村民的健身热情，提升其健身品位，实现体育走进千家万户的目标。

第一，建设本辖区体育特色配套设施，推动体育特色项目不断发展壮大。

第二，建有全民健身中心及多元化公众体育设施，吸引和带动广大居民参与体育健身活动。

第三，体育组织负责管理体育设施，健全管理制度，规范设施管理。

（四）活动竞赛系列化

开展经常性、日常性、传统性、品牌性体育比赛活动和各级各类健身活动，努力实现“人人都在组织、组织都在活动、活动都有特色”的目标。

第一，完善各级各类比赛，与区级比赛对接，打造本乡镇体育特色项目活动竞赛。以村为单位的单项体育联赛项目不少于3个。辖区60%以上村代表队参加到联赛中。

第二，开展经常性、日常性、传统性、品牌性体育比赛活动。

第三，组织开展乡镇体育运动会，50%的行政村开展村级运动会。

（五）健身服务科学化

通过建立宣传阵地、开展体质测定、举办全民健身大课堂讲座、培训体育骨干等多方面体育科学文化教育，使社区居民掌握科学的健身方法，安全有效、有针对性地开展体育活动，从而达到营造体育文化环境，促进人与自然、人与社会、人的精神与体魄和谐发展的目的。

第一，体育特色乡镇要建立宣传阵地，营造体育文化环境。定期宣传体育的法律法规、科学健身方法和健身知识、文明观赛礼仪，宣传村民健身风采和开展体育比赛活动情况。

第二，乡镇开展成年人体质测定工作，为居民建立体质健康档案。乡镇体质测试率不低于1%，体质测试合格率达到70%以上。开展《国家体育锻炼标准》达标活动，并逐步扩大受测面。

第三，开设全民健身大课堂，聘请专家为广大群众讲授健康饮食、科学健身知识，每年授课不少于3次。乡镇每年举办2次以上体育骨干技能培训，每次培训所辖每村至少参加1人以上。培养一支裁判员队伍，服务于体育健身活动竞赛。

资料提供：北京市体育局

执笔：周锋

第二部分　政策法规

北京市人民政府办公厅关于印发《北京市乡村教师支持计划（2015－2020年）实施办法》的通知

京政办发〔2016〕8号

各区人民政府，市政府各委、办、局，各市属机构：

《北京市乡村教师支持计划（2015－2020年）实施办法》已经市政府同意，现印发给你们，请认真贯彻落实。

北京市人民政府办公厅

2016年1月25日

北京市乡村教师支持计划（2015－2020年）实施办法

为贯彻落实《国务院办公厅关于印发乡村教师支持计划（2015－2020年）的通知》（国办发〔2015〕43号）精神，采取切实有效措施加强本市中小学乡村教师队伍建设，进一步缩小城乡师资水平差距，让每名乡村孩子都能接受公平、有质量的教育，结合本市实际，制定如下实施办法。

一、总体要求

深入贯彻落实党的十八大和十八届三中、四中、五中全会精神，深入学习贯彻习近平总书记系列重要讲话和对北京工作的重要指示精神，围绕促进教育公平、提高教育质量，遵循教育规律和教师成长发展规律，全面提高乡村教师思想政治素质和师德水平，合理优化乡村教师队伍结构，努力提高乡村教师待遇，着力提升乡村教师社会地位，全面加强乡村教师队伍建设，努力造就一支素质优良、结构合理、甘于奉献的乡村教师队伍，为率先实现首都教育现代化提供坚强有力的师资保障。

二、全面提高乡村教师思想政治素质和师德水平

（一）提高乡村教师思想政治素质

积极培育和践行社会主义核心价值观，进一步建立健全乡村教师政治理论学习制度，创新学习方式和载体，增强思想政治工作的针对性和实效性，不断提高教师的理论素养和思想政治素质。切实加强乡村教师队伍党建工作，基层党组织要充分发挥政治核心作用，进一步关心教育乡村教师，加大发展党员力度。

（二）提高乡村教师师德水平

建立健全教育、宣传、考核、监督与奖惩相结合的师德建设长效机制。坚持立德树人，开展多种形式的师德教育，把教师职业理想、职业道德、法治教育、心理健康教育等融入职前培养、准入、职后培训和管理的全过程。加大师德先进典型宣传力度，促进形成重德养德的良好风气。完善乡村教师师德考评制度和方式，把师德建设作为对乡村学校工作考核和办学质量评估的重要指标，把师德表现作为教师资格定期注册、业绩考核、职称评审、岗位聘用、评优奖励的首要内容。完善学生、家长和社会参与的师德监督机制；对有严重失德行为、影响恶劣者，按有关规定予以严肃处理直至撤销教师资格。

三、合理优化乡村教师队伍结构

（一）创新乡村教师编制管理

乡村中小学教职工编制按照城市标准统一核定，其中村小学、教学点编制按照生师比和班师比相结合的方式核定。实行城乡中小学教职工编制区域统筹和动态管理，盘活师资存量，提高使用效益。有关区教育部门在核定的教职工编制总额和岗位总量基础上，按照班额、生源等情况统筹分配乡村学校教职工编制和岗位数量；通过逐年核销工勤和教辅人员编制、分类推进经营类事业单位转企改制、事业编制跨行业调剂、加大政府购买服务力度等途径，腾出编制优先用于乡村教师的统筹调配使用，并报同级机构编制、人力社保、财政部门备案。通过调剂编制、加强人员配备等方式进一步向人口稀少的教学点、村小学倾斜，重点解决教师全覆盖问题，确保乡村学校开足开齐国家规定课程。寄

宿制乡村学校要按寄宿学生规模配备生活指导教师，目前尚未配备的，应合理计算教师兼任生活指导教师的工作量并相应增加绩效工资总量。严禁在有合格教师来源的情况下“有编不补”、长期使用临时聘用人员，严禁任何部门和单位以任何理由、任何形式占用或变相占用乡村中小学教职工编制。

（二）拓展乡村教师补充渠道

建立乡村学校师资缺口与师范院校招生计划联动机制，在总体控制市属高校招生规模的基础上，统筹调整招生计划结构，引导市属师范院校及相关学校增加师范生培养数量。结合乡村学校的特点和需求，创新乡村教师培养模式，构建政府、师范院校、中小学校协作培养体系，并进一步完善课程体系，确保每名师范生毕业前至少有半年时间到优质中小学校进行教育教学实践。根据本市乡村教育实际需求加强本土化培养，探索通过师范院校招生指标定向到区，相关师范生享受免费师范教育和乡村师范生年度奖学金，就业3～5年后可定向免费直读教育硕士学位等多种措施，定向培养“一专多能”的乡村教师；同时，探索通过增设高等学校两年制教育硕士专业，定向培养乡村教师。对综合性院校毕业生和师范院校非师范生取得教师资格并到乡村学校任教的，满5年后给予4万元一次性补助。采取有效措施鼓励城镇退休教师到乡村学校支教讲学。

（三）推动城镇优秀教师向乡村学校流动

全面推进义务教育教师队伍“区管校聘”管理体制改革，完善激励机制，不断健全绩效工资、职称评定、职务晋升等方面的倾斜政策，为推动城镇优秀教师到乡村学校任教提供制度保障。采取挂职交流、跨校竞聘、学区化管理、学校联盟、城乡一体化管理、对口支援、乡镇中心学校教师支教等途径和方式，重点引导优秀校长和骨干教师向乡村学校合理流动，并逐步实现制度化和常态化。区范围内重点推动城区学校教师到乡村学校交流轮岗，乡镇范围内重点推动乡镇中心学校教师到村小学、教学点交流轮岗。探索建立优秀教师跨校兼职制度，鼓励教师多劳多得、优绩优酬。

四、大力提升乡村教师能力素质

实施“乡村教师素质提升计划”，在2020年前，对全市乡村教师校长进行360学时的培训。把乡村教师培训纳入基本公共服务体系，保障经费投入。完善分层、分类、分岗培训机制，整合高等学校、市级教师培训机构、区教师研修机构和中小学校优质资源，建立乡村教师校长专业发展支持服务体系，并搭建教师网络研修服务云平台。全面提升乡村教师信息技术应用能力，积极利用远程教学、数字化课程等信息技术手段，破解乡村优质教学资源不足的难题。按照乡村教师的实际需求改进培训方式，采取跟岗研修、网络研修、送教下乡、专家指导、校本研修等多种形式，增强培训的针对性和实效性。按照高于普通教师20%的标准上浮乡村教师培训经费保障水平，以满足其培训需求。鼓励乡村教师在职学习深造，提高学历层次。

五、积极完善乡村教师激励机制

（一）职称（职务）评聘和骨干教师评选向乡村学校倾斜

全面落实中小学教师职称制度改革，逐步提高乡村教师高级职称（职务）的比例，实现区内城乡中小学教师职称（职务）和岗位结构比例总体平衡。进一步完善乡村教师职称（职务）评聘办法，切实向乡村教师倾斜；乡村教师评聘职称（职务）对外语成绩（外语教师除外）、发表论文等不作刚性要求，坚持育人为本、德育为先，注重师德素养，注重教育教学工作业绩，注重教育教学方法，注重教育教学一线实践经历。本市特级教师、学科教学带头人和骨干教师评选向乡村教师倾斜，以鼓励优秀教师从事乡村教育工作，提高乡村基础教育水平。中小学校教师晋升高级教师职称（职务），应有在乡村学校或一般学校任教1年以上的经历。

（二）提高乡村教师生活待遇

进一步提高乡村教师待遇，建立市级财政对乡村教师岗位实施生活补助政策，各有关区依据不同乡村学校实际情况、教师不同岗位和任教年限实行差别化的补助标准，提高乡村教师岗位的吸引力，稳定乡村骨干教师队伍。市住房城乡建设委、市国土局、市规划委、市发展改革委等部门要统筹研究，积极支持在合适地点集中建设乡村教师周转宿舍。合理提高乡村教师伙食补贴，妥善解决山区乡村教师往返学校的交通问题，改善乡村教师生活，确保教师安全方便出行。各有关区要依法为乡村教师缴纳住房公积金和养老保险、医疗保险等各项社会保险费，并按照每人每年不低于800元的标准保障乡村教师享受一次免费常规体检，同时做好乡村教师重大疾病救助工作。

（三）建立乡村教师荣誉制度

大力倡导尊师重教的社会风气，努力提高乡村教师的社会地位。市委、市政府对在乡村学校从教20年以上的教师颁发荣誉证书；各有关区对在乡村学校从教10年以上的教师建立相应的荣誉制度，并建立乡村教师子女享受本区优质教育的相关政策。在“北京市人民教师奖”和北京市优秀教师、先进工作者以及各有关区开展的相应评选表彰工作中，要向乡村教师倾斜。鼓励和引导社会力量建立专项基金，对长期在乡村学校任教的优秀教师给予物质奖励。广泛宣传乡村教师坚守岗位、默默奉献的崇高精神，在全社会大力营造关心支持乡村教师和乡村教育的浓厚氛围。

六、切实做好组织实施工作

（一）加强组织领导

建立本市乡村教师队伍建设协调机制，由主管市领导牵头，市教委、市发展改革委、市财政局、市编办、市人力社保局、市国土局、市规划委、市住房城乡建设委、市农委等相关部门参加，定期研究乡村教师队伍建设的重大事项，及时协调解决工作中遇到的重点难点问题。各有关区政府要进一步加强组织领导，把本办法实施工作列入重要议事日程，实行一把手负责制，细化任务分工，明确责任，切实把各项工作落到实处。市有关部门、有关区政府要加强乡村教师遴选、表彰和待遇落实工作的信息公开，主动接受社会监督，提高教育公共政策的透明度。

（二）加强经费保障

市、区财政要积极调整支出结构，加大投入力度，大力支持乡村教师队伍建设。要把资金用在乡村教师队伍建设最薄弱、最迫切需要的领域，提高资金使用效益，促进教育资源均衡配置。要制定严格的经费监管制度，规范经费使用，加强经费管理，强化监督检查，坚决杜绝截留、克扣、虚报、冒领等违法违规行为的发生。

（三）加强监督检查

将实施乡村教师支持计划情况纳入市政府相关部门和区政府工作考核指标

体系，加强考核和监督。市政府教育督导室要会同有关部门每年组织开展对乡村教师支持计划实施情况的专项督导检查，及时通报督导情况并适时公布。

各有关区政府要按照本实施办法并结合实际，进一步健全工作机制，制定乡村教师队伍建设实施细则，并于2016年6月底前报市教委备案，同时向社会公布，接受社会监督。

北京市教育委员会北京市人力资源和社会保障局关于印发《北京市乡村教师特岗计划（2016－2020年）》的通知

京教人〔2016〕12号

各相关区教委、区人力社保局：

现将《北京市乡村教师特岗计划（2016－2020年）》印发给你们，请结合实际，认真贯彻执行。

北京市教育委员会　北京市人力资源和社会保障局

2016年5月3日

北京市乡村教师特岗计划（2016－2020年）

为落实《北京市乡村教师支持计划（2015－2020年）实施办法》提出的拓展乡村教师补充渠道的要求，帮助全市乡村学校解决教师结构性短缺问题，有效补充紧缺学科乡村教师，特制定本计划。

一、实施范围

门头沟区、房山区、通州区、顺义区、昌平区、大兴区、怀柔区、平谷区、密云区、延庆区等10个远郊区以及朝阳区、海淀区、丰台区的乡村中小学校。

二、招聘范围

面向北京地区全日制普通高等学校（不含独立学院）的应届本科及以上学历毕业生；京外“211工程”师范院校以及全国24所省属师范院校师范专业的应届本科及以上学历毕业生。

三、招聘学科

乡村学校音乐、体育、美术、思想品德、生物、地理、历史等紧缺学科教师。

四、招聘数额

每年计划招聘300名左右乡村教师。

五、招聘条件

公开招聘本着公开、平等、竞争、择优的原则，从实际出发，严把质量关。应聘人员需具备岗位所需的专业、技能和身体条件。

六、组织实施

公开招聘工作由市教委和市人力社保局共同组织实施。具体工作由市教委人事处和北京市教育系统人才交流服务中心负责。

1. 3月初，相关区教委确定岗位需求情况并报北京市教育系统人才交流服务中心；

2. 3月中下旬至4月初，面向社会发布招聘公告和进行网上报名；

3. 4月中旬，笔试（主要考察基本能力和素质）并公布成绩；

4. 4月下旬，相关区教委组织面试并将结果报北京市教育系统人才交流服务中心；

5. 5月上旬进行岗位调剂，相关区教委组织调剂人员面试并将结果报北京市教育系统人才交流服务中心；

6. 5月中下旬，完成公开招聘工作。

七、相关政策

公开招聘的非北京生源毕业生引进工作列入专项计划，按照现行引进渠道办理；受聘的毕业生在本学校本岗位服务期不少于5年，具体服务期限由相关区教委根据实际情况确定。

北京市人民政府办公厅关于印发《北京市第二期学前教育三年行动计划（2015－2017年）》的通知

京政办发〔2015〕31号

各区、县人民政府，市政府各委、办、局，各市属机构：

《北京市第二期学前教育三年行动计划（2015－2017年）》已经市政府同意，现印发给你们，请结合实际认真贯彻执行。

北京市人民政府办公厅

2015年5月25日

北京市第二期学前教育三年行动计划（2015－2017年）

为深入贯彻落实党的十八大关于“办好学前教育”和十八届三中全会关于“推进学前教育改革发展”精神，认真落实《国务院关于当前发展学前教育的若干意见》（国发〔2010〕41号），结合教育部等部门有关工作要求，推动本市学前教育持续健康发展，在实施《北京市学前教育三年行动计划（2011－2013年）》的基础上，结合当前全市学前教育发展实际，制定本行动计划。

一、发展现状

2011－2013年，本市制定并实施了《北京市学前教育3年行动计划（2011－2013年）》，逐年提高学前教育专项经费，有序扩大学前教育规模，共增加幼儿园677所，在园儿童增加近9万人，基本缓解了“入园难”问题，幼儿园办园条件和办园质量得到显著改善。目前，全市共有幼儿园1 922所，在园儿童36.5万人，学前教育改革发展取得了较好成效。

但是，随着首都经济社会的快速发展，本市学前教育的数量、布局、结构与人民群众对高质量、多样化的学前教育需求仍有一定差距。特别是随着“单独二孩”政策的实施，未来几年，全市适龄儿童入园需求仍将保持较快增长趋势，供需矛盾较为突出。

当前学前教育发展面临的主要问题有：一是学前教育资源总量不足，常住适龄儿童学位缺口较大，局部地区“入园难”和“入公办幼儿园难”的问题仍然较为突出。二是现有学前教育成本分担机制未能充分保障非教育部门举办的公办幼儿园可持续发展。三是城乡结合部地区无证办园现象比较突出，安全管理、办园质量等方面难以保障。四是学前教育师资供给不足，幼儿教师职业吸引力不强，幼儿园保教质量有待进一步提高。

二、主要目标

本市学前教育继续坚持“政府主导、社会参与，保证基本、广泛覆盖，公益普惠、优质多样，合理分担、保障运行，保教结合、科学育儿，依托社区、就近就便”的原则，严格落实首都城市战略定位，根据城市空间布局、人口分布特点和适龄人口变化趋势，通过统筹资源、合理布局、优化结构、创新体制机制，采取规划建设、改造扩建、以租代建等方式建设一批公办幼儿园或普惠性民办幼儿园，构建以公办幼儿园和普惠性民办幼儿园为主体、公办民办并举的学前教育服务网络，进一步完善公共财政投入、社会举办者投入和家庭合理分担成本的学前教育运行保障机制，农村地区以公共财政投入为主。

2015－2017年，通过增加学前教育学位数量，实现全市户籍适龄儿童学前三年学位供给全覆盖，入园率保持在95%以上；努力满足常住适龄儿童入园需求，进一步解决“入园难”问题；对未能入园的在京适龄儿童及其家庭，提供多种形式的学前教育指导服务。

三、重点项目

在对学前教育加大政府投入力度的基础上，通过巩固完善已有成果，积极创新体制机制，不断增强保障能力，进一步保存量、增总量、调结构、建机制、提质量，提供更加公益普惠的学前教育服务。3年内将实施学前教育十大重点项目。

（一）实施幼儿园新建改扩建项目，努力扩大学位供给

2015－2017年，安排财政性专项经费用于保障幼儿园设施设备投入。一是继续支持新建改扩建幼儿园，特别是新建一批村办幼儿园。二是接收一批小区配套幼儿园并将其办成公办幼儿园或普惠性民办幼儿园。三是现有各级各类幼儿园扩建1 000个班级。

（二）实施幼儿园办园条件提升项目，创造安全适宜的教育环境

对部分未进行过达标改造的公办幼儿园实施办园条件达标改造，支持部分普惠性民办幼儿园实施修缮改造，确保幼儿园安全防护设施达标，整体提升办园条件。

（三）实施公办性质幼儿园运行扶持项目，为其稳定运行提供保障

继续加大对公办幼儿园运行保障的投入力度，规范教育部门办园生均经费的拨付和使用，继续提高非教育部门举办的公办幼儿园生均定额补助标准，确保其良性运转。确保不同举办主体的公办幼儿园教师享受同等待遇。

（四）实施民办幼儿园奖励扶持项目，鼓励支持社会力量多形式办园

一是结合民办幼儿园年检、考核、收费备案、教师待遇等情况认定一批普惠性民办幼儿园。参照教育部门办园生均经费标准，对普惠性民办幼儿园给予补贴，鼓励扩大普惠性民办学前教育资源。二是对主动纳入分级分类管理的普惠性民办幼儿园给予奖励，不断提高其办园水平。三是加大对民办幼儿园园长教师的培训力度，选派优秀公办幼儿园教师到民办幼儿园挂职。四是依法保障民办幼儿园教师权益，按照国家和本市有关规定为其办理基本养老、基本医疗、失业、工伤、生育等社会保险手续，并及时足额缴纳社会保险费。民办幼儿园教师在职称评定、评先评优等方面与公办幼儿园教师享有同等待遇。

（五）实施社区学前教育服务中心项目，缓解中心城区及城乡结合部地区入园压力

探索在入园压力大、土地资源紧张的中心城区及城乡结合部地区，依托优质幼儿园，通过以租代建等方式，建设一批社区学前教育服务中心，不断扩大上述区域的优质学前教育资源。

（六）实施无证幼儿园分类治理项目，及时消除安全隐患

建立市、区县两级无证办园管理协调机制，明确各有关部门责任，形成工作合力。在对无证幼儿园进行摸底调研的基础上，按照“审批一批、规范一批、取缔一批”的原则，对无证幼儿园实施分类分步治理，进行动态监管，及时消除安全隐患。设立一批学前教育社区办园点，对符合标准的社区办园点给予奖励。

（七）实施幼教师资培养项目，提高师资供给能力

加强高校学前教育专业建设力度，对扩大幼教师资招生和增设学前教育专业的高校，给予经费扶持。根据幼儿园发展和学位增加情况，有序扩大幼儿教师师资培养规模。积极探索幼儿园卫生保健人员培养的有效途径，采取委托培养等方式，专门培养一批幼儿园卫生保健人员。

（八）实施幼儿园园长教师培训项目，不断提高园长教师素质

采取分层、分类及与重点培训项目相结合的方式，做好公办幼儿园、民办幼儿园园长和教师的在职教育培训。加大安全教育培训力度，提高园长和教师的安全素质。按照教育部要求并结合本市师资培训实际工作，分三年完成对全市幼儿园园长和教师的全员专业培训。

（九）实施学前教育补助项目，努力满足家庭困难和残疾适龄儿童的学前教育需求

继续完善保育教育费减免政策，资助家庭经济困难儿童及残疾儿童接受学前教育。研究调整学前阶段残疾儿童生均经费标准，以幼儿园为依托，加强学前特殊教育资源教室建设，努力为适龄残疾儿童提供优质融合教育。

（十）实施学前教育质量提升项目，全面促进幼儿园内涵发展

一是抓好教育部《3～6岁儿童学习与发展指南》的贯彻落实工作，重点做好《3～6岁儿童学习与发展指南》实验区改革和实验项目推进工作。二是加强0～3岁早期教育基地建设，并给予活动经费支持。三是加强学前教育教研队伍建设与教研管理，安排专职教研员，定期对幼儿园进行业务指导。吸引优秀专业人才充实教研队伍，确保专项教研经费的投入。四是坚持幼儿园分级分类管理，提高保教质量，防止“小学化”倾向。五是健全幼儿园监管体系，完善幼儿园年检制度，加强对各级各类幼儿园的监督管理。

四、保障措施

（一）加强组织领导

各区县政府、市政府各有关部门要高度重视学前教育发展工作，加强对学前教育的统筹规划，加强对薄弱地区和薄弱环节的扶持力度，推动学前教育持续健康发展。市、区县两级要健全教育部门主管、有关部门分工负责的工作机制，形成推动学前教育发展的合力。要充分发挥学前教育联席会议制度作用，及时通报学前教育发展情况，研究解决工作中遇到的重大问题，确保各项任务落到实处。

（二）落实区县政府主体责任

各区县政府是发展本区县学前教育的责任主体，要认真落实本行动计划的各项要求，并负责编制本区县第二期学前教育三年行动计划。要结合本地区适龄人口变化趋势，整合资源，调整结构，合理布局，更好地满足本区县学前教育的多样化需求。管好用好小区配套幼儿园，按照国家和本市相关规定，对小区配套幼儿园建设和使用情况开展普查，对未建、少建或者转作他用的小区配套幼儿园，做好补建和收回工作。按照相关要求核定幼儿园教职工编制数，并按编制内实有人员拨付工资总额。幼儿园在编教师绩效工资总额按照与义务教育阶段同类人员相衔接的原则确定。建立幼儿园园长奖励制度。

（三）强化部门管理责任

教育部门要完善政策，充实管理力量，建立幼儿园信息公示制度，在政府网站及时公开发布幼儿园资质、收费等相关信息。发展改革部门要加大幼儿园建设发展力度，做好幼儿园建设和幼儿园收费监督工作，建立幼儿园收费备案制度，落实幼儿园水、电、燃气收费相关优惠政策。财政部门要加大投入，完善学前教育的投入保障机制，确保本行动计划中提出的经费需求足额到位。由住房城乡建设部门牵头，规划、教育和国土等部门配合，认真落实本市关于加强小区配套幼儿园规划建设和管理有关要求，督促检查区县完成小区配套幼儿园普查、收回、补建等工作，并在政府网站上公布小区配套幼儿园基本信息。人力社保部门要研究完善幼儿园教职工的工资待遇、社会保障和职称评定政策。综治、公安部门要加强对幼儿园安全保卫工作的监督指导与规范管理，整治、净化幼儿园周边环境。卫生计生部门要把幼儿园的卫生保健工作作为公共卫生服务的重要内容，加强监督和指导，落实保健、疾病预防控制、卫生监督执法等工作。税务部门要按照有关法律法规落实相关税收优惠政策。民政、质监、安全监管、食品药品监管等部门要根据职能分工，继续加强对幼儿园的指导与管理。

（四）创新体制机制

解放思想，改革创新，推进幼儿园办园体制、投入机制和用人制度等方面的改革，探索推动学前教育可持续发展的新机制、新方法。加大对幼儿园的扶持力度，探索公办和民办幼儿园运行管理及幼儿园教职工工资待遇、社会保障的财政扶持机制，稳定教师队伍，增加普惠性幼儿园比例，整体提升学前教育质量。研究探索一园两址以上幼儿园园长的奖励机制，保障园长队伍稳定，更好体现其职业价值。建立对公民个人、社会团体、企事业单位等举办普惠性幼儿园的奖励机制，研究出台认定和扶持普惠性民办幼儿园实施办法，努力扩大普惠性学前教育资源。

（五）强化督导检查

教育督导部门要对学前教育开展专项督导，加强对政府责任落实、教师队伍建设、经费投入、安全管理等方面的督促检查，并将结果向社会公示。市教育、发展改革、财政等部门，要对本行动计划的落实情况进行检查评估，并建立问责机制，及时发现和纠正工作中存在的问题。本行动计划目标任务和政策措施落实情况纳入区县政府教育工作实绩考核，2017年将根据考核结果对学前教育先进区县给予表彰奖励。

各区县第二期学前教育三年行动计划经区县人民政府批准后，于2015年6月20日前报送市教委备案。

人力资源社会保障部　教育部关于印发《关于深化中小学教师职称制度改革的指导意见》的通知

人社部发〔2015〕79号

各省、自治区、直辖市及新疆生产建设兵团人力资源社会保障厅（局）、教育厅（教委、教育局）：

为深化教育领域综合改革，切实加强中小学教师队伍建设，按照党中央、国务院关于完善人才评价机制和深化职称制度改革的要求，根据义务教育法有关规定，经国务院同意，决定在全国范围全面推开中小学教师职称制度改革。现将《关于深化中小学教师职称制度改革的指导意见》印发你们，请遵照执行。

各省（区、市）要按照本指导意见的精神和要求，加强领导、周密部署、制定方案、精心组织，切实做好改革的组织实施工作。改革实施方案和配套办法于12月31日前报人力资源社会保障部、教育部审批。

人力资源社会保障部　教育部

2015年8月28日

关于深化中小学教师职称制度改革的指导意见

中小学教师是我国专业技术人才队伍的重要组成部分，是全面实施素质教育、推动教育事业又好又快发展的重要力量。1986年开始建立的以中小学教师职务聘任制为主要内容的中小学教师职称制度，对调动广大中小学教师的积极性、提高中小学教师队伍整体素质、促进基础教育事业发展发挥了积极作用。随着中小学人事制度改革的深入推进、素质教育的全面实施和教师队伍结构的不断优化，现行的中小学教师职称制度存在着等级设置不够合理、评价标准不够科学、评价机制不够完善、与事业单位岗位聘用制度不够衔接等问题。深化中小学教师职称制度改革、完善符合中小学教师特点的专业技术职务任职评价制度，是贯彻《党中央、国务院关于进一步加强人才工作的决定》中关于完善人才评价机制、深化职称制度改革要求的重要举措，是落实义务教育法的重要任务，是推进职称制度分类改革的重要内容，对于加强教师队伍建设，激励广大教师教书育人，吸引和稳定优秀人才长期从教、终身从教，具有重大意义。为落实《国家中长期人才发展规划纲要（2010－2020年）》和《国家中长期教育改革和发展规划纲要（2010－2020年）》要求，建设高素质专业化的中小学教师队伍，经国务院同意，现就深化中小学教师职称制度改革提出如下指导意见。

一、改革的指导思想和基本原则

（一）深化中小学教师职称制度改革的指导思想

全面贯彻落实党的十八大和十八届二中、三中、四中全会精神，按照党中央、国务院决策部署，遵循教育发展规律和教师成长规律，按照深化职称制度改革的方向和总体要求，建立与事业单位聘用制度和岗位管理制度相衔接、符合教师职业特点、统一的中小学教师职称（职务）制度，充分调动广大中小学教师的积极性，为中小学聘用教师提供基础和依据，为全面实施素质教育提供制度保障和人才支持。

（二）深化中小学教师职称制度改革的基本原则

1. 坚持以人为本，遵循中小学教师成长规律和职业特点，提高中小学教师职业地位，促进中小学教师全面发展；

2. 坚持统一制度、分类管理，建立统一的制度体系，体现中学和小学的不同特点；

3. 坚持民主、公开、竞争、择优，鼓励优秀人才脱颖而出；

4. 坚持重师德、重能力、重业绩、重贡献，激励中小学教师提高教书育人水平；

5. 坚持与中小学教师岗位聘用制度相配套，积极稳妥、协同推进，妥善处理改革发展稳定的关系。

二、改革的主要内容

深化中小学教师职称制度改革围绕健全制度体系、拓展职业发展通道、完善评价标准、创新评价机制、形成以能力和业绩为导向、以社会和业内认可为核心、覆盖各类中小学教师的评价机制，建立与事业单位岗位聘用制度相衔接的职称制度。改革的主要内容包括：

（一）健全制度体系

1. 改革原中学和小学教师相互独立的职称（职务）制度体系。贯彻落实义务教育法，建立统一的中小学教师职务制度，教师职务分为初级职务、中级职务和高级职务。原中学教师职务系列与小学教师职务系列统一并入新设置的中小学教师职称（职务）系列。

2. 统一职称（职务）等级和名称。初级设员级和助理级；高级设副高级和正高级。员级、助理级、中级、副高级和正高级职称（职务）名称依次为三级教师、二级教师、一级教师、高级教师和正高级教师。

3. 统一后的中小学教师职称（职务），与原中小学教师专业技术职务的对应关系是：原中学高级教师（含在小学中聘任的中学高级教师）对应高级教师；原中学一级教师和小学高级教师对应一级教师；原中学二级教师和小学一级教师对应二级教师；原中学三级教师和小学二级、三级教师对应三级教师。

4. 统一后的中小学教师职称（职务）分别与事业单位专业技术岗位等级相对应：正高级教师对应专业技术岗位一至四级，高级教师对应专业技术岗位五至七级，一级教师对应专业技术岗位八至十级，二级教师对应专业技术岗位十一至十二级，三级教师对应专业技术岗位十三级。

（二）完善评价标准

1. 中小学教师专业技术水平评价标准，是中小学教师职称评审的重要基础和主要依据。中小学教师专业技术水平评价标准，要适应实施素质教育和课程改革的新要求，充分体现中小学教师职业特点，着眼于中小学教师队伍长远发展，并在实践中不断完善。要充分考虑教书育人工作的专业性、实践性、长期性，坚持育人为本、德育为先，注重师德素养，注重教育教学工作业绩，注重教育教学方法，注重教育教学一线实践经历，切实改变过分强调论文、学历的倾向，引导教师立德树人，爱岗敬业，积极进取，不断提高实施素质教育的能力和水平。

2. 国家制定中小学教师专业技术水平评价的基本标准条件（见附件）。各省、自治区、直辖市及新疆生产建设兵团（以下简称各省）根据本地教育发展情况，结合各类中小学校的特点和教育教学实际，制定中小学教师具体评价标准条件。具体评价标准条件要综合考虑乡村小学和教学点实际，对农村教师予以适当倾斜，稳定和吸引优秀教师在边远贫困地区乡村小学和教学点任教。中小学正高级教师、高级教师的具体评价标准条件要体现中学、小学的不同特点和要求，有所区别。对于少数特别优秀的教师，可制定相应的破格评审条件。各省具体评价标准条件可在国家基本标准条件的基础上适当提高。

（三）创新评价机制

1. 建立以同行专家评审为基础的业内评价机制。建立健全同行专家评审制度。各省要加强对中小学教师职称评审工作的领导和指导，完善评委会的组织管理办法，扩大评委会组成人员的范围，注重遴选高水平的教育教学专家和经验丰富的一线教师，健全评委会工作程序和评审规则，建立评审专家责任制。

2. 改革和创新评价办法。认真总结推广同行专家评审在中小学教师专业技术水平评价中的成功经验，继续探索社会和业内认可的实现形式，采取说课讲课、面试答辩、专家评议等多种评价方式，对中小学教师的业绩、能力进行有效评价，确保评价结果的客观公正，增强同行专家评审的公信力。要在水平评价中全面推行评价结果公示制度，增加评审工作的透明度。

（四）实现与事业单位岗位聘用制度的有效衔接

1. 中小学教师职称评审是中小学教师岗位聘用的重要依据和关键环节，岗位聘用是职称评审结果的主要体现。中小学教师岗位出现空缺，教师可以跨校评聘。公办中小学教师的聘用和待遇，按照事业单位岗位管理制度和收入分配制度管理和规范。

2. 中小学教师职称评审，在核定的岗位结构比例内进行。中小学教师竞聘上一职称等级的岗位，由学校在岗位结构比例内按照一定比例差额推荐符合条件的教师参加职称评审，并按照有关规定将通过职称评审的教师聘用到相应教师岗位。人力资源社会保障部门、教育行政部门应及时兑现受聘教师的工资待遇，防止在有评审通过人选的情况下出现“有岗不聘”的现象。

3. 坚持中小学教师岗位聘用制度。按照深化事业单位人事制度改革以及中小学人事制度改革的要求，全面实行中小学教师聘用制度和岗位管理制度，发挥学校在用人上的主体作用，实现中小学教师职务聘任和岗位聘用的统一。要建立健全考核制度，加强聘后管理，在岗位聘用中实现人员能上能下。

4. 中小学教师职称评审和岗位聘用工作，要健全完善评聘监督机制，充分发挥有关纪检监察部门和广大教师的监督作用，确保评聘程序公正规范，评聘过程公开透明。评聘工作按照个人申报、考核推荐、专家评审、学校聘用的基本程序进行。

个人申报。中小学教师竞聘相应岗位，要按照不低于国家和当地制定的评价标准条件，按规定程序向聘用学校提出申报。

考核推荐。学校对参加竞聘的教师，要结合其任现职以来各学年度的考核情况，通过多种方式进行全面考核。根据考核结果，经集体研究，由学校在核定的教师岗位结构比例内按照一定比例差额推荐拟聘人选参加评审。

专家评审。由同行专家组成的评委会，按照评价标准和办法，对学校推荐的拟聘人选进行专业技术水平评价。评审结果经公示后，由人力资源社会保障部门审核确认。

学校聘用。中小学根据聘用制度的有关规定，将通过评审的教师聘用到相应岗位。

5. 对改革前已经取得中小学教师专业技术职务任职资格但未被聘用到相应岗位的人员，原有资格依然有效，聘用到相应岗位时不再需要经过评委会评审。各地区要结合实际制定具体办法，对这部分人员择优聘用时给予适当倾斜。

6. 在乡村学校任教（含城镇学校教师交流、支教）3年以上、经考核表现突出并符合具体评价标准条件的教师，同等条件下优先评聘。

7. 中小学教师高级、中级、初级岗位之间的结构比例，以及高级、中级、初级岗位内部各等级的结构比例，根据新的中小学教师职称等级体系，按照国家关于中小学岗位设置管理的有关规定执行。其中，正高级教师数量国家实行总量控制。

三、改革的组织实施

深化中小学教师职称制度改革政策性强，涉及面广，涉及人数多，社会影响大，改革本身涉及制度统一、人员过渡、标准制定和评审等诸多环节，工作十分复杂，各地情况又差别很大，必须按照国家的统一要求和部署开展工作。人力资源社会保障部、教育部联合成立改革领导小组，统一领导改革工作。领导小组下设办公室，具体负责改革的组织实施、政策指导和监督检查等工作。

（一）提高认识，加强领导。各省要充分认识改革的重大意义，将深化中小学教师职称制度改革作为当前加强中小学教师队伍建设的首要任务，予以高度重视，切实加强领导。要成立省政府领导牵头的改革工作领导小组，建立有效的工作机制，切实加强对改革的组织领导。各级人力资源社会保障部门和教育部门要按照现有职能分工，密切配合，做好相关工作。

（二）结合实际，周密部署。各省要根据本意见精神，紧密结合本地实际，抓紧制定本地区改革具体实施方案和配套办法，报经人力资源社会保障部、教育部批准后组织实施。在推进改革的过程中，各地要开展全面深入的调研，充分掌握本地区中小学情况和教师队伍状况，全方位考虑工作中可能遇到的各种情况和问题，细化工作措施，完善工作预案，深入细致地做好政策解释、舆论宣传和思想政治工作，引导广大教师积极支持和参与改革，确保改革顺利推进。

（三）平稳过渡，稳慎实施。要充分认识改革的复杂性，妥善做好新老人员过渡和新旧政策衔接工作，确保改革顺利有序推进。现有在岗中小学教师，由各级人力资源社会保障部门、教育部门按照原中小学教师专业技术职务与统一后的职称（职务）对应关系，以及现聘任的职务等级，直接过渡到统一后的职称（职务）体系，并统一办理过渡手续。在平稳过渡的基础上，各级别新的职称（职务）评聘工作，严格按照本意见规定的原则要求、标准条件、评价办法、评聘程序等进行。

中小学教师职称（职务）评聘工作分级组织实施。高级教师及以下职称（职务）等级教师的评聘工作，由各省按照本意见制定本地区的实施办法和相关配套政策，并组织实施。正高级教师由人力资源社会保障部、教育部核定数量，各省具体组织评审，评审结果报两部备案。

各省要及时总结经验，发现、研究和解决改革出现的新情况、新问题，妥善处理改革、发展和稳定的关系。遇到重要情况及时向两部报告。各省改革进展情况请及时报送两部改革领导小组办公室。

本意见适用于普通中小学、职业中学、幼儿园、特殊教育学校、工读学校及省、市、县教研室和校外教育机构。

民办中小学校教师可参照本意见参加职称评审。

附件：中小学教师水平评价基本标准条件（略）

其他教育法规名录

✧ 北京市中长期教育改革和发展规划纲要（2010－2020年）

✧ 北京市教育委员会关于印发《北京市乡村教师素质提升计划》的通知　京教人〔2016〕13号

✧ 教育部　人力资源社会保障部关于做好乡村学校从教30年教师荣誉证书颁发工作的通知　　教师函〔2016〕4号

✧ 北京市人民政府办公厅关于转发市教委等四部门制订的《进城务工人员随迁子女接受义务教育后在京参加升学考试工作方案》的通知　　京政办发〔2012〕62号

✧ 北京市人民政府关于印发《北京市学前教育三年行动计划（2011－2013年）》的通知　　京政发〔2011〕26号

✧ 北京市人民政府办公厅关于印发北京市中小学融合教育行动计划的通知　京政办函〔2013〕24号

关于印发《北京市科普基地管理办法》的通知

京科发〔2014〕189号

各有关单位：

为加强北京市科普基础设施建设，动员社会力量参与科普，推动科普事业发展，根据《中华人民共和国科学技术普及法》《全民科学素质行动计划纲要（2006－2010－2020）》和《北京市科学技术普及条例》，北京市科学技术委员会、北京市科学技术协会制定了《北京市科普基地管理办法》，原《北京市科普基地命名暂行办法》废止，现印发给你们，请遵照执行。

北京市科学技术委员会

北京市科学技术协会

2014年4月8日

北京市科普基地管理办法

第一章　总　则

第一条　为加强本市科普基础设施建设，动员社会力量参与科普，推动科普事业发展，根据《中华人民共和国科学技术普及法》《全民科学素质行动计划纲要（2006－2010－2020）》和《北京市科学技术普及条例》，制定本办法。

第二条　本办法适用于北京市科普基地（以下简称“市科普基地”）的申报、推荐、评审、命名、服务与管理。

第三条　科普基地是开展社会性、群众性、经常性科普活动的有效平台，是普及科学技术知识、倡导科学方法、传播科学思想、弘扬科学精神的重要载体，是向公众提供科普产品与服务的组织与机构。

市科普基地分为科普教育、科普培训、科普传媒和科普研发四类基地。

第四条　市科普基地由北京市科学技术委员会（以下简称“市科委”）、北京市科学技术协会（以下简称“市科协”）共同命名。

第五条　市科普基地采取“统一命名、分类指导、社会监督、定期考评、动态调整”的运行和培育机制。

第二章　条　件

第六条　在本市行政区域内登记或注册的法人单位均可申报市科普基地。

第七条　科普教育基地是指为社会组织或公众提供学习科学技术知识、开展科普活动的机构。科普教育基地应具备以下条件：

1. 将科普工作纳入本单位的工作议事日程，有专门从事科普活动的部门，有明确的科普工作目标和任务，特色突出；

2. 具备一定规模的专门用于科学技术教育、传播与普及的固定场所；

3. 拥有主题内容明确、形式多样的科普展教资源，有针对不同人群、主题鲜明的科普活动方案；

4. 开展科普活动时有不少于2名的科普工作者；

5. 有开展经常性科普活动所需的经费；

6. 科技馆、博物馆等具备常年开放条件的机构，每年向公众开放的天数不少于250天；其他具备向公众开放的科研机构、高等学校、观测台（站）、科技型企业等机构，每年向公众开放的天数不少于30天。以上机构应向社会公布开放的具体时间及活动内容。

第八条　科普培训基地是指专门针对科普工作者开展科普培训的机构，是提升科普工作者科学素质和科普能力的载体。科普培训基地应具备以下条件：

1. 依法依规批准的教育或培训机构；

2. 有专门从事科普培训的部门，并有不少于5名开展科普工作者培训的教师；

3. 具有持续开发基于自身优势的科普工作者培训教材和课程资源的能力；

4. 从事过科普工作者培训，并取得一定成效；

5. 有针对科普工作者培训的教学大纲、教材及课程计划；

6. 将科普工作者培训纳入本单位教学与培训日程。

第九条　科普传媒基地是指以电子媒介、印刷媒介等为载体，专门进行科普宣传的机构，是公众获取科学技术知识和信息的主渠道。科普传媒基地应具备以下条件：

1. 具有主管部门批准的传媒资质；

2. 有专门从事科普内容策划、制作、编辑等职能的部门，有不少于5名的专职人员；

3. 有固定的栏目或版面从事科普宣传；

4. 将科普传媒工作纳入本单位工作日程，科普传媒工作应不少于本单位业务工作的30%。

第十条　科普研发基地是指专门从事用于科普活动的设备、作品、教具等科普产品研究开发的机构。科普研发基地应具备以下条件：

1. 有明确的科普产品研究开发方向和年度研究开发计划，有固定的场所、仪器设备及其他必需的研发条件；

2. 研究开发人员不少于8名，其中具有本科以上学历的比例应不低于60%；

3. 每年投入的科普产品研究开发经费应不低于本单位研发费用的20%；

4. 有相应的研发产品投入科普活动。

第三章　推荐与申报

第十一条　各区县科委、科协负责辖区内市科普基地推荐申报。

第十二条　对部分科普活动业绩突出，社会影响力大，且符合上述第六条、第七条、第八条、第九条、第十条的申报单位，市科普工作联席会议成员单位可直接推荐其申报市科普基地。

第十三条　申报单位应提供以下材料，并保证材料的真实性和准确性：

1. 市科普基地申报书；

2. 单位法人证书或营业执照及相关资质证明的材料；

3. 场地和仪器设备等有关证明的材料；

4. 科普工作管理制度、科普工作年度计划和总结；

5. 开展各类科普活动或从事科普工作原始档案等相关证明材料；

6. 申报单位认为需要提交的其他材料。

第四章 评审与命名

第十四条 市科委、市科协组织专家对申报单位进行评审，评审结果进行社会公示，公示期为七个工作日。

第十五条 经评审合格、社会公示无异议的申报单位，命名为“北京市科普基地”，有效期3年。

第五章 支持与服务

第十六条 市科委、市科协创造有利条件，支持开展科普活动、提升科普能力和科技资源科普化等工作。

第十七条 市科委、市科协对市科普基地申报的科普项目择优支持，同时择优向国家有关部门推荐申报国家级科普基地。

第十八条 市科普基地的上级单位，应当加大投入，为市科普基地开展科普工作提供有力的支撑和保障。

第十九条 市科普基地的推荐单位，应对市科普基地日常活动和相关工作提供业务指导。

第二十条 市科普基地应将其科普资源、服务内容等信息主动面向社会公开，履行向社会公众开放、服务的功能，接受社会监督。

第二十一条 市科委、市科协对市科普基地建立信用考核评价机制，命名到期后经考核合格的，可依据申请继续命名为市科普基地。

第二十二条 市科普基地有下列情况之一的，市科委、市科协取消市科普基地命名：

1. 未履行向公众服务、开放功能的；

2. 有损害公众利益的行为，拒不整改的；

3. 经考核不符合市科普基地命名条件的；

4. 有违法行为的。

第六章　附　则

第二十三条　本办法自2014年5月8日起实施，《北京市科普基地命名暂行办法》（京科社发〔2007〕501号）同时废止。

关于建设国家现代农业科技城开展科技支撑与成果惠民工程的意见

京科发〔2011〕265号

各有关单位：

为推动北京世界城市建设，加快城乡统筹发展，落实“人文北京、科技北京、绿色北京”发展战略，深入实施“科技北京”行动计划，充分发挥国家现代农业科技城科技创新优势和现代服务业引领优势，整合资源，创新机制，将科技创新成果服务于首都现代农业发展和民生改善，在“十二五”期间，开展国家现代农业科技城科技支撑与成果惠民工程。

一、指导思想

全面贯彻落实党的十七届五中全会和北京市委十届八次全会精神，紧密围绕首都经济社会发展的重点，以科学发展为主题，以创新驱动和转变经济发展方式为主线，着力加强农业高端产业培育，着力打造现代农业产业链，着力推动产业融合发展和民生改善，促进首都和谐发展和北京世界城市建设。

二、基本原则

（一）坚持科技创新与成果惠民的原则

切实加强现代农业和民生改善技术的研发、集成示范，通过科技创新成果的转化和应用，逐步提高人民生活水平。

（二）坚持现代服务引领与产业融合发展的原则

集成金融、信息、技术、物流等现代服务要素，促进产业融合发展、农业增效和农民增收致富。

（三）坚持企业创新主体与产业联盟发展的原则

以企业为创新及工程实施主体，通过产业联盟形式实现资源共享，促进产学研用结合，服务首都民生改善。

三、重点工作

（一）科技支撑籽种产业发展工程

以打造首都"种业之都"为目标，着力推进《北京种业发展规划（2010－2015）》，加强农业源头创新，做大做强北京市籽种产业，着力建设种业科技创新体系，推动种质资源共享和工程化育种，培育以生物种业为代表的战略性新兴产业，将北京建设成为中国种业科技创新中心，并将优秀种业研发成果推广应用到广大农村，切实提高农民收入。

建设首都现代农业育种服务平台，围绕种业自主创新与高端产业培育，促进良种创新与育种技术共享。深化与中国农科院签订的首都农业高端发展"5+1"战略合作协议，开展农作物种质资源共享与服务。着力开展单倍体育种、转基因育种、航天育种等市场应用的开发研究，形成一批具有自主知识产权的种质资源和育种材料。重点在作物、畜禽等育种领域加强科技支撑，促进产业发展，继续保持在全国的领先水平。加强种业交易服务平台建设，开展种子交易、品种权交易、种业品牌交易等实物和知识产权的交易，推动创新成果在北京的转化应用。

到"十二五"末，获取具有自主知识产权和重要应用价值的功能基因5个左右，选育推出多抗、高产、优质系列作物新品种50个以上，培育符合市场需求的畜禽良种专门化配套品系3个，推出具有自主知识产权的林果新品种10个。大力发展单倍体转基因、分子辅助等高新育种技术，实现传统育种向精确育种的转变。大幅度提升我国种业企业自主创新能力和市场竞争力，京郊主导产业中的作物良种单位面积产值平均比普通作物提高10%～30%，种畜、种禽产值提高1倍，水产养殖业单位面积产值提高2～3倍。带动种业生产从业农民年人均增收3 000～4 000元。

（二）科技支撑“菜篮子”建设工程

深入贯彻落实《北京市人民政府关于统筹推进本市“菜篮子”系统工程建设，保障市场供应和价格基本稳定的意见》，强化科技支撑，丰富首都“菜篮子”品种，建设高科技、现代化、高效益的“菜篮子”生产供应体系，提高首都农产品供给能力和生产效率。

加大设施蔬菜新品种的研发、示范与推广力度，重点建设一批设施农业品种改良中心、良种繁育基地和现代化蔬菜育苗工厂。集成设施蔬菜高效栽培技术，建设安全、高产、高效、优质的设施蔬菜科技示范基地，推广蔬菜科学轮作模式，提高设施蔬菜的整体效益，带动农民增收。着力开发应用一批畜禽养殖新品种及规模化养殖技术装备，推进畜禽高效安全生产技术集成，促进养殖场整体效益提升。开展“菜篮子”质量安全控制技术研究与集成，提升“菜篮子”产品质量安全水平。

到“十二五”末，开发推广安全、高产、高效、优质的蔬菜综合生产新技术10套以上，建设现代化蔬菜育苗示范工厂5座，主要蔬菜品种更新1～2次，设施蔬菜单产提高10%～20%。推广畜禽、水产健康养殖技术5～8套，提高蔬菜、猪肉、禽肉、鸡蛋、鲜牛奶的自给率。“菜篮子”产品全面达到无公害标准，绿色食品、有机农产品的生产量比2009年翻一番。

（三）科技支撑农产品物流提升工程

依靠现代物流科技与服务创新，优化农产品供应链，打造首都农产品现代物流平台，减少中间流通环节，降低流通成本，实现农产品从生产到终端消费的高效流通，让市民得实惠，农民得效益。

加快冷链物流、精益物流、应急物流、食品安全快速检测追溯等关键技术、设备的研发创新，并在大型农产品批发市场和物流企业进行集成示范应用与推广。建立农产品现代物流服务信息平台，利用物联网、互联网等信息化手段提高农产品批发市场、超市的物流管理水平和质量安全保障能力，提升“农超对接”效率，实现首都农产品物流供应的准确、快速、高效。培育一批专业化、社会化的农产品物流企业和农民合作组织。加强农产品物流技术的国际交流合作，建设国际化、现代化的农产品物流体系。

到“十二五”末，进一步构建冷链物流技术、贮藏保鲜技术、物联网信息技术等为科技支撑的现代物流体系。果蔬、肉类、水产品冷链流通率分别提高15%左右。建设5家现代化的大型物流配送科技示范企业，大幅度提升北京农产品物流的专业化、标准化、社会化程度。

（四）科技支撑循环农业发展工程

以降低农业生产的资源消耗水平为目标，在制约循环农业发展的关键技术上取得突破，建立农业循环生产模式、农民低碳生活模式和农村生态产业模式，建设绿色、低碳循环农业科技示范区，以点带面推进低碳循环农业经济发展，促进农业与农村发展“高效率、低耗能、低排放、高碳汇”。

推动生态循环农业技术创新与应用，开展农田培肥、耕地质量提升、高效节水、田园景观、土壤生态修复、有机废弃物资源化利用、生物质能利用、农业面源污染控制等关键技术研究与应用示范。大规模转化应用健康高效生产技术，示范推广安全、高产、优质、高效、生态友好的种植和养殖模式。引进、研究、示范农产品加工在节能、降耗、循环利用等方面的关键技术、设备和工艺。大力发展先进适用、节能环保、安全可靠的农业机械和生产技术。开展农民低碳生活模式技术研究与集成，促进农村生产、生活、生态可持续发展。

到“十二五”末，推广土壤改良培肥技术、节水灌溉技术、农业节能技术、生物质能利用技术、有机废弃物综合利用技术等循环农业系列技术30项左右，农业节水灌溉率稳定达到95%以上，农业废弃物资源化综合利用率达到90%，规模化养殖场畜禽粪便资源化利用率达到90%以上，农业碳汇功能和生态贡献价值显著提高。

四、保障措施

（一）部门联动，协调推进

市相关委办局协同推进，区县政府积极参与，统一目标，分工协作，形成合力，联合推动民生促进工程的实施。

（二）机制创新，社会参与

鼓励形成各类社会主体参与民生促进工程的多元投入机制，营造全社会积极参与和支持民生促进工程的良好氛围。

（三）统筹资源，科技支撑

统筹市有关部门和区县政府资源，针对民生需求，加大科技支撑力度，确保民生促进工程出实效。

北京市科学技术委员会　北京市农村工作委员会

北京市商务委员会　北京市园林绿化局

北京市农业局

2011年5月12日

关于调结构转方式发展高效节水农业的意见

京发〔2014〕16号

调结构，转方式，发展高效节水农业，是深化农村改革、创新体制机制的重大举措，是促进生态文明、建设国际一流和谐宜居之都的内在要求，是发展都市型现代农业、提升农业核心竞争力的重大机遇。为促进本市高效节水农业发展，现提出如下意见。

一、总体要求

（一）指导思想

深入贯彻落实党的十八大、十八届三中全会和习近平总书记系列重要讲话特别是考察北京工作时的重要讲话精神，坚持农业的基础地位，紧紧围绕北京都市型现代农业生产、生活、生态、示范四大功能，以节水富民、提质增效为目标，正确处理好政府与市场、城市与农村、结构调整与农民增收的关系，创新体制机制，加快推进农业节水，调整农业结构，转变农业发展方式，着力构建与首都功能定位相一致、与二三产业发展相融合、与京津冀协同发展相衔接的农业产业结构，为建设国际一流的和谐宜居之都提供有力支撑和坚实保障。

（二）工作原则

— 坚持量水发展。按照以水定城、以水定地、以水定人、以水定产的方针，大力推进农业种植结构调整，全面推广高标准节水技术，严格依法治水，实行取水许可，提高用水效率，为首都水安全作出应有贡献。

— 坚持生态优先。在农业发展中更加重视农业的生态功能，大力发展休闲观光农业；更加重视农业减排循环技术应用，大力发展生态友好型现代农业；更加重视造林绿化，逐步形成山水林田湖自然景观和城乡环境相互融合、相得益彰的生态格局。

— 坚持提质增效。围绕首都城市功能定位，合理有序统筹推进农业结构调整。压减高耗水的作物生产，调减达不到健康养殖标准的畜禽养殖，稳定蔬菜、渔业和林果生产，大力发展籽种农业。

— 坚持农民增收。充分考虑产业调整疏解对农民收入的影响，坚持分业施策、综合施策，统筹研究制定转移就业、替代产业、扶持创业等多方面政策举措，确保农民就业增收。

（三）主要目标

按照京津冀协同、农林水结合、城乡互动、种养业协调的思路，通过调整农业结构，转变农业发展方式，全面提升都市型现代农业的应急保障、生态休闲和科技示范水平。至2020年，实现以下目标：

1. 全面提升农业节水水平。农业用新水从2013年的7亿立方米左右下降到5亿立方米左右，农田灌溉水有效利用系数进一步提高，达到国际先进水平。

2. 全面提升“菜篮子”保障水平。按照规模化发展、园区化建设、标准化生产的要求，稳定“菜篮子”自给率；深化区域合作，建立紧密型的“菜篮子”生产外埠基地，提高“菜篮子”产品控制率；强化质量安全，提高“菜篮子”产品合格率。加强农产品市场体系建设，切实提高首都鲜活农产品日常供应能力、应急保障能力、市场竞争能力。

3. 全面提升现代种业发展水平。重点围绕农作物、畜禽、水产、林果四大种业，发挥首都科技和人才优势，打造全国种业创新中心、交流交易中心和企业聚集中心，加快提升“种业之都”建设，发挥引领辐射作用。

4. 全面提升生态建设水平。推动循环农业发展，积极开展农业面源污染和畜禽养殖污染防治，逐步降低化肥、农药使用量，不断提高农业减源增汇水平。因地制宜，大力发展观光休闲农业，为市民提供更多的休闲游憩场所。创新造林和管护机制，积极发展生态林、经济林、苗圃花卉与林下经济。平原地区森林覆盖率由目前的24.5%提高到30%以上。

二、重点任务

（一）调整农业结构

按照“调粮、保菜、做精畜牧水产业”的要求，大力调整农业结构。将地下水严重超采区和重要水源保护区确定为重点控制区域，在该区域内逐步有序退出小麦等高耗水作物种植，采用宜林则林、宜草则草、宜果则果、宜休耕则休耕的方式恢复水源涵养功能；暂时不能退出的，发展旱作农业或种植生态作物；不再新增加菜田，已有菜田在采取严格节水措施的前提下予以保留；规模畜禽养殖场实现节水、循环、健康养殖，未达到规模生产的散户养殖有序退出。

经过调整，全市农业结构为：

第一，高耗水作物退出以后，重点发展籽种田30万亩，旱作农业田30万亩，生态景观田20万亩。

第二，菜田占地由2013年的59万亩增加到70万亩左右。

第三，观光采摘果园占地稳定在100万亩左右，升级改造其中50万亩低效果园。

第四，畜牧水产业控制新增规模，疏解现有总量，提高养殖水平。生猪年出栏量调减1/3，稳定在200万头左右；肉禽年出栏量调减1/4，稳定在6 000万只左右；奶牛存栏量稳定在14万头左右，蛋鸡存栏量稳定在1 700万只左右；水产养殖面积稳定在5万亩左右，推广工厂化、温室循环、标准化的节水池塘养殖和生态养殖。

（二）推进农业节水

按照“地下水管起来、雨洪水蓄起来、再生水用起来”的原则，全面推进设施节水、农艺节水、机制节水、科技节水，提高农业用水效率。

1. 加强农业高效节水灌溉设施建设。大田采用喷灌，设施作物、果树采用滴灌、微喷及小管出流等高效节水设施，实现农业高效节水灌溉设施全覆盖。

2. 全面推广农艺节水技术。推广菜田高效精量节水、旱作农业节水、大田作物节水、水肥一体化等技术。

3. 加强农业用水管理。强化灌溉用水标准管理，针对不同作物、不同耕作方式，制定节水的精细化标准，明确设施作物年用水量控制在500立方米/亩左右，大田年用水量控制在200立方米/亩左右，果树年用水量控制在100立方米/亩左右。强化灌溉用水收费管理，推进农业综合水价改革。

4. 林地、绿地、农村生态环境用水以雨洪水、再生水为主。林木品种选择标准要充分考虑林地成林后年蒸腾蒸发量，与本地降水量相适宜。

（三）发展现代林业

在全面落实城市规划确定的"两环、三带、九楔、多廊"绿化格局的基础上，按照以解决历史遗留问题为主、以创新造林和管护机制为主的原则，积极有序推进平原造林，同时要重视城市公园与绿地建设。主要任务包括6个方面，预计增加森林资源38万亩以上。

第一，中心城、新城通过拆违和挖潜，建设小微型绿地300处，面积3 000亩。

第二，加大第一道、第二道绿化隔离地区拆迁腾退绿化建设力度，增加绿化面积15万亩。

第三，利用废弃坑塘藕地、撂荒地、荒滩荒地、砂石坑等，实施绿化10万亩。

第四，通过边角地利用、农村沟路河渠村周边挖潜，实现绿化3万亩。

第五，建设规模化苗圃10万亩以上。

第六，积极创新投入与管护机制，合理利用农业结构调整空间进一步增加平原造林面积。

三、保障措施

（一）规划先行

加快制定农业空间布局规划、地下水严重超采区和重点水源保护区农业结构调整实施方案、农业节水规划、造林绿化规划，进一步明确目标、任务、措施、责任与年度计划，确保各项任务得到全面落实。

（二）创新机制

深化农村改革，紧紧围绕"新三起来"（即土地流转起来、资产经营起来、农民组织起来），加快推进农业发展方式转变。

1. 转变农业生产方式。塑造首都安全农业品牌，推进集约化、区域化发展，全面提高土地产出率、劳动生产率与资源利用率；提升农业科技和精细化管理水平，促进都市型现代农业向低碳、循环、可持续方向转变。

2. 转变农业经营方式。发挥市场的主导作用，积极培育家庭经营、集体经营、合作经营、企业经营等新型农业经营方式，加快向农业输入现代生产要素。

3. 创新农民组织方式。尊重农民的主体地位，鼓励和支持承包土地经营权、林地使用权通过公开市场，向新型经营主体流转，支持农民通过专业合作、股份合作等多种形式参与经营管理，切实有效提高农民的组织化程度。

4.创新农业服务方式。加强产前、产中、产后全过程、全链条的对接服务，推行合作式、订单式、托管式等服务模式，全面提升农业社会化、公益性服务水平。

（三）科技支撑

充分发挥科技对现代农业的支撑作用，发挥首都科技、人才与资源优势，加快都市型现代农业建设步伐。

1. 发挥科技的引领作用。加快农业高技术自主创新，发展高端、高效、安全农业等前沿技术，带动现代种业、食品安全与物联网等产业发展。

2. 发挥科技的支撑作用。加强农业、林业、节水等重大关键技术研究与成果转化，大幅度提高机械化、精确化、标准化、信息化水平，为现代农业奠定更加坚固的技术支撑。

3. 发挥科技创新的保障作用。大力发展农业低碳经济和农业循环经济，实现农业经济增长的循环化与低碳化，确保农业资源安全、能源安全与生态安全。

4. 发挥科技创新的带动作用。促进科技经济紧密结合，依靠农业科技带动区域农业与农村经济，鼓励扶持农产品物流、连锁经营、直销配送、电子商务等现代流通方式发展，加快实现农产品交易方式的多元化和现代化，加快城乡统筹发展。

（四）政策保障

1. 关于农业政策。将粮田用地上图入库，建立补偿制度试点。扩大种业发展资金规模。开展农艺节水、水肥一体等技术研发、示范与推广。支持新型有机肥和高效低残留农药使用；支持规模养殖场粪污治理，鼓励扶持通过兼并、重组、合作等形式推进规模化养殖。实行基本菜田最低保有量制度和种植补贴制度，加大外埠蔬菜基地和规模化畜禽养殖场的补贴力度。加强农产品安全监管，建立健全农产品质量检测检验体系。加大冬季裸露农田治理，研究休耕与冬季生态作物种植补贴政策。研究制定促进家庭农场发展的融资、保险、科技、农机、补贴等政策，同时按照存量不变、增量调整原则，逐步调整完善粮食直补政策，逐渐向家庭农场、适度规模种植倾斜。

2. 关于林业政策。在充分利用国家和本市现有造林绿化政策的基础上，积极探索动员社会力量参与造林的投入机制，形成政府、社会、企业、家庭共同参与的局面。在不适宜社会资金投入的区域和“两环、三带、九楔、多廊”平原造林规划格局内的生态公益林建设，继续实行平原造林政策；研究推广大兴区西红门镇、海淀区东升乡等乡镇统筹利用集体建设用地的经验做法，推进第一道、第二道绿化隔离地区拆迁腾退还绿。研究农村沟路河渠村周边零散地绿化补助政策，鼓励农村植树造林。参照第一道绿化隔离地区的政策，吸引鼓励企业参与平原造林建设和养护。统筹平原地区新增林和第一道、第二道绿化隔离地区及五河十路等原有林的养护管理标准，逐步实现同地同树同政策。建立平原地区新增森林资源养护管理机制，组建以当地农民为主体的专业养护队伍。研究制定新增经济林扶持政策；探索制定果园改造扶持政策。

3. 关于节水政策。健全最严格的用水及节水管理制度，通过发放取水许可证，严格农村机井取水总量和用途管理，推进地下水的涵养与保护。加大政府基本建设项目对田间、林地节水灌溉和集雨工程支持力度，建立灌溉管材及设备质量控制机制，确保持续良性运行，发挥工程效益。建立农业节水奖励机制、农业节水灌溉技术服务支持机制、灌溉水利用系数监测考核机制。区县政府负责建立灌溉用水计量收费与设施运行管护机制。

4. 关于就业政策。按照“职业农民培养一批、二三产业转移一批、公益岗位吸纳一批”的原则，切实做好农民就业创业促进工作。加强新型职业农民培养支持力度，鼓励有一定生产条件的农民发展家庭农场、家庭林场与林下经济，鼓励和引导农业企业吸纳本地农民从事一产工作，签订用工合同，保障工资收入，参加社会保险。对有转移就业意愿的农民，加强非农职业技能培训和创业培训，通过鼓励用人单位招用、个人自谋职业或自主创业帮助其实现非农就业。大力发展农村社会公共管理服务、生态建设等公益性项目，逐步在农村推广建立社会公益性就业组织，开发公益性就业岗位，对年龄偏大、劳动能力偏弱、生活困难以及“零就业家庭”等农村就业困难人员优先给予托底安置。

各区县、各部门要按照本意见的要求，结合实际，切实加强组织领导，采取相关配套措施，加大资金投入力度，全力推进高效节水农业发展。要加强统筹，形成区县间、部门间和京津冀区域间的协同联动，确保各项任务落到实处。要加强工作的追踪监测和监督检查，及时分析、汇总、反映和处理各类情况，保证工作取得成效。要充分运用市场手段，发挥经济调节、价格杠杆的作用，调动和吸纳社会力量广泛参与。要加强宣传，牢固树立节水意识，积极营造社会认同、农民参与、企业支持的良好氛围。

附件：主要任务与责任分工

一、调整农业结构，全面提升都市型现代农业发展水平

（一）编制粮田、菜田、果园农业生产空间布局，落实到乡镇一级

主责单位：市农委、市农业局、市园林绿化局。

协办单位：市财政局、市发展改革委、市国土局、市规划委、市农林科学院。

实施主体：各相关区县政府。

（二）制定地下水严重超采区及重点水源保护区农业结构调整方案

制定“菜篮子”工程建设方案，建立基本菜田种植补贴制度，积极推进规模化养殖，在本市周边建立规模化“菜篮子”外埠基地。建立健全农产品质量安全监测检验体系。改造提升50万亩低效果园，确保一定的自给率与控制率。

主责单位：市农委、市农业局、市园林绿化局。

协办单位：市水务局、市发展改革委、市财政局、市食品药品监管局、市国土局。

实施主体：各相关区县政府。

（三）研究种业发展政策，扩大种业发展资金规模

实施农作物、畜禽、水产、林果四大种子工程，发展种子种苗田40万亩以上，种业销售额大幅度增长。

主责单位：市农委、市农业局、市园林绿化局。

协办单位：市财政局、市发展改革委、市科委、市农林科学院。

实施主体：各相关区县政府。

（四）组织实施水肥一体化等农艺节水工程，实现农业高效节水

探索建立休耕与冬季生态作物种植补贴制度。研究制定家庭农场、合作组织等适度规模经营政策；逐步调整完善粮食直补政策。

主责单位：市农委、市农业局。

协办单位：市财政局、市发展改革委、市环保局。

实施主体：各相关区县政府。

（五）制定通州区农业结构调整实施方案，加大通州农业结构调整力度，建设和谐宜居的首都城市副中心

主责单位：通州区政府。

协办单位：市农委、市财政局、市发展改革委、市园林绿化局、市国土局、市水务局、市农业局、市农研中心、市农林科学院。

二、大力发展节水农业，提高农业用水效率

（一）加强农业高效节水灌溉设施建设

编制全市农业高效节水灌溉规划，大田采用喷灌，设施作物、果树采用滴灌、微喷及小管出流等高效节水设施，实现农业高效节水灌溉设施全覆盖。

主责单位：市水务局。

协办单位：市发展改革委、市财政局、市农委、市农业局、市园林绿化局、市科委、市农林科学院。

实施主体：各相关区县政府。

（二）强化灌溉用水标准管理

针对不同作物、不同耕作方式，制定灌溉用水指标，健全最严格的用水及节水管理制度。严格农村机井取水总量和用途管理，推进地下水的涵养与保护。

主责单位：市水务局。

协办单位：市发展改革委、市财政局、市农委、市农业局、市园林绿化局。

实施主体：各相关区县政府。

（三）加大田间节水灌溉工程建设力度，建立灌溉管材及设备质量控制机制，建立农业节水奖励机制、农业节水灌溉技术服务支持机制、灌溉水利用系数监测考核机制

主责单位：市水务局。

协办单位：市发展改革委、市财政局。

实施主体：各相关区县政府。

（四）探索建立灌溉用水计量收费与设施运行管护机制

主责单位：各相关区县政府。

协办单位：市水务局、市发展改革委、市财政局、市农委、市农业局、市园林绿化局。

三、增加绿化面积，提升城市生态环境水平

（一）制定全市绿化造林规划，具体落实38万亩造林绿化的面积与区域，全面落实城市规划确定的“两环、三带、九楔、多廊”绿化格局，按照以解决历史遗留问题为主、以创新造林和管护机制为主的原则，积极有序推进平原造林

主责单位：市园林绿化局。

协办单位：市发展改革委、市城乡结合部建设领导小组办公室、市规划委、市财政局、市农委、市国土局、市水务局、市农业局。

实施主体：各相关区县政府。

（二）利用废弃坑塘藕地、撂荒地、荒滩荒地、砂石坑实施绿化；利用边角地、农村沟路河渠村周边挖潜实现绿化；落实中心城、新城通过拆违和挖潜，建设小微型绿地。在现有造林绿化政策的基础上，积极探索动员社会力量参与造林的投入机制，积极研究制定不同区域绿化政策与管护机制

主责单位：市园林绿化局。

协办单位：市发展改革委、市财政局、市农委、市水务局、市国土局、市城乡结合部建设领导小组办公室。

实施主体：各相关区县政府。

（三）参照第一道绿化隔离地区的政策，吸引鼓励企业参与平原造林建设和养护

主责单位：市发展改革委、市财政局、市园林绿化局、市国土局、市规划委。

协办单位：市农委。

实施主体：各相关区县政府。

（四）加大第一道、第二道绿化隔离地区拆迁腾退绿化建设力度，增加绿化面积15万亩

主责单位：市城乡结合部建设领导小组办公室、市园林绿化局。

协办单位：市发展改革委、市财政局、市农委、市国土局、市规划委。

实施主体：各相关区县政府。

（五）统筹平原地区新增林和第一道、第二道绿化隔离地区及五河十路等原有林的养护管理标准，研究制定具体政策，逐步实现同地同树同政策。研究制定新增经济林扶持政策；探索制定果园改造扶持政策

主责单位：市园林绿化局。

协办单位：市发展改革委、市财政局、市农委。

实施主体：各相关区县政府。

四、充分发挥科技对现代农业的支撑作用，加快首都都市型现代农业建设步伐

发挥首都科技、人才与资源优势，加快农业高技术自主创新，支持推进高端、高效、安全农业等前沿技术发展，加强农业、林业、节水等重大关键技术研究与成果转化，发挥科技创新的保障与带动作用，依靠农业科技带动区域农业与农村经济发展。

主责单位：市科委、市农委、市水务局、市园林绿化局、市农业局。

协办单位：市财政局、市农林科学院。

实施主体：各相关区县政府。

五、采取多种形式促进农民就业，确保农民收入

制定农业结构调整农民就业方案，研究具体就业政策，通过培训、转移、公益岗位就业以及社会保障等措施积极保证农民就业。

主责单位：市人力社保局、市农委。

协办单位：市财政局、市农业局。

实施主体：各相关区县政府。

六、加强宣传，牢固树立节水意识

积极营造社会认同、农民参与、企业支持的良好氛围，调动和吸纳社会力量广泛参与。

主责单位：市委宣传部、市水务局。

协办单位：市农委、市园林绿化局。

实施主体：各相关区县。

中共北京市委　北京市人民政府

2014年9月4日

北京市人民政府关于进一步加强农业科技工作的意见

京政发〔2012〕39号

各区、县人民政府，市政府各委、办、局，各市属机构：

中共中央、国务院《关于加快推进农业科技创新持续增强农产品供给保障能力的若干意见》（中发〔2012〕1号）指出，实现农业持续稳定发展、长期确保农产品有效供给，根本出路在科技。要把农业科技摆上更加突出的位置，推动农业科技跨越发展，为农业增产、农民增收、农村繁荣注入强劲动力。为深入贯彻落实中央决策部署，进一步加强全市农业科技工作，强化创新驱动，完善创新体系，加快成果转化，充实人才队伍，提升都市型现代农业发展的内生动力，适应中国特色世界城市建设要求，现就有关工作提出如下意见。

一、明确农业科技创新方向与重点

（一）突出高端高效引领

围绕建设与中国特色世界城市要求相适应的都市型现代农业，进一步加大农业生物技术、信息技术和环境友好技术等高新技术领域的研发力度。发挥首都科技资源优势，开展协同创新，打造全国农业科技创新源和辐射源。到“十二五”末，本市农业科技进步贡献率达到72%以上。

（二）突破资源环境约束

加强低碳循环农业、资源高效利用、生态环境修复、土壤肥力提升、疫病综合防控、农机农艺结合、良种良法配套等技术的创新研究与推广应用，破解首都水土资源和生态环境束缚，推动农业生产与生态环境保护协调发展，显著提高土地产出率、劳动生产率和资源利用率。

（三）促进产业优化升级

按照生产、加工、流通等环节需求部署农业基础研究和技术研发，着力突破与产业紧密结合的关键共性技术，健全完善农业标准化体系和产品质量安全追溯体系，强化科技对设施农业、“菜篮子”、沟域经济等重点工程的支撑作用，促进优势主导产业优化升级，提升首都农业应急保障能力、产品质量安全保障水平和品牌影响力。向休闲农业、会展农业等多种业态导入科技元素，提高首都农业的融合性和创意性。

（四）深化国际交流合作

加强农业交流合作，引进消化吸收优良种质、先进技术、现代装备和发展理念，丰富首都农业科技资源。重点推进都市型现代农业海外人才创业园建设，积极吸引海外高端农业人才和团队来京创新创业。通过技术输出、人才培养、智力交流等方式，大力实施农业科技“走出去”战略。

二、深入推进北京国家现代农业科技城建设

（一）创新农业科技体制机制

建立以需求为导向的科研立项机制，开展跨部门、跨学科，多种形式、多个层面的协同创新。建立与产业发展紧密结合的技术成果转化机制，探索促进技术交易、成果托管的新途径。完善农业科研分类评价机制和科技项目管理制度，提高科技经费使用效率。鼓励支持涉农企业开展应用研究，尽快成为商业化育种、新型农业投入品、现代农业装备、农产品加工等领域的技术创新主体。加强农业知识产权创造、应用和保护。深化市属农业科研院所体制改革，为科研人员营造良好的政策环境和学术环境。

（二）搭建国家级农业科技创新平台

引导在京农业科技创新要素优化配置和高效集成，建立农业科技网络、金融、产业化促进、良种创制和种业交易、国际合作交流等五大中心。强化科技资源共建共享，提升农业科研基础条件水平，年均认定10个以上重点试验室和工程技术研究中心。建成一批专业性强、辐射面广，科技与服务紧密结合，具有现代农业高端业态特点的科技产业园区。积极组织市属企事业单位承担或参与国家级重大科技专项，积极吸引中央在京科研院所、高等学校、大型企业承

担的科研项目落户。

（三）实施“现代农业产业技术体系北京创新团队建设工程”

以农产品为单元、以产业为主线，突出创新团队在应用研究、成果转化和示范应用等方面的明显特点，将科技资源优势凝聚成产业发展优势。进一步完善北京创新团队管理运行体系，实现与国家现代农业产业技术体系有效对接。根据产业发展需求，逐步优化调整北京创新团队结构，强化能力建设。

（四）实施“重大农业科技成果惠民工程”和“先进农业科技成果助农工程”

着眼于高端、高效、安全、生态目标，瞄准生产发展中存在的关键共性技术问题，广泛整合在京农业科技创新资源，实施一批重大农业科技成果转化应用项目，每年重点扶持10项以上。充分发挥公益性农业技术推广机构的主导作用，引导科研教学和社会化服务组织广泛参与，示范推广一批优良品种和实用技术，每年重点实施30项以上。

三、加快现代种业科技创新

落实《北京市人民政府关于促进现代种业发展的意见》（京政发〔2012〕5号），加快推进“种业之都”建设。实施“良种培育工程”，依托举办2014年世界种子大会、北京种子大会和建设国际种业园区，建立与国际接轨的种业科技基础条件平台、作物分子设计育种系列技术平台和国际种子检验检测平台，建成全国种业分子标记中心、基因规模化挖掘中心、基因测序和种子检验检测中心。吸引国内外知名种业企业、科研机构入驻国际种业园区，促进国内外新品种培育、引进、展示和交易。支持科研院所与企业建立研发联合体，加快商业化育种体系建设步伐，培育企业自主创新和“育繁推一体化”能力。加强植物新品种权保护，提升本市现代种业的核心竞争力。到“十二五”末，商业化育种及种业科技创新服务能力显著增强，培育优良农作物新品种100个以上。

四、加强农业技术推广服务体系和能力建设

（一）完善农业技术推广服务体系

加快建设以公益性农业技术推广机构为主导，农业科研教学单位、社会化服务组织等广泛参与的“一主多元”的农业技术推广体系，健全市、区县、乡镇三级公益性农业技术推广机构。

（二）深化基层农业技术推广体系改革

明确乡镇农业技术推广、动植物疫病防控、农产品质量安全监管机构的公益性定位。实施“基层农业技术推广体系一衔接两覆盖工程”。按照分级负责的原则，根据种养规模和服务绩效，保障乡镇农业技术推广机构工作经费，落实基层农业技术人员工资倾斜和绩效工资政策，确保基层农业技术人员工资收入与基层事业单位平均工资水平相衔接。按照不低于国家补助标准的原则，市、区县政府落实配套资金，实现远郊区县基层农业技术推广体系改革与建设项目全覆盖、涉农乡镇农业技术推广机构条件建设项目全覆盖。根据区域产业特点，为乡镇农业技术推广机构配备必要的仪器装备，切实改善其工作条件，提高服务能力。

（三）探索农业技术推广服务新形式

实施“村级全科农技员队伍建设工程”，建立村级全科农业技术员公益性岗位制度。全面推进远郊区县村级全科农技员队伍建设，市、区县两级财政共同承担人员补贴、教育培训、队伍建设等经费。开展农业科技综合服务试验站建设试点，探索建立科研院所、高等学校农业技术推广服务新机制、新模式。组织相关单位在远郊区县建立区域农业科技综合服务试验站，开展相关科研协作攻关和农业技术推广服务。开展农业技术推广服务特岗计划试点，市相关部门要尽快制定鼓励政策，积极引导高等学校涉农专业毕业生投身乡镇农业公共服务工作。

五、着力培养农业科技人才和新型职业农民

（一）着力培养农业科技人才

实施“千名农业科技人才培养工程”，从在京农业科研院所、高等学校、涉农企业择优培养一批领军型农业科研人才，支持其深入开展自主创新研究、科技创业和国内外交流合作。分行业、分领域、分批次开展各级农业技术推广人员知识更新培训和学历教育，培训工作要向基层和一线倾斜，每年培训各级农业技术推广人员1 000人次以上。完善农业技术推广专业技术人员职称评审体系，评价标准向基层倾斜。实行推广教授、推广型研究员制度，逐步扩大实施范围和专业领域。力争到“十二五”末，重点培养100名现代农业科技领军人

才，新增一批农业技术推广高级人才，农业人才结构得到进一步优化。

（二）进一步加大新型职业农民培养力度

实施“百万农民科技素质提升工程”，充分发挥政府部门、科研教育机构和社会团体的作用，广泛开展农村实用人才培养、农民田间学校、骨干农民境内外研修、乡土专家培养、远程教育等各类培训，每年组织农民参加各类科技培训50万人次以上，促进农民充分就业。依法开展农业职业技能鉴定和农民技术职称评定，逐步完善参评激励制度。力争到“十二五”末，使农村实用人才总量达到5万名。

六、持续加大农业科技投入力度

充分发挥政府对农业科技投入的主导作用，逐步提高农业研发投入占农业增加值的比重，建立市、区县两级财政农业科技投入稳定增长的长效机制。本市各级政府要在财政预算内保障农业技术推广资金，保证财政农业科技投入增幅明显高于财政经常性收入增幅。进一步优化农业科技投入结构，以公共财政投入为导向，积极引导银行信贷、风险投资等社会资本广泛参与农业科技创新创业。

北京市人民政府

2012年11月29日

其他科技法规名录

✧ 北京市科学技术委员会 北京市财政局关于印发《北京市科技惠民计划管理办法（试行）》的通知　　京科发〔2013〕186号

✧ 北京市人民政府办公厅关于印发《北京市2013－2017年加快压减燃煤和清洁能源建设工作方案》的通知　　京政办发〔2013〕45号

✧ 北京市人民政府关于支持农业产业化龙头企业发展推进农业产业化经营的实施意见　　京政发〔2013〕20号

✧ 关于印发《“互联网+”现代农业三年行动实施方案》的通知　　农市发〔2016〕2号

✧ 国务院办公厅关于深入推行科技特派员制度的若干意见　　国办发〔2016〕32号

✧ 关于全面推进村级全科农技员队伍建设的意见　　京政农发〔2012〕32号

✧ 关于印发《2016年北京市农业农村信息化重点工作》的通知　　京政农发〔2016〕9号

✧ 北京市人民政府关于印发《北京技术创新行动计划（2014－2017年）》的通知　　京政发〔2014〕11号

✧ 北京市农村工作委员会关于印发《北京都市型现代农业（高效农业）示范乡镇创建工作管理办法（试行）》的通知　　京政农发〔2016〕7号

✧ 关于印发《北京市科学技术委员会关于建设京津冀协同创新共同体的工作方案（2015－2017年）》的通知　　京科发〔2015〕435号

✧ 农业科技发展规划（2006－2020年）　　农科教发〔2007〕6号

✧ 关于印发《北京市推动科技金融创新支持科研机构科技成果转化和产业化的实施办法》的通知　　京金融〔2015〕80号

✧ 北京市人民政府办公厅关于印发《加快推进科研机构科技成果转化和产业化的若干意见（试行）》的通知　　京政办发〔2014〕35号

✧ 北京市人民政府关于加快首都科技服务业发展的实施意见　　京政发〔2015〕25号

✧ 国务院关于印发《全民科学素质行动计划纲要（2006－2010－2020年）》的通知　　国发〔2006〕7号

北京市人民政府关于印发《北京市城乡居民养老保险办法》的通知

京政发〔2008〕49号

各区、县人民政府，市政府各委、办、局，各市属机构：

现将《北京市城乡居民养老保险办法》予以印发，请认真组织贯彻实施。

北京市人民政府

2008年12月20日

北京市城乡居民养老保险办法

一、总　则

第一条　为进一步完善本市社会养老保障体系，统筹城乡社会发展，保障城乡居民年老后的基本生活，实现老有所养的社会建设目标，根据国家有关法律法规，结合本市实际，制定本办法。

第二条　具有本市户籍，男年满16周岁未满60周岁、女年满16周岁未满55周岁（不含在校生），未纳入行政事业单位编制管理或不符合参加本市基本养老保险条件的城乡居民，应当参加城乡居民养老保险。

第三条　城乡居民养老保险制度坚持权利与义务对等，保障水平与经济发展水平相适应的原则。

第四条　城乡居民养老保险实行个人账户与基础养老金相结合，个人缴费、集体补助与政府补贴相结合的制度模式。

第五条　城乡居民养老保险制度由区（县）人民政府负责组织实施，基金实行区（县）级统筹。

第六条　市劳动保障部门主管全市城乡居民养老保险工作，负责政策的制订和监督指导；区（县）劳动保障部门负责政策的宣传和组织落实。

第七条　区（县）劳动保障部门设立的经办机构（以下简称区县经办机构），负责城乡居民养老保险费收缴、养老金给付和个人账户管理工作。

二、养老保险费缴纳

第八条　城乡居民养老保险费采取按年缴费的方式缴纳。最低缴费标准为上一年度农村居民人均纯收入的9%；最高缴费标准为上一年度城镇居民人均可支配收入的30%。

第九条　有条件的集体经济组织，可对参加城乡居民养老保险的人员给予补助。

第十条　区县经办机构负责为参保人员建立城乡居民养老保险个人账户。个人账户资金包括：

（一）个人缴纳的养老保险费和利息；

（二）集体补助和利息；

（三）其他收入和利息。

第十一条　城乡居民养老保险个人账户在积累期内参考银行同期一年期定期存款利率计息。

第十二条　参保人员跨统筹区域转移养老保险关系的，个人账户中的资金全部转移。

第十三条　城乡居民养老保险个人账户资金，只能用于参保人员年老时的养老，不得提前支取挪作他用。

三、养老保险待遇

第十四条　参保人员符合下列条件之一的，自男年满60周岁、女年满55周岁的次月起，按月享受城乡居民养老保险待遇。

（一）累计缴费年限满15年的；

（二）本办法施行之日，男年满45周岁、女年满40周岁的人员（不含本办法施行之后外埠迁入本市户籍的人员），按年缴纳保险费的。

第十五条　参保人员男年满60周岁、女年满55周岁时缴费年限不符合第十四条规定的，可继续按年缴纳保险费，最长延长缴费时间5年，在延长缴费期内达到规定的，按月享受城乡居民养老保险待遇；延长缴费时间5年仍不符合规定的，可按照上一年度最低缴费标准，一次性补足差额年限保险费，按月享受城乡居民养老保险待遇。

第十六条　本办法施行之后，外埠迁入本市户籍的人员，男年满60周岁、女年满55周岁时缴费年限不符合第十四条第（一）项规定的，可按照上一年度最低缴费标准，一次性补足差额年限保险费，按月享受城乡居民养老保险待遇。

第十七条　城乡居民养老保险待遇由个人账户养老金和基础养老金两部分组成。

个人账户养老金由个人账户支付，个人账户养老金月领取标准为：个人账户存储额除以国家规定的基本养老保险个人账户养老金计发月数。个人账户养老金支付完时，最终由财政资金拨补。

全市实行统一的基础养老金标准，每人每月280元。基础养老金所需资金由区（县）财政负担，并列入区（县）财政预算。

享受其他社会养老保障待遇的人员不得享受基础养老金。

第十八条　建立基础养老金的正常调整机制。具体调整方案由市劳动保障部门会同市财政部门提出，报市政府批准后执行。

第十九条　参保人员未按照本办法第十四条、第十五条、第十六条规定缴纳保险费的，享受一次性养老待遇，其待遇为个人账户全部资金。

第二十条　参保人员在缴费期间死亡的，其个人账户全部资金一次性退给其法定继承人或指定受益人。

第二十一条　参保人员在领取期间死亡的，死亡的次月停止享受养老待遇，其个人账户资金的剩余部分，一次性退给其法定继承人或指定受益人。

第二十二条　城乡居民养老保险待遇由区县经办机构按月实行社会化发放。领取待遇的人员每年应进行领取资格认定，领取期间死亡的，其直系亲属应在1个月内到所属街道办事处或乡（镇）社会保障事务所办理相关手续。

四、制度衔接

第二十三条　在本办法施行之日已经按照新型农村社会养老保险制度规定领取养老金的人员，继续领取养老金。

第二十四条　已参加新型农村社会养老保险还未达到领取年龄的人员，应参加城乡居民养老保险并继续缴费，其新型农村社会养老保险个人账户资金并入城乡居民养老保险个人账户，新型农村社会养老保险的缴费年限计为城乡居民养老保险缴费年限。符合领取条件的享受相应待遇。

第二十五条　在城乡居民养老保险和基本养老保险都有缴费记录的人员，达到退休年龄时，符合基本养老保险按月领取条件的，按照基本养老保险的规定计发养老待遇，其在城乡居民养老保险缴纳的保险费，应折算为基本养老保险的缴费和年限；不符合基本养老保险按月领取条件的，可将其按照基本养老保险规定计发的待遇转入其城乡居民养老保险个人账户，按照城乡居民养老保险的规定计发养老待遇。

五、基金管理和监督

第二十六条　城乡居民养老保险基金纳入区（县）财政专户，以区（县）为单位核算和管理。区（县）财政部门、劳动保障部门应设立专门账户，对本区（县）城乡居民养老保险基金进行管理，专款专用。任何部门、单位或个人均不得转借、挪用和侵占。

第二十七条　区（县）财政部门应按经同级政府批准的城乡居民养老保险基金预算安排资金，确保城乡居民养老保险待遇按时足额发放。

第二十八条　市、区县经办机构应建立健全城乡居民养老保险基金的财务、会计、统计等管理制度。区（县）财政部门对劳动保障部门报送的按年度编制城乡居民养老保险基金收支预决算报告进行审核，并报同级人民政府批准。

第二十九条　城乡居民养老保险基金应按照国家社会保险基金的有关规定保值增值，任何单位和个人均不得擅自改变其性质和用途。

第三十条　财政、审计部门负责对城乡居民养老保险基金收支和管理情况进行审计监督。

第三十一条　市社会保险监督委员会按照有关规定对城乡居民养老保险有

关政策的执行和基金的管理情况进行监督。

六、法律责任

第三十二条　区县经办机构及其工作人员滥用职权、徇私舞弊、玩忽职守，致使城乡居民养老保险待遇不能按时足额发放或者造成养老保险基金流失的，由劳动保障部门责令改正，并由有关部门对直接负责的主管人员和其他直接责任人给予行政处分；涉嫌犯罪的，移送司法机关依法处理。

第三十三条　任何人以伪造证件或者其他手段多领、冒领养老保险待遇的，由区（县）劳动保障部门责令退还；涉嫌犯罪的，移送司法机关依法处理。

七、附则

第三十四条　本办法的实施细则由市劳动保障局会同市财政局另行制定。

第三十五条　市劳动保障局会同市财政局负责根据本办法制定基金、财务管理等相关制度，报市政府审批后实施。

第三十六条　本办法自2009年1月1日起施行。实施过程中遇到的问题，由市劳动保障局负责协调解决。《北京市人民政府关于印发北京市新型农村社会养老保险试行办法的通知》（京政发〔2007〕34号）同时废止。

北京市人民政府关于印发《北京市城乡无社会保障老年居民养老保障办法》的通知

京政发〔2007〕35号

各区、县人民政府，市政府各委、办、局，各市属机构：

现将《北京市城乡无社会保障老年居民养老保障办法》印发给你们，请认真组织贯彻实施。

北京市人民政府

2007年12月19日

北京市城乡无社会保障老年居民养老保障办法

第一条　为进一步完善北京市社会保障体系，促进经济社会和谐发展，按照统筹城乡的要求，遵循与经济发展水平和财政承受能力相适应的原则，结合北京市实际，制定本办法。

第二条　凡具有北京市户籍、年满60周岁，且不享受社会养老保障待遇的人员，按照本办法，享受城乡无社会保障老年居民养老保障待遇（以下简称老年保障待遇）。

本办法所称社会养老保障待遇是指：

（一）机关、事业单位离、退休费、退职费；

（二）基本养老保险待遇和工伤保险定期待遇；

（三）建设征地超转人员生活补贴；

（四）自主择业军队转业干部退役金，移交地方管理军队干部退休金和无军籍职工退休金；

（五）农村社会养老保险待遇。

第三条　符合本办法第二条规定的人员，每人每月享受200元的老年保障待遇。待遇水平根据北京市经济发展水平和财政承受能力适时调整。

第四条　符合本办法第二条规定的人员，向户籍所在地的街道（乡镇）社会保障事务所提出申请。申请人员情况经公安派出所核实、经社会保障事务所公示无异议的，由社会保障事务所报区（县）劳动保障部门核准。

第五条　符合享受老年保障待遇条件的人员，经区（县）劳动保障部门核准后享受老年保障待遇。

第六条　享受老年保障待遇人员在享受老年保障待遇期间失去享受条件的，自次月起停发老年保障待遇。

第七条　建立老年保障待遇领取资格认证制度。区（县）劳动保障部门会同区（县）民政部门、公安部门对享受老年保障待遇的人员进行资格认证。

第八条　支付老年保障待遇所需资金由市、区（县）财政部门共同筹集，市财政资金根据区（县）功能定位，向远郊山区（县）适度倾斜。老年保障待遇资金列入年度财政预算。

第九条　老年保障待遇资金应专款专用、专户管理。劳动保障、财政等部门要建立健全财务、会计管理制度。

第十条　城乡无社会保障老年居民养老保障工作由各区（县）人民政府组织实施。区（县）劳动保障部门、财政部门、民政部门、公安部门共同负责辖区内老年保障工作。市劳动保障局、市民政局、市财政局、市公安局要加强对此项工作的指导和监督检查。

第十一条　本办法的具体实施方案由市劳动保障局会同市民政局、市财政局、市公安局另行制定。

第十二条　本办法自2008年1月1日起施行。实施过程中遇到的问题，由市劳动保障局负责协调解决。

北京市民政局　北京市财政局　北京市住房和城乡建设委员会　北京市农村工作委员会关于印发《北京市农村住房救助实施办法（试行）》的通知

京民救发〔2010〕101号

各相关区县民政局、财政局、住房和城乡建设委、农村工作委员会：

现将《北京市农村住房救助实施办法》印发给你们，请遵照执行。

北京市民政局　北京市财政局

北京市住房和城乡建设委员会　北京市农村工作委员会

2010年3月15日

北京市农村住房救助实施办法（试行）

第一条　为健全北京市农村住房救助制度，加快城乡统筹发展，推进农村安居工程建设，根据北京市实际情况，制定本办法。

第二条　本市农村住房救助水平应当以保障农村困难群众基本住房需求为原则，根据财政承受能力和居民住房状况合理确定。

第三条　农村住房救助遵循"农民自建、政府支持、科学规划、防灾减灾、经济实用、节约土地、抗震节能"的原则，优先解决农村住房救助对象的危房。

第四条　市民政部门主管本市农村住房救助工作。市住房城乡建设委负责房屋翻建维修工程的技术指导工作，与市民政部门共同负责项目的督导和检查工作；市财政部门负责督促农村住房救助补助资金的落实工作；市农村工作委员会按照职责做好相关工作。

区县民政部门：为本行政区域内农村住房救助工作的主要责任单位，负责农村住房救助的管理和审批工作。

区县住房城乡建设委：为本行政区域内农村住房救助对象房屋翻建维修工程的技术指导单位，负责工程技术指导工作、施工人员的培训工作和指导工程验收工作。

区县财政部门：负责农村住房救助补助资金的拨付工作。

区县农村工作委员会：按照职责做好相关工作。

乡镇人民政府：为本行政区域内农村住房救助工作的具体实施单位，负责农村住房救助的管理和审核工作。具体为：协助农户与施工单位签订服务协议、施工过程质量安全管理、施工队伍管理和组织相关单位进行工程验收等。村民委员会协助乡镇人民政府开展住房救助的相关工作。鼓励单位和个人为农村住房救助对象提供各种形式的帮助。

第五条　具有本市农业户籍、住房状况符合《北京市农村优抚社救对象危房翻建和维修技术导则》中危旧房认定条件的下列家庭，可以申请农村住房救助：

（一）实行分散供养的农村五保户；

（二）低收入家庭（含低保家庭）；

（三）享受抚恤补助的优抚对象；

（四）民政部门认定的其他住房困难户。

第六条　农村住房救助方式为危房翻建和旧房维修（农村优抚对象住房救助方式为危房翻建）。根据农村居民住房实际情况、村镇建设规划以及申请人的意愿，合理确定住房救助方式。

第七条　农村住房救助补助资金由区县财政负担，各区县财政部门应根据本区县发展规划，结合新农村建设，加大各项资金统筹力度，确保资金安全、高效使用。

第八条　农村住房救助补助资金标准根据建筑材料的价格、本市经济发展水平和财政承受能力合理确定。农村翻建维修房屋以每户3间、按平米标准给予补助。其中，优抚对象翻建房屋按每间18平方米、每平方米1 000元给予补助，每户补助5.4万元；其他住房救助对象翻建房屋按每间15平方米、每平方米1 000元给予补助，每户补助4.5万元，维修房屋每平方米补助300元，每户补助1.35万元。

农村住房救助补助资金标准将随着建筑材料的价格变化和人民生活水平的提高适时调整，具体标准由市民政局、市财政局、市住房城乡建设委、市农委测算后确定。

第九条　区县民政部门会同住房城乡建设委应于每年9月组织专门力量对全区下一年需翻建维修的房屋进行调查摸底，根据摸底情况会同财政部门制定下一年农村住房救助对象危旧房翻建维修计划，并编制财政预算。

第十条　申请住房救助应当以家庭为单位，由户主向居住地村民委员会提出书面申请，填写《北京市农村居民住房救助申请表》（见附件1），提交户籍、居民身份证、住房以及其他相关证明材料，同时优抚家庭提交优抚对象身份证明，社会救助对象提交《北京市农村居民最低生活保障金领取证》或《北京市低收入家庭救助证》（以下统称“申请材料”）。申请家庭须在每年1月提出申请，否则，不纳入本年度的保障范围，特殊情况除外。

第十一条　村民委员会收到申请材料后应组织民主评议，评议结束后将申请家庭的基本情况和评议意见在本村范围内进行公示（公示时间为7天），公示期满无异议的，将申请家庭的基本情况、评议意见和公示情况报送乡镇人民政府。

第十二条　乡镇人民政府对报送的申请材料要及时进行审核，填写《北京市农村居民住房救助审批表》（见附件2），对申请家庭的住房进行评定，提出审核意见，报区县民政部门审批。

第十三条　区县民政部门对乡镇政府上报的申请材料要进行复核，会同市住房城乡建设委对申请家庭的住房进行认定，对符合条件给予住房救助待遇的，核准其享受住房救助的方式及标准。对不符合条件不予批准的，区县民政部门通过街道（乡镇）社保所，向申请人书面告知结果并陈述理由（告知书见附件3）。

第十四条　区县民政部门、住房城乡建设委、乡镇人民政府应当按照《北京市农村优抚社救对象危房翻建和维修技术导则》规定对申请家庭的住房状况进行实事求是的调查、核实，确定住房救助对象，做到公平、公开、公正。根据住房困难程度，按先重后轻的原则分批组织实施。

第十五条　农村住房救助的申请、评议、审核、审批工作要在每年3月15日前完成，当年确定的计划任务应在当年11月30日前完成。

第十六条　区县民政部门、住房城乡建设委应聘请监理公司对房屋建设过程进行监督检查，或者根据本区县实际情况由乡镇政府聘请监理公司，监理费用由区县财政负担。

第十七条　区县民政部门、乡镇人民政府、村民委员会应当层层签订危旧房翻建维修责任书，并明确专人负责此项工作。

第十八条　项目开工后，区县民政部门、住房城乡建设委应于每月7日前将危旧房翻建维修进展情况分别上报市民政部门、市住房城乡建设委，直至当年建房任务全部完成。

第十九条　区县民政部门、住房城乡建设委和乡镇人民政府应当定期对建房工作进行监督检查，做到建房前后有照片对照、每户有档案；房屋建成后，应会同相关专业机构联合进行验收，填写《北京市农村居民翻建维修项目验收表》（见附件4），确保翻建维修后的住房符合《北京市农村优抚社救对象危房翻建和维修技术导则》的要求。

第二十条　区县财政部门应当加强对农村住房救助专项资金的支出范围和使用情况进行监督、检查。

第二十一条　凡列入农村住房救助项目的房屋仅限于困难群众家庭自己居住，不得用于出租或转让等其它用途，凡发现有上述情况的，补助资金予以收回。

第二十二条　申请住房救助的家庭采取虚报、隐瞒等手段，骗取住房救助待遇的，区县民政部门可对其进行批评教育或者警告，取消相关救助待遇，追回已享受救助金。情节恶劣、触犯法律法规的，移交司法部门按相关法律法规进行处罚。

第二十三条　本办法由市民政局、市财政局、市住房城乡建设委、市农委共同负责解释。

第二十四条　各区县人民政府可以根据本办法，结合本区县实际情况制定具体的实施办法。

第二十五条　本通知自下发之日起实施。

北京市人民政府关于进一步加强和改进社会救助工作的意见

京政发〔2013〕24号

各区、县人民政府，市政府各委、办、局，各市属机构：

为贯彻落实《国务院关于进一步加强和改进最低生活保障工作的意见》（国发〔2012〕45号），进一步加强和改进社会救助工作，切实保障本市困难群众基本生活，现提出如下意见：

一、充分认识进一步加强和改进社会救助工作的重要意义

进一步加强和改进社会救助工作，推进本市社会救助体系建设，是首都全面建设小康社会、统筹城乡经济社会发展的重要内容，对于促进社会公平、确保首都安全稳定具有重要意义。

2005年以来，本市着力推进城乡社会救助体系建设，建立了以城乡最低生活保障制度和农村五保供养制度为基础，医疗、教育、住房、就业、司法、供暖等专项救助相配套，临时救助和应急救助为补充的社会救助体系，有效保障了困难群众的基本生活。但是，随着首都经济社会发展，新形势、新任务对做好社会救助工作提出了新要求。各区县、各部门要以科学发展观为指导，充分认识新形势下加强和改进社会救助工作的必要性和重要性，高度重视，认真做好相关工作，努力增加低收入者收入，实现各项社会救助保障标准增长和经济发展同步，稳步提高救助水平；不断提高社会救助工作的规范化和精确化管理水平，确保公平、公正、公开。

二、进一步加强和改进社会救助工作的总体思路、基本原则和主要目标

（一）总体思路

以科学发展观为指导，坚持科学化、规范化、精确化、专业化的发展目标，健全工作机制，严格规范管理，加强能力建设，努力构建标准科学、对象准确、待遇公正、进出有序的工作格局，推动社会救助从生存型向发展型转变，切实维护困难群众基本生活权益。

（二）基本原则

坚持应保尽保、公平公正、动态管理、统筹兼顾，确保把所有符合条件的困难群众全部纳入社会救助范围，工作程序公开透明、结果公平公正，保障对象有进有出、补助水平有升有降，实现社会救助城乡、区域统筹发展，使救助标准与经济社会发展水平相适应。

（三）主要目标

一是制度设计更加合理。健全与本市经济社会发展水平相适应的社会救助相关标准调整机制，实现城乡、区域统筹发展。合理设定专项救助范围，实现低保与专项救助制度的有机衔接。

二是认定条件更加科学。建立行之有效的综合核查家庭收入、财产以及支出状况的社会救助认定标准体系，不断提高认定的合理性和准确性。

三是核查手段更加有效。在完善传统收入核查手段的基础上，实施跨部门、多层次、信息共享的社会救助家庭经济状况核对机制。

四是监督管理更加规范。完善和规范社会救助工作程序和管理制度，大力提升监督管理制度化、社会救助法制化水平，加大社会救助诚信体系建设力度。

五是工作保障更加有力。基层工作能力明显加强，专项工作经费编制更加合理，社会救助工作开展所需的人力、物力、财力得到有力保障。

三、进一步优化工作机制，完善社会救助制度

（四）完善社会救助对象认定条件

各区县、各部门要认真落实本市关于社会救助家庭经济状况认定的指导意

见，在核对家庭收入、家庭财产、家庭成员等基本情况的基础上，适当考虑家庭支出情况等因素，健全救助标准与物价上涨挂钩的联动机制，完善最低生活标准测算调整机制，科学调整最低生活保障标准，实现“十二五”末期城乡最低生活保障标准一体化。

（五）规范最低生活保障审核审批程序

制定社会救助工作申请审核审批程序管理办法，规范社会救助的申请、审核、审批程序和民主评议、公示、资金发放等管理流程。

明确区县民政部门、街道（乡镇）的工作职责。城乡居民有权直接向其户籍所在地的街道（乡镇）提出最低生活保障申请，街道（乡镇）无正当理由，不得拒绝受理。受最低生活保障申请人委托，居（村）民委员会可以代为提交申请。街道（乡镇）是审核最低生活保障申请的责任主体，在居（村）民委员会协助下，应当对最低生活保障申请家庭逐一入户调查，详细核查申请材料以及各项声明事项的真实性和完整性。区县民政部门是本地区最低生活保障审批的责任主体，在作出审批决定前，应当全面审查街道（乡镇）上报的调查材料和审核意见（含民主评议结果），并按照不低于30%的比例入户抽查。要结合本地区实际，积极探索街道（乡镇）、居（村）民委员会参与审批的方式。

整合城乡最低生活保障社区评议、审核听证、稽查等民主评议制度，规范评议程序、评议方式、评议内容和参加人员等。要严格执行最低生活保障审核审批公示制度，规范公示内容、公示形式和公示时限等。各区县民政部门应当就最低生活保障对象的家庭成员、收入情况、保障金额等在其居住地长期公示，逐步完善保障对象信息查询机制和异议复核制度。要严格实行最低生活保障金社会化发放，确保最低生活保障金足额、及时发放到保障家庭账户。

（六）全面实施社会救助家庭经济状况核对机制

各区县、各部门要按照本市社会救助家庭经济状况核对办法，建立居民经济状况核对机构，在强化入户调查、邻里访问、信函索证等调查手段基础上，开展跨部门、多层次、信息共享的社会救助家庭经济状况核对工作，确保社会救助对象准确、高效、公正认定。要建立信息核对平台，实现多部门信息核对平台联网。市及区县发展改革、人力社保、住房城乡建设、公安、工商、地税、金融、统计、经济信息化、财政、住房公积金管理等部门和机构应当及时提供相关数据信息，开展核对工作，为居民申请社会救助、社会福利、住房保障等社会保障时的家庭经济状况认定提供客观依据。

（七）加强社会救助对象动态管理

要定期跟踪救助对象家庭变化情况，形成救助对象有进有出、补助水平有升有降的动态管理机制。要完善街道（乡镇）与申请人签订协议的制度，明确政府管理部门和救助对象的权利和义务。要完善社区公益性劳动制度，街道（乡镇）每月组织在劳动就业年龄内有劳动能力未就业的低保对象参加公益性劳动。要建立社会救助对象家庭人口、收入和财产状况定期报告制度，并根据报告情况分类、定期开展核查。对于农村五保对象等传统民政救助对象和家庭成员无劳动能力的救助对象，街道（乡镇）可每半年审核一次。对于家庭成员有劳动能力、收入来源不固定或不易确定的家庭，原则上每月审核一次，必要时随时进行核实，以及时掌握救助家庭收入变化情况。

（八）加强社会救助与其他社会保障制度的有效衔接

按照“先保险、后救助”的原则，做好社会救助与养老、医疗等社会保险制度的衔接。针对不同救助需求，研究分别设定准入条件的专项救助新模式，完善城乡一体的医疗、教育、住房、法律援助等专项救助制度。完善低保就业服务对象就业促进机制，加大对有劳动能力低保对象的就业扶持力度。充分发挥社会救助对农村困难群体的综合帮扶作用，推进农村经济薄弱地区发展及低收入农户增收工作。积极倡导机关团体和企事业单位开展领导干部联系困难户、“一帮一”等形式的帮扶贫困户活动。积极培育发展慈善和社会公益组织，鼓励和支持其参与社会救助，形成慈善、社会公益事业与社会救助工作的有效衔接。

四、强化保障措施，确保社会救助工作落到实处

（九）加强社会救助工作能力建设

由市机构编制部门会同市民政等部门，按照保障对象数量等因素，统筹研究制定配备社会救助工作人员的具体办法。各区县要切实加强社会救助工作能力建设，明确区县、街道（乡镇）、社区三级社会救助经办机构；加强社会救助工作人员业务培训，每年开展不少于2次的业务培训。各级政府要切实保障

社会救助工作场所、条件和待遇，完善社会救助信息管理系统，推进信息化建设，不断提高社会救助管理服务水平。

（十）加强社会救助工作经费保障

各级财政部门要优化和调整支出结构，切实保障社会救助工作经费的落实；要将社会救助工作经费纳入部门预算，确保日常管理、服务等各项社会救助工作正常开展。市财政部门要会同市民政部门出台“以奖代补”的办法和措施，对工作绩效突出地区给予奖励。

（十一）优化社会救助服务方式

通过政府购买服务等形式，鼓励社会组织参与、评估、监督社会救助工作，各级财政部门要通过完善相关政策给予支持。研究探索在街道（乡镇）层面，委托社区服务中心或社会组织承担社会救助事务性工作。

五、加强组织领导，进一步落实监督管理责任

（十二）加强组织领导

要建立“政府领导、民政牵头、部门配合、社会参与”的社会救助工作机制，充分发挥各级社会救助联席会议的综合协调作用，由民政部门牵头统筹做好最低生活保障与医疗、教育、住房等其他社会救助政策以及促进就业政策的协调发展和有效衔接，明确各部门责任分工，确定标准、分解指标、加强管理，确保责任到位、措施到位、投入到位。各区县及区县相关部门要抓紧落实本意见，把社会救助工作纳入本区县经济社会发展总体规划和科学发展考评体系。

（十三）落实管理责任

社会救助工作实行各级政府负责制，政府主要负责人对本行政区域社会救助工作负总责。要把社会救助政策落实情况纳入政府绩效管理考核体系，其结果作为政府领导班子和相关领导干部综合考核评价的重要内容，作为干部选拔任用、监督管理的重要依据。各区县要切实担负起资金投入、工作保障和监督管理责任，街道（乡镇）要切实履行最低生活保障等社会救助的申请受理、调查、评议和公示等审核职责。

（十四）强化责任追究

对因工作重视不够、管理不力、发生重大问题、造成严重社会影响的政府

和部门负责人，以及在社会救助审核审批过程中滥用职权、玩忽职守、徇私舞弊、失职渎职的工作人员，要依法依纪追究责任。要加大对骗取社会救助待遇人员的查处力度，市民政、公安等部门要研究制定社会救助处罚操作办法，对涉嫌犯罪的，要移送司法机关处理。对于出具虚假证明材料的单位和个人，按有关法律法规和规定处理。

（十五）健全监管与核查机制

各级政府要将社会救助政策落实情况作为督查督办的重点内容，定期组织开展专项检查。各级财政、审计、监察部门要加强对社会救助资金管理使用情况的监督检查，防止挤占、挪用、套取社会救助资金等违法违纪现象发生。要充分发挥社会救助工作监督小组的监督管理作用；建立社会救助经办人员和居（村）民委员会干部近亲属享受社会救助备案制度，区县民政部门要对备案的社会救助对象严格核查管理；要公开监督咨询电话，畅通投诉举报渠道，健全投诉举报核查制度；要切实加强社会救助来信来访工作，实行专人负责、首问负责等制度。对社会救助重大信访事项或社会影响恶劣的违规违纪事件，市民政部门可会同市信访等相关部门直接督办。

（十六）加强政策宣传

要充分利用广播、电视、网络、报纸、宣传栏、宣传册等形式，加大社会救助信息公开力度，提高信息公开的针对性、时效性和完整性。充分发挥新闻媒体的舆论引导作用，大力宣传社会救助在保障民生、维护稳定、促进和谐等方面的重要作用，引导公众关注、参与、支持社会救助工作，努力营造良好的舆论氛围。

此前市政府有关文件与本意见不一致的，以本意见为准。

北京市人民政府

2013年8月9日

关于建立和实施北京市农村低保分类救助制度的通知

京民救发〔2008〕551号

各区县民政局、财政局：

为进一步完善北京市社会救助体系，统筹城乡发展，促进农村居民最低生活保障（以下简称低保）制度的规范化和科学化，加大对农村低保对象的救助力度，根据市政府办公厅转发市农委《关于进一步促进山区经济社会发展若干政策措施的通知》（京政办发〔2008〕53号）的精神，经市政府批准，自2009年1月1日起，建立和实施本市农村低保分类救助制度。现就有关事项通知如下：

一、分类救助原则

（一）有条件的区县实现城乡低保标准并轨，并参照本市城市低保分类救助政策执行。

（二）未实施城乡低保标准并轨的区县，要合理区分不同救助家庭的困难程度，采用适当的救助标准和救助系数，适度提高重残人、老年人及未成年人等特殊困难人员的救助待遇。对于在法定劳动年龄内有劳动能力的低保对象，实施积极的生活救助和就业援助政策，进一步体现农村低保制度的针对性和科学性。

二、救助系数的确定

救助系数是指根据救助对象困难程度的不同，确定的救助待遇调整值。实际救助待遇的计算方法为：通过救助系数与当地农村低保标准相乘的方式，得出分类救助金；在扣减该家庭年人均收入后，计算出不同救助对象享受的实际救助金额。其公式如下：

实际救助金额 = 分类救助金 - 家庭年人均收入

其中：分类救助金 = 本区县当年农村低保标准 × 救助系数

（一）法定劳动年龄内有劳动能力的农村低保对象，设定其救助系数为1。对外出务工的农村富余劳动力按下列原则享受鼓励就业政策：

1. 农村低保家庭及申请享受，享受就业奖励政策。即在核定其家庭收入时，先从其本人外出务工就业收入中扣除本地当年农村低保标准一定比例的金额，再计算家庭收入；外出务工年收入（按月核算）低于应扣除标准的，其收入不计入家庭收入。农村低保富余劳动力外出务工的就业奖励享受期限为3年；奖励标准按户籍地当年农村低保标准的80%、70%和60%比例逐年递减，每年的扣除标准随本地当年农村低保标准的变动进行调整。

2. 家庭成员外出务工就业后，家庭月人均收入超出本地当年农村低保标准（按月核算）的，实行救助渐退政策，即对其家庭原享受的低保金在以后6个月内实行逐月递减发放（前2个月按100%发放，中间两个月按80%发放，最后2个月按60%发放）。

（二）农村五保分散供养对象每月的生活费，按照农村低保分类救助系数1.15的标准发放。同时，按照本市农村五保供养相关政策，确保五保对象每年的供养水平不低于当地农民年人均消费支出。

（三）具有北京市正式农业户口、享受农村低保待遇且没有劳动能力的重残人，其本人按照北京市当年城市低保标准享受救助。其中，法定抚养人领取农村养老保险金的，核定其家庭收入时，先按本地当年农村低保标准80%比例扣除养老金后，再计算家庭收入。

（四）下列人员按救助系数1.10享受分类救助待遇：

1. 民政部门管理的60年代初精减退职老职工、原国民党人员等传统民政救济对象。

2. 享受农村低保待遇的70岁以上老年人。

3. 享受农村低保待遇的16周岁以下的未成年人（含16周岁以上全日制在校学生）。

（五）其他因患病等原因暂时丧失或大部分丧失劳动能力的农村低保对

象，按救助系数1.05享受分类救助待遇。

三、其他事项

（一）各区县民政和财政部门要密切配合，按照本通知要求并结合当地实际情况，认真研究具体落实方案。

（二）按北京市现行政策享受生活困难补助待遇的人员，符合农村低保分类救助条件的，参照本通知执行。

（三）实施分类救助所需资金按原低保救助资金渠道解决。

建立和实施农村低保分类救助制度，是完善北京市社会救助体系的需要，是北京市认真贯彻落实党的十七大和十七届三中全会精神、加大解决民生问题工作力度、统筹城乡发展和缩小城乡社会救助差距而采取的一项具体措施。各级民政、财政等部门领导要高度重视，精心组织、周密安排，切实做好各项具体工作，保证分类救助政策的落实。

北京市民政局

2008年12月30日

北京市民政局　北京市教育委员会　北京市人力资源和社会保障局关于做好低收入家庭困难学生教育救助有关工作的通知

京民救发〔2010〕328号

各区县民政局、教委、人力社保局，各市属高等院校、市属中等专业学校、技工学校：

为更好地落实北京市低收入（含低保）家庭救助政策，确保符合条件的困难学生能够及时得到相应的教育救助，根据《关于规范和统筹临时救助制度的通知》（京民救发〔2008〕546号）和《北京市低收入家庭认定暂行办法》（京民救发〔2009〕443号）有关政策的规定，现就教育救助政策落实中的有关问题通知如下：

一、各级民政部门要加强低收入（含低保）家庭的审核认定工作，认真履行申请审批程序，按规定及时核发《北京市城市（农村）居民最低生活保障金领取证》或《北京市城市居民生活困难补助金领取证》《北京市低收入家庭救助证》，并做好救助待遇变更、停止等业务管理工作，确保以上证件规范有效。

二、承担教育救助的院校、民政部门、教委和人力社保局，应按照国家和本市有关教育救助的文件规定，以各种形式提前通知申请教育救助的学生提供《北京市城市（农村）居民最低生活保障金领取证》或《北京市城市居民生活困难补助金领取证》《北京市低收入家庭救助证》，经认真验证后办理相关的教育救助手续。对于未申请过城乡低保或低收入家庭认定的家庭经济困难学生，如要申请助学待遇，必须事先以家庭为单位，按照北京市各项社会救助政策规定和程序，向其家庭户口所在地居（村）委会提出书面申请，提交有效证明和材料，经街道（乡镇）审核和区县民政部门审批后，领取以上证件。由于申请审核低保或低收入家庭认定在材料齐全的情况下需要30～35个工作日，因此，院校通知家庭经济困难学生申请教育救助一定要预留足够的办理时间，保证学生家长有一定的时间办理相关手续。

三、《北京市城市（农村）居民最低生活保障金领取证》或《北京市城市居民生活困难补助金领取证》《北京市低收入家庭救助证》是由本市各区县民政部门审核发放的家庭经济困难有效证明，也是经济困难家庭学生申请教育救助必须提供的证明材料，因此，各级民政部门一般不再为学生申请家庭经济困难教育救助出具其他证明材料或在其他证明材料上加盖公章。在非市属高等院校和中央所属中专技工学校就读的学生，如需在有关证明上加盖公章的，应先取得以上证件后，由街道（乡镇）民政部门加盖公章。

北京市民政局　北京市教育委员会

北京市人力资源和社会保障局

2010年7月20日

关于调整完善北京市城乡医疗救助制度的意见

京民社救发〔2014〕219号

各区县民政局、人力社保局、卫生计生委、财政局：

为贯彻落实《国务院关于印发“十二五”期间深化医药卫生体制改革规划暨实施方案的通知》（国发〔2012〕11号）要求，根据北京市继续深化医药卫生体制改革总体部署，为切实发挥医疗救助在医疗保障体系中的重要作用，有效缓解困难群众就医负担，现就调整完善北京市城乡医疗救助制度提出如下意见：

一、明确医疗救助范围

（一）特困供养人员；

（二）享受城乡居民最低生活保障和生活困难补助人员；

（三）享受城乡低收入救助人员；

（四）民政部门认定的其他困难人员。

前款中第（一）至（三）项以下统称“社会救助对象”。

二、完善医疗救助政策

（一）资助参保参合

资助社会救助对象参加城镇居民基本医疗保险或新型农村合作医疗，其个人缴费部分由所在区县财政全额负担。

（二）减免医疗费用

特困供养人员、最低生活保障人员和生活困难补助人员就诊时，可享受基本手术费和CT、核磁共振大型设备检查费20%，以及普通住院床位费50%的减免。

（三）门诊救助和住院救助

取消医疗救助起付线。社会救助对象就诊时发生的医疗费用，在经过城镇职工基本医疗保险、城镇居民基本医疗保险或新型农村合作医疗等基本医疗保险和商业保险报销后，可按下列政策享受救助。

1. 门诊救助

（1）特困供养人员政策范围内的个人负担部分，由民政部门实报实销。民政部门管理的因公（病）致残返城知青的门诊救助参照上述人员标准执行。

（2）民政部门管理的享受原工资40%救济的20世纪60年代初精减退职老职工，政策范围内个人负担部分由民政部门按照70%给予救助。

（3）除前述人员以外未享受职工基本医疗保险的社会救助对象，政策范围内个人负担部分由民政部门按照70%给予救助，全年救助封顶线4 000元。

2. 住院救助

（1）特困供养人员政策范围内的个人负担部分，由民政部门实报实销。民政部门管理的因公（病）致残返城知青的住院救助参照上述人员标准执行。

（2）民政部门管理的享受原工资40%救济的20世纪60年代初精减退职老职工，政策范围内个人负担部分由民政部门按照70%给予救助。

（3）除前述人员以外的社会救助对象，政策范围内个人负担部分由民政部门按照70%给予救助，全年救助封顶线40 000元。

（4）以下两种在门诊发生的医疗费用可享受住院救助待遇：

①恶性肿瘤放射治疗和化学治疗，肾透析、肾移植（包括肝肾联合移植）后服抗排异药，血友病、再生障碍性贫血、肝移植术后抗排异治疗，以及心脏移植术后抗排异治疗和肺移植术后门诊抗排异治疗的费用。

②在急诊留观发生符合基本医疗保险支付范围的相关医疗费用。

（四）重大疾病救助

社会救助对象因罹患重大疾病（具体病种见附件）。发生的门诊或住院医疗费用，在经过城镇职工基本医疗保险、城镇居民基本医疗保险或新型农村合作医疗等基本医疗保险和商业保险报销后，可按下列政策享受重大疾病救助。

1. 特困供养人员政策范围内的个人负担部分，由民政部门实报实销。民政部门管理的因公（病）致残返城知青的重大疾病救助参照上述人员标准执行。

2. 民政部门管理的享受原工资40%救济的20世纪60年代初精减退职老职

工，政策范围内个人负担部分由民政部门按照75%给予救助。

3. 除前述人员以外的社会救助对象，政策范围内个人负担部分由民政部门按照75%给予救助，全年救助封顶线80 000元。

（五）生育救助

根据《关于加强北京市农村孕产妇住院分娩工作的实施意见》，享受社会救助的农村贫困孕产妇，在享受住院分娩财政补贴和新农合补偿的基础上，符合条件的还可享受生育救助。

享受社会救助且持有本市卫生计生部门出具的生育服务证明的贫困孕产妇，自孕期检查12周至产后42天内在指定医疗机构进行产前检查、住院分娩发生的医疗费用，在经过生育保险或城镇居民基本医疗保险、新型农村合作医疗等基本医疗保险和商业保险报销后，政策范围内个人负担部分，由民政部门按照孕期检查救助不超过1 200元、正常产住院分娩救助不超过2 600元、剖宫产住院分娩救助不超过4 200元给予生育救助。

（六）住院押金减免

社会救助对象需住院救治的，凭民政部门出具的证明，可在承担住院押金减免和出院即时结算的定点医疗机构享受押金减免服务。

1. 特困供养人员和民政部门管理的因公（病）致残返城知青可享受住院押金100%减免。

2. 除前述人员以外的社会救助对象，可享受住院押金70%减免。减免额度每人每年累计不超过40 000元。

（七）与相关政策的衔接

1. 与大病保险政策的衔接

区县民政部门在年度医疗救助工作截止后，应将本行政区域内社会救助对象享受医疗救助的信息，报送同级卫生计生部门和人力社保部门，协助开展大病保险工作。

2. 与慈善医疗救助的衔接

社会救助对象因罹患重大疾病或罕见病，在享受城镇职工基本医疗保险、城镇居民基本医疗保险或新型农村合作医疗，以及大病保险、商业保险和各种救助后，个人负担仍然较重且严重影响家庭基本生活的，可向市、区慈善协会申请慈善医疗救助。

（八）其他困难人员医疗救助

区县民政部门可根据当地实际情况，将因灾难性卫生支出造成家庭生活困难的人员纳入医疗救助范围，所需资金从医疗救助资金列支。

三、规范医疗救助程序

按照属地管理的原则，符合医疗救助条件的社会救助对象可按月向户籍所在地乡镇人民政府（街道办事处）提出申请，经当地政府社会救助经办机构审核、公示后，报区县民政部门审批。

四、优化医疗救助结算方式

各区县在本行政区域内确定3～5所二级公立医院，承担本地区社会救助对象住院押金减免和出院即时结算工作。在全市选取1～2所市属三级医院，开展社会救助对象住院押金减免和出院即时结算服务试点。实施农村特困人员门诊垫付制度。有条件的区县可尝试开展城市特困人员门诊即时结算。

承担住院押金减免和出院即时结算工作的定点医疗机构，应按照城镇职工基本医疗保险、城镇居民基本医疗保险或新型农村合作医疗等基本医疗保险有关规定，结清应由医疗保险支付的住院医疗费用。对于基本医疗保险支付后的个人负担部分，由定点医疗机构按照医疗救助政策先行垫付，社会救助对象只需支付自负部分即可办理出院手序。

五、强化医疗救助资金管理

（一）加大医疗救助资金投入力度

区县财政部门应根据本地区上年度末享受城乡居民最低生活保障和低收入救助的人数，按照上年城市居民最低生活保障年保障标准的15%安排医疗救助资金并列入区县财政预算。

市级民政、财政部门应通过中央医疗救助补助资金和市级福利彩票公益金，加大对区县医疗救助资金的补助力度。鼓励慈善组织和个人捐款，倡导多渠道筹集医疗救助资金。

（二）加强医疗救助资金管理

城乡医疗救助资金应按照财政预算管理要求，纳入预算管理。中央和市级下拨的城乡医疗救助补助资金，以及区县本级安排的医疗救助资金应统筹安排使用。

（三）规范医疗救助资金拨付方式

符合资助参保参合条件的社会救助对象，其参保参合资金由区县民政部门审核确认后报同级财政部门，由民政或财政部门直接划拨至医疗保险或新农合基金专户。

承担市级和区县社会救助对象住院押金减免和出院即时结算工作的定点医疗机构，因开展出院即时结算发生的垫付资金，经社会救助对象户籍所在地区县民政部门审核确认后，由民政部门直接拨付至定点医疗机构。各区县民政部门可按照相关规定为定点医疗机构拨付一定额度的预付款，并积极配合医疗机构完成垫付资金的结算工作。

六、工作要求

（一）加强组织领导

医疗救助制度事关困难群众切身利益，是保民生、促公平的托底性、基础性制度安排，是保障困难群众基本生活，有效缓解其就医负担的有效方法。各区县要站在维护首都改革、发展和稳定大局的高度，切实加强对医疗救助工作的组织领导，认真做好医疗救助政策的贯彻落实。各区县要按照本意见精神制定具体的实施办法，切实做好困难群众医疗救助工作。

（二）积极推进实施

各区县相关部门要在当地政府的统一领导下，加强沟通，密切协作，按照部门职责共同抓好政策落实。民政部门要充分发挥医疗救助主管部门的作用，加强与人力社保、卫生计生、财政以及定点医疗机构的协调配合，确保各项救助措施落实到位。人力社保部门要做好困难群众参加城镇居民基本医疗保险的服务工作，积极推进基本医保与医疗救助结算衔接，逐步实现困难群众看病就医“刷卡”即时结算。卫生计生部门要做好困难群众参加新型农村合作医疗的组织实施和监督管理，规范医疗服务行为，加强对定点医疗机构的监督管理，努力为困难群众提供方便、优质的医疗服务。财政部门要按照本意见精神，做好医疗救助资金的保障和监督管理工作，确保资金拨付及时畅通。

（三）强化规范管理

各级民政部门要加强依法行政意识，严格按照政策规定做好医疗救助资格审核和资金发放工作。对玩忽职守、徇私舞弊、挪用、挤占医疗救助资金的行为要依法依规严肃处理。

承担住院押金减免和出院即时结算工作的定点医疗机构要开设医疗救助即时结算缴费窗口，张贴就医指南并定期公布医疗救助情况，接受政府和社会公众的监督。对违规套取医疗救助资金的单位和个人，由当地民政部门会同人力社保、卫生计生、审计、监察等部门予以查处，构成犯罪的，依法追究刑事责任。

本《意见》自2014年8月1日起正式实施。原城乡医疗救助政策与本意见不一致的，以本意见为准。

北京市民政局　北京市人力资源和社会保障局

北京市卫生和计划生育委员会　北京市财政局

2014年6月13日

附件：重大疾病参考名录

1. 恶性肿瘤
2. 终末期肾病（肾透析）
3. 重性精神病
4. I型糖尿病
5. 先天性心脏病
6. 白血病
7. 血友病
8. 再生障碍性贫血
9. 重大器官移植（与职工医保一致）

10. 耐多药肺结核

11. 艾滋病机会性感染

12. 急性心肌梗塞

13. 脑梗死

14. 甲亢

15. 唇腭裂

北京市民政局　北京市人力资源和社会保障局
北京市卫生和计划生育委员会　北京市财政局
关于开展因病致贫家庭医疗救助有关问题的通知
（试行）

京民社救发〔2015〕403号

各区县民政局、人力资源和社会保障局、卫生计生委、财政局：

为全面落实《社会救助暂行办法》，编密织牢保障基本民生安全网，按照《国务院办公厅转发民政部等部门关于进一步完善医疗救助制度全面开展重特大疾病医疗救助工作意见的通知》（国办发〔2015〕30号）有关要求，现就探索开展我市因病致贫家庭医疗救助有关问题通知如下：

一、充分认识开展因病致贫家庭医疗救助的重要意义

医疗救助是健全社会救助体系，保障困难群众基本医疗权益的基础性制度。北京市自2001年开展医疗救助工作以来，已经构建起面向困难群众的全方位、多层次和城乡统筹的医疗救助体系，为保障困难群众基本生活发挥了积极作用。近两年，北京市先后印发《关于调整完善我市城乡医疗救助制度的意见》（京民社救发〔2014〕219号）和《关于调整规范城乡社会救助对象医疗救助申请审批程序有关问题的通知》（京民社救发〔2015〕346号），从完善救助政策，规范救助程序等方面做出了明确部署。但是，随着首都经济社会不断发展，医疗救助工作也面临一些新情况、新问题，部分家庭收入高于社会救助标准的重特大疾病患者，因发生高额医疗费用、超过家庭承受能力、基本生活出现严重困难（下称因病致贫家庭），生活陷入困境。

北京市委、市政府历来高度重视民生保障工作，坚持以群众反映突出的问

题为导向，从全面构建重特大疾病医疗保障体系出发，将因病致贫家庭医疗救助作为全面深化北京市医药卫生体制改革的重要内容统筹谋划、协调推进，对缓解因病陷入困境群众的“不能承受之重”具有重要意义。各区县、各部门要充分认识开展因病致贫家庭医疗救助工作的重要意义，切实发挥社会救助的兜底保障作用，在继续做好困难群众医疗救助工作的同时，积极开展因病致贫家庭医疗救助，最大限度减轻人民群众医疗支出负担。

二、因病致贫家庭医疗救助的主要内容

（一）按病种救助

具有北京市户籍，未享受城乡居民最低生活保障或低收入等社会救助的城乡居民及其共同生活的家庭成员，因罹患重大疾病（具体病种见附件1），在本市医疗保险或新型农村合作医疗定点医疗机构就医，一个自然年度内家庭支出医疗费用较高，在经过城镇职工基本医疗保险或城镇居民基本医疗保险、新型农村合作医疗和城乡居民大病保险，以及商业保险报销赔付和各种救助后，家庭负担的合规医疗费用超过承受能力，基本生活出现严重困难的，由区县民政部门给予医疗救助。

合规医疗费用按照城镇职工基本医疗保险、城镇居民基本医疗保险、新型农村合作医疗等基本医疗保险和城乡居民大病保险有关规定确定。

1. 认定条件

申请家庭同时具备下列条件的，可以申请享受因病致贫家庭医疗救助：

（1）收支水平认定条件　在上一自然年度内，申请家庭总收入在扣除家庭成员因罹患重大疾病发生的合规医疗费用后，家庭月人均收入不超过同年职工最低工资标准。

（2）家庭财产认定条件　家庭拥有应急之用的货币财产总额，人均应不超过24个月当年城乡低收入家庭认定标准之和。其他财产情形应符合《北京市人民政府办公厅转发市民政局关于北京市社会救助家庭经济状况核对办法和认定指导意见的通知》（京政办发〔2011〕63号）相关规定。

（3）家庭成员认定条件　共同生活的家庭成员应符合《北京市城乡居民最低生活保障审核审批办法（试行）》（京民社救发〔2014〕182号）相关规定。

2. 救助标准

申请家庭中共同生活的家庭成员，在上一自然年度内，因罹患重大疾病，在本市医疗保险或新型农村合作医疗定点医疗机构就医发生的医疗费用，在扣除城镇职工基本医疗保险或城镇居民基本医疗保险、新型农村合作医疗和城乡居民大病保险，以及商业保险报销赔付和各种救助后，对于家庭负担的合规医疗费用，由民政部门按照3万元（含）以下30%、3万元以上至5万元（含）以下40%、5万元以上50%的比例分段给予医疗救助。全年救助封顶线8万元。同一自然年度内只能申请一次。

3. 救助程序

（1）申请　按照属地管理的原则，申请因病致贫家庭医疗救助应当在城乡居民大病保险报销后，由共同生活的家庭成员向户籍所在地乡镇人民政府（街道办事处）提出书面申请并提交相关证明材料。家庭成员申请有困难的，也可委托村（居）民委员会代为提交申请。

申请家庭应当填写《申请因病致贫家庭医疗救助经济状况和医疗费用支出情况登记表及声明书》（见附件2），如实申报家庭经济状况和医疗费用支出情况，授权区（县）民政部门对其家庭收入、家庭财产和医疗费用支出情况进行核查，同时提交上一自然年度共同生活家庭成员的以下证明材料：

①户口簿及身份证复印件。

②《申请因病致贫家庭医疗救助经济状况和医疗费用支出情况登记表及声明书》。

③年度收入证明和相关财产证明。

④本市二级及以上医保或新农合定点医疗机构出具的诊断证明。

⑤北京市医疗门诊收费票据或北京市医疗住院收费票据，以及北京市城镇职工基本医疗保险或城镇居民基本医疗保险、新型农村合作医疗、商业保险主管部门出具的费用结算分割单。

⑥民政部门认为需要提供的其他证明材料。

（2）受理审核

①受理。乡镇人民政府（街道办事处）是受理审核因病致贫家庭医疗救助申请的责任主体，应当在25个工作日内完成受理审核工作。受乡镇人民政府

（街道办事处）委托，社会保障事务所应当承担因病致贫家庭医疗救助的事务性工作。

乡镇人民政府（街道办事处）社会保障事务所应当对申请家庭提交的材料进行审查，材料齐备的予以受理，指导申请家庭填写《北京市因病致贫家庭医疗救助申请表》（见附件3），开展家庭经济状况和医疗费用支出情况核查。材料不齐备的，乡镇人民政府（街道办事处）社会保障事务所应当填写《北京市因病致贫家庭医疗救助申请材料补正通知书》（见附件4），书面告知申请家庭补齐所有规定材料。

②审核。乡镇人民政府（街道办事处）社会保障事务所在村（居）民委员会协助下，通过信息核对、入户调查、邻里访问以及信函索证等方式，对申请家庭的经济状况和医疗费用支出等情况进行调查核实，填写《北京市因病致贫家庭医疗救助审批表》（见附件5），并及时将申请家庭情况在村（居）民委员会进行第一次公示，公示期为5个工作日。公示期满后，乡镇人民政府（街道办事处）社会保障事务所应将相关材料报送同级负责医疗救助审核的主管部门，由主管部门提出审核意见；同时由乡镇人民政府（街道办事处）社会保障事务所将申请家庭相关信息录入北京市医疗救助系统，完成网上审核和材料上报工作。

（3）审批　区县民政部门是审批因病致贫家庭医疗救助申请的责任主体，应当在10个工作日内完成审批工作。对乡镇人民政府（街道办事处）提交的材料进行复核；与当地城乡居民大病保险主管部门了解申请家庭上一自然年度大病保险补偿情况；将拟批准给予救助家庭的基本情况及救助金额在乡镇人民政府（街道办事处）及村（居）民委员会进行第二次公示，公示期为5个工作日。公示期满无异议的，区县民政部门应当在《北京市因病致贫家庭医疗救助审批表》上签署救助意见，并完成北京市医疗救助系统网上审批工作。对于不符合救助条件的家庭，区县民政部门应当在做出不予批准决定后2个工作日内，由乡镇人民政府（街道办事处）社会保障事务所，送达《北京市因病致贫家庭医疗救助不予批准决定书》（见附件6），书面告知申请家庭并说明理由。

（4）资金发放　因病致贫家庭医疗救助金实行社会化发放，由民政或财政部门根据申请家庭提供的金融机构信息，通过银行、邮政储蓄银行等代理金融机构在审批工作结束后10个工作日内完成资金发放工作。

（二）按费用救助

具有北京市户籍，未享受城乡居民最低生活保障或低收入等社会救助的城乡居民及其共同生活的家庭成员，因罹患上述病种以外的重大疾病，在本市医疗保险定点医疗机构就医，发生高额医疗费用、超过家庭承受能力、基本生活出现严重困难，由区县民政部门按照《关于调整完善我市城乡医疗救助制度的意见》（京民社救发〔2014〕219号）有关规定给予医疗救助。具体认定条件、救助标准由区县民政部门会同财政部门共同研究制定。

三、因病致贫家庭医疗救助的资金安排

开展因病致贫家庭医疗救助所需资金，从区县医疗救助资金预算中列支。市级民政、财政部门通过中央医疗救助补助资金和市级福利彩票公益金，适当加大对区县医疗救助资金的补助力度。鼓励慈善组织和个人捐款，倡导多渠道筹集医疗救助资金。

四、工作要求

（一）加强协作配合

各级民政、财政、人力社保、卫生计生等部门要站在维护首都改革、发展和稳定大局的高度，充分认识开展因病致贫家庭医疗救助的重要意义。民政部门要主动加强与财政、人力社保、卫生计生等部门的沟通协调，细化政策措施，切实做好政策制定和救助对象审核认定工作。人力社保和卫生计生部门要配合民政部门开展医疗费用支出情况核查，及时将城乡居民大病保险相关数据反馈民政部门。财政部门要加大资金投入力度，切实做好资金保障工作。

（二）抓好政策落实

区县民政部门要加强组织领导，落实管理责任，加大资金监管力度，务求政策落实到户、见效到人。要增强“救急难”工作效能，充分发挥村（居）民委员会、社区服务机构的作用，及时发现掌握困难需求，畅通救助渠道，提升社会救助的综合救助效应。

（三）做好宣传引导

要坚持正确的舆论导向，通过扎实有效的政策宣传，让群众广为知晓政策内

涵，合理引导群众预期，为因病致贫家庭医疗救助的实施营造良好社会氛围。

（四）引导社会力量参与

各区县要积极引导社会力量参与因病致贫家庭医疗救助工作，加强政府救助与慈善救助的有效衔接，注重发挥慈善组织的专业优势，通过提供医疗费用补助、心理疏导、亲情陪护等方式切实减轻困难群众医疗负担、缓解身心压力，避免冲击社会道德和心理底线的事件发生。

本《通知》自2016年1月起正式实施。

北京市民政局　北京市人力资源和社会保障局

北京市卫生和计划生育委员会　北京市财政局

2015年11月12日

其他民政法规名录

✧ 北京市人民政府批转市民政局《关于建立和实施农村居民最低生活保障制度意见》的通知　京政发〔2002〕15号

✧ 关于印发《北京市农村居民最低生活保障制度实施细则》的通知　京民救发〔2002〕165号

✧ 北京市人民政府关于推进城乡社会救助体系建设的意见　京政发〔2005〕8号

✧ 北京市人民政府批转市民政局《关于建立本市农村居民最低生活保障标准调整机制意见》的通知　京政发〔2006〕15号

✧ 农村五保供养工作条例　国务院令第456号

✧ 北京市实施《农村五保供养工作条例》办法　北京市人民政府令第202号

✧ 北京市人民政府办公厅转发市老龄工作委员会办公室《关于加强老年人优待工作办法》的通知　京政办发〔2008〕47号

✧ 北京市农村五保供养制度实施细则　　京民救发〔2008〕270号

✧ 关于规范和统筹临时救助制度的通知　　京民救发〔2008〕546号

✧ 贯彻落实《北京市市民居家养老（助残）服务（“九养”）办法》的意见　　京民老龄发〔2009〕504号

✧ 北京市人民政府办公厅关于转发市老龄工作委员会办公室《北京市老年人社会保障和社会优待办法》的通知　　京政办发〔2013〕30号

✧ 北京市民政局关于印发《北京市村民代表会议规则》的通知　　京民基发〔2013〕330号

✧ 关于印发《北京市城乡居民大病保险试行办法》的通知　　京发改〔2013〕2827号

✧ 关于进一步加强村务公开和民主管理工作的意见　　京民基发〔2014〕499号

✧ 关于调整规范城乡社会救助对象医疗救助申请审批程序有关问题的通知　　京民社救发〔2015〕346号

✧ 北京市老龄工作委员会关于印发《北京市支持居家养老服务发展十条政策》的通知　　京老龄委发〔2016〕7号

✧ 北京市优抚、低保和分散供养特困人员集中供热采暖补助实施细则　京民社救发〔2016〕50号

人力资源社会保障部　财政部关于印发《城乡养老保险制度衔接暂行办法》的通知

人社部发〔2014〕17号

各省、自治区、直辖市人民政府，新疆生产建设兵团：

经国务院同意，现将《城乡养老保险制度衔接暂行办法》印发给你们，请认真贯彻执行。

实现城乡养老保险制度衔接，是贯彻落实党的十八届三中全会精神和社会保险法规定，进一步完善养老保险制度的重要内容。做好城乡养老保险制度衔接工作，有利于促进劳动力的合理流动，保障广大城乡参保人员的权益，对于健全和完善城乡统筹的社会保障体系具有重要意义。各地区要高度重视，加强组织领导，明确职责分工，密切协同配合，研究制定具体实施办法，深入开展政策宣传解释和培训，全力做好经办服务，抓好信息系统建设，确保城乡养老保险制度衔接工作平稳实施。

人力资源社会保障部　财政部

2014年2月24日

城乡养老保险制度衔接暂行办法

第一条　为了解决城乡养老保险制度衔接问题，维护参保人员的养老保险权益，依据《中华人民共和国社会保险法》和《实施〈中华人民共和国社会保险法〉若干规定》（人力资源和社会保障部令第13号）的规定，制定本办法。

第二条　本办法适用于参加城镇职工基本养老保险（以下简称城镇职工养

老保险）、城乡居民基本养老保险（以下简称城乡居民养老保险）两种制度需要办理衔接手续的人员。已经按照国家规定领取养老保险待遇的人员，不再办理城乡养老保险制度衔接手续。

第三条　参加城镇职工养老保险和城乡居民养老保险人员，达到城镇职工养老保险法定退休年龄后，城镇职工养老保险缴费年限满15年（含延长缴费至15年）的，可以申请从城乡居民养老保险转入城镇职工养老保险，按照城镇职工养老保险办法计发相应待遇；城镇职工养老保险缴费年限不足15年的，可以申请从城镇职工养老保险转入城乡居民养老保险，待达到城乡居民养老保险规定的领取条件时，按照城乡居民养老保险办法计发相应待遇。

第四条　参保人员需办理城镇职工养老保险和城乡居民养老保险制度衔接手续的，先按城镇职工养老保险有关规定确定待遇领取地，并将城镇职工养老保险的养老保险关系归集至待遇领取地，再办理制度衔接手续。

参保人员申请办理制度衔接手续时，从城乡居民养老保险转入城镇职工养老保险的，在城镇职工养老保险待遇领取地提出申请办理；从城镇职工养老保险转入城乡居民养老保险的，在转入城乡居民养老保险待遇领取地提出申请办理。

第五条　参保人员从城乡居民养老保险转入城镇职工养老保险的，城乡居民养老保险个人账户全部储存额并入城镇职工养老保险个人账户，城乡居民养老保险缴费年限不合并计算或折算为城镇职工养老保险缴费年限。

第六条　参保人员从城镇职工养老保险转入城乡居民养老保险的，城镇职工养老保险个人账户全部储存额并入城乡居民养老保险个人账户，参加城镇职工养老保险的缴费年限合并计算为城乡居民养老保险的缴费年限。

第七条　参保人员若在同一年度内同时参加城镇职工养老保险和城乡居民养老保险的，其重复缴费时段（按月计算，下同）只计算城镇职工养老保险缴费年限，并将城乡居民养老保险重复缴费时段相应个人缴费和集体补助退还本人。

第八条　参保人员不得同时领取城镇职工养老保险和城乡居民养老保险待遇。对于同时领取城镇职工养老保险和城乡居民养老保险待遇的，终止并解除城乡居民养老保险关系，除政府补贴外的个人账户余额退还本人，已领取的城乡居民养老保险基础养老金应予以退还；本人不予退还的，由社会保险经办机构负责从城乡居民养老保险个人账户余额或者城镇职工养老保险基本养老金中抵扣。

第九条　参保人员办理城乡养老保险制度衔接手续时，按下列程序办理：

（一）由参保人员本人向待遇领取地社会保险经办机构提出养老保险制度衔接的书面申请。

（二）待遇领取地社会保险经办机构受理并审核参保人员书面申请，对符合本办法规定条件的，在15个工作日内，向参保人员原城镇职工养老保险、城乡居民养老保险关系所在地社会保险经办机构发出联系函，并提供相关信息；对不符合本办法规定条件的，向申请人作出说明。

（三）参保人员原城镇职工养老保险、城乡居民养老保险关系所在地社会保险经办机构在接到联系函的15个工作日内，完成制度衔接的参保缴费信息传递和基金划转手续。

（四）待遇领取地社会保险经办机构收到参保人员原城镇职工养老保险、城乡居民养老保险关系所在地社会保险经办机构转移的资金后，应在15个工作日内办结有关手续，并将情况及时通知申请人。

第十条　健全完善全国县级以上社会保险经办机构联系方式信息库，并向社会公布，方便参保人员办理城乡养老保险制度衔接手续。建立全国统一的基本养老保险参保缴费信息查询服务系统，进一步完善全国社会保险关系转移系统，加快普及全国通用的社会保障卡，为参保人员查询参保缴费信息、办理城乡养老保险制度衔接提供便捷有效的技术服务。

第十一条　本办法从2014年7月1日起施行。各地已出台政策与本办法不符的，以本办法规定为准。

关于贯彻落实国务院统一城乡居民基本养老保险制度暨实施城乡养老保险制度衔接有关问题的通知

京人社居发〔2014〕177号

各区县人力资源和社会保障局、财政局：

根据《国务院关于建立统一的城乡居民基本养老保险制度的意见》（国发〔2014〕8号）及人力资源和社会保障部、财政部有关规定，为进一步完善我市《城乡居民养老保险办法》（京政发〔2008〕49号），经报请市政府同意，现将有关问题通知如下：

一、城乡居民基本养老保险按照全覆盖、保基本、有弹性、可持续的方针，以增强公平性、适应流动性、保证可持续性为重点，全面推进和不断完善覆盖全体城乡居民的基本养老保险制度。

二、城乡居民基本养老保险继续坚持和完善社会统筹与个人账户相结合的制度模式，巩固和拓宽个人缴费、集体补助、政府补贴相结合的资金筹集渠道，完善基础养老金和个人账户养老金相结合的待遇支付政策，强化长缴多得、多缴多得等制度激励机制，健全和完善基础养老金正常调整机制。

三、本市户籍人员年满16周岁（不含在校学生），非国家机关和事业单位工作人员及不属于职工基本养老保险制度覆盖范围的城乡居民，可以参加城乡居民基本养老保险。

四、参加城乡居民基本养老保险的人员实行定额缴费，政府对参保人缴费给予适当补贴。参保人最高缴费档次标准原则上不超过本市灵活就业人员参加职工基本养老保险的年缴费额。有条件的村集体经济组织应当对参保人缴费给予补助，鼓励有条件的社区将集体补助纳入社区公益事业资金筹集范围。鼓励其他社会经济组织、公益慈善组织、个人为参保人缴费提供资助。补助、资助金额不超过本市设定的最高缴费档次标准。缴费标准的调整，由市人力社保局会同市财政局提出方案报请市政府同意后予以公布。

五、参加城乡居民基本养老保险人员仍按照《关于对参加城乡居民养老保险的人员给予缴费补贴的通知》（京人社居发〔2009〕191号）规定范围享受缴费补贴，对选择最低缴费至2 000元以下（不含2 000元）标准的，每人每年补贴60元；选择2 000元至最高缴费标准的，每人每年补贴90元。

六、本市为每个参保人员建立终身记录的养老保险个人账户，个人缴费、各级政府对参保人的缴费补贴、集体补助及其他社会经济组织、公益慈善组织、个人对参保人的缴费资助，全部记入个人账户。

个人账户储存额按照《人力资源和社会保障部关于印发城乡居民基本养老保险经办规程的通知》（人社部发〔2014〕23号）规定计息。

七、2014年12月31日以前已经参加本市城乡居民基本养老保险的本市户籍参保人，仍按照《北京市城乡居民养老保险办法》（京政发〔2008〕49号，以下简称49号文件）规定的领取条件享受城乡居民基本养老保险待遇。

八、2015年1月1日以后新参加城乡居民基本养老保险的本市户籍人员，年满60周岁、累计缴费满15年，且未领取国家规定的基本养老保障待遇的，可以按月领取城乡居民基本养老保险待遇。

（一）本市户籍人员在2009年1月1日超过45周岁，外埠户籍进京人员2013年1月1日超过45周岁的，应逐年缴费。也允许一次性多缴，累计缴费年限不超过15年。

（二）本市户籍人员在2009年1月1日未达到45周岁，外埠户籍进京人员2013年1月1日未达到45周岁的，应按年缴费，累计缴费不少于15年。

（三）2015年1月1日以后新参保人员，不符合本条（一）、（二）缴费规定的，应在达到领取年龄后延期并逐年缴费，直至满足按月领取待遇条件。

九、参加本市城乡居民基本养老保险的参保人，待遇由基础养老金和个人账户养老金构成。

（一）基础养老金实行正常调整机制，今后根据本市经济发展情况由市人力社保局会同市财政部门提出方案报市政府同意后适当提高基础养老金标准。

（二）个人账户养老金的月计发标准与现行职工基本养老保险个人账户养老金计发系数相同。

（三）参保人死亡，个人账户资金余额可以依法继承。

十、参加城乡居民基本养老保险的人员，在缴费期间户籍迁移、需要跨地区转移城乡居民基本养老保险关系的，可以申请转移其养老保险关系，一次性转移个人账户全部储存额，并按规定继续参保缴费，缴费年限累计计算；已经按规定领取城乡居民基本养老保险待遇的，无论户籍是否迁移，其养老保险关系不转移。

十一、参保人在职工基本养老保险（以下简称职工养老保险）和城乡居民基本养老保险（以下简称居民养老保险）均有缴费的人员，可以办理两种制度的衔接手续。

（一）本市户籍参保人符合职工养老保险待遇领取条件时，可以申请将居民养老保险转入职工养老保险，按照职工养老保险办法计发相应待遇。居民养老保险个人账户全部储存额并入职工养老保险个人账户，其中2014年12月31日以前的居民养老保险缴费可按49号文件执行。

（二）本市户籍参保人达到职工养老保险法定退休年龄时，职工养老保险缴费不满十五年的，可以申请从职工养老保险转入居民养老保险，待其达到居民养老保险规定的领取条件时，按照居民养老保险办法计发相应待遇。职工养老保险缴费年限合并计算为居民养老保险缴费年限，职工养老保险个人账户全部储存额并入居民养老保险个人账户，其中2014年6月30日之前的缴费按照49号文件执行。

（三）本市户籍参保人将居民养老保险关系转入外省（区、市）的，其衔接办法按照转入地规定执行。

（四）参加本市职工养老保险的外埠户籍人员，需办理制度衔接手续的，先按职工养老保险有关规定确定待遇领取地，并将职工养老保险关系归集到待遇领取地，再办理两种制度衔接手续。职工养老保险待遇领取地确定为本市的，可以申请将居民养老保险转入职工养老保险，按照职工养老保险办法计发相应待遇。居民养老保险个人账户全部储存额并入职工养老保险个人账户，居民养老保险缴费年限不合并或折算为职工养老保险缴费年限。

（五）参保人在两种制度衔接前，需要清算居民养老保险个人账户资金的，应在办理职工养老保险衔接手续前进行清算。在清算个人账户资金时，核减本市市级统一规定的财政补贴（残疾人及乡村医生的缴费补贴除外）。

十二、对于建设征地农转工、整建制农转居人员仍按照《关于城乡居民养老保险与基本养老保险衔接政策有关问题的通知》（京人社居发〔2011〕107号）执行。

十三、参保人不得同时领取职工基本养老保险和城乡居民基本养老保险待遇；同时领取的，终止并解除城乡居民基本养老保险关系，除政府补贴外的个人账户余额退还本人，已领取的城乡居民基础养老金予以退还。

十四、加强社会保险经办能力建设，完善社会保险信息系统。各区县、各部门要充分认识建立统一的城乡居民基本养老保险制度和实现城乡养老保险制度平稳衔接的重大意义，进一步加强组织领导，明确责任分工，密切协同配合，确保各项工作平稳运行。

北京市人力资源和社会保障局　北京市财政局

2014年8月14日

北京市人民政府办公厅转发市劳动保障局《关于促进农村劳动力转移就业工作指导意见》的通知

京政办发〔2008〕57号

各区、县人民政府，市政府各委、办、局，各市属机构：

经市政府同意，现将市劳动保障局《关于促进农村劳动力转移就业工作的指导意见》转发给你们，请结合实际，认真贯彻执行。

北京市人民政府办公厅

2008年12月20日

关于促进农村劳动力转移就业工作的指导意见

为贯彻落实中共中央《关于推进农村改革发展若干重大问题的决定》和市委、市政府有关文件精神，提高农民收入，稳定农民就业，推动北京市城乡统筹就业新格局的形成，现就促进北京市农村劳动力向二三产业转移就业有关问题提出如下意见：

一、加强政策扶持，鼓励用人单位招用北京市农村就业困难人员

用人单位招用北京市农村就业困难人员，即：具有劳动能力和转移就业要求的“4050”、残疾、享受农村最低生活保障待遇等农村劳动力和绿化隔离地区、资源枯竭地区、矿山关闭地区、保护性限制地区的未就业农村劳动力，签订一年及以上劳动合同且按规定缴纳社会保险的，可按每人每年3000元的标准，申请享受最长不超过3年的岗位补贴；按城镇职工标准为招用的北京市农村就业困难人员缴纳基本养老保险费、基本医疗保险费和失业保险费的，可同

时申请享受社会保险补贴，补贴标准由市劳动保障局、市财政局共同确定。

二、改善创业环境，鼓励农村劳动力自谋职业、自主创业

农村劳动力从事个体经营的（国家规定的行业除外），三年内免收属于管理类、登记类和证照类的各项行政事业性收费，同时可申请不超过5万元的小额担保贷款；自主、合伙创办小企业的，可申请不超过20万元的小额担保贷款。对符合条件的，可申请财政贴息。在农村推广信用社区建设，简化反担保手续。

三、统一培训制度，提高农村劳动力转移就业能力

有转移就业要求、参加转移就业培训的农村劳动力可以享受与城镇失业人员同等的职业技能培训、职业技能鉴定和创业培训补贴政策。技能培训补贴和鉴定补贴标准按照不同职业（工种）、培训等级由人均400元提高到550元；创业培训补贴标准由人均400元提高到1 329元。

四、统筹城乡社会保险待遇，实行适应农村劳动力转移就业特点的社会保险政策

农村劳动力转移就业参加城镇企业职工社会保险，按规定标准缴纳各项社会保险费，符合规定缴费年限及有关条件时，享受与城镇职工同等的各项社会保险待遇。根据转移就业特点，建立北京市农村劳动力参加城镇或农村社会保险缴费和享受待遇的衔接机制。

五、强化区域合作，完善“城乡手拉手”就业协作机制

在农村设立人力资源基地，在用人单位设立就业基地，引导用工规模较大的单位与农村劳动力密集的区县、乡镇实现有效对接，完善定向输出、定向招聘、定向培训、定向服务的“城乡手拉手”就业协作机制。围绕区县间经济社会援建、合作项目的实施，以政策引导、资金支持、技能培训和岗位推荐等就业服务为保障，帮助农村劳动力通过就业协作机制实现跨区域转移就业。

六、充实基层就业服务力量，加强农村公共就业服务

各区、县政府要将农村就业服务纳入公共就业服务体系中，统筹规划建设并负责落实相关经费，在农村劳动力转移就业要求集中的行政村配备专人从事

转移就业工作，接受乡镇社会保障事务所的业务指导。

各级公共就业服务机构要为农村劳动力转移就业提供免费职业介绍及相关服务。充分利用人力资源市场信息网络和互联网络等媒体资源，在行政村及时发布有效的招聘、培训信息；上网公布农村就业困难人员的求职信息，方便用人单位有效开展招聘活动。通过组织巡回职业招聘洽谈、定向上门应聘、现场培训和政策咨询等活动，就近满足农村劳动力的就业服务需求。

七、明确筹资渠道，加大农村劳动力转移就业的资金支持力度

将失业保险基金促进就业功能扩大到本市农村劳动力转移就业。促进农村劳动力转移就业的岗位补贴、社会保险补贴、职业技能培训和鉴定补贴、创业培训补贴、职业介绍补贴等政策经费由失业保险基金列支。

区县及乡镇政府也要根据本地区促进农村劳动力转移就业工作需要，加大政策扶持力度，增加资金投入，缩小城乡政策差异，不断改善农村劳动力转移就业环境。

八、加强组织领导，健全促进农村劳动力转移就业的工作机制

各区、县政府要将促进农村劳动力转移就业工作列为就业工作的重要内容，强化并完善目标责任制，层层分解，落实到人。市、区县社会保障和就业工作领导小组要加大农村劳动力转移就业工作的考核力度和奖励比例，对在促进农村劳动力转移就业工作中成绩突出的单位、个人给予重点表彰和奖励。

本意见自2009年1月1日起实施。

北京市人力资源和社会保障局　北京市财政局关于印发《北京市“纯农就业家庭”转移就业援助工作意见》的通知

京人社就发97号

各区县人力资源和社会保障局、财政局：

为进一步加快统筹城乡就业步伐，帮助农村劳动力通过转移就业提高生活水平，现将《北京市“纯农就业家庭”转移就业援助工作意见》印发给你们，并就2010年开展“纯农就业家庭”转移就业援助工作的有关问题提出如下要求，请一并贯彻落实。

一、抓紧建立“纯农就业家庭”转移就业援助制度

各区县人力资源和社会保障局应按照《北京市“纯农就业家庭”转移就业援助工作意见》的要求，结合本地区实际，制订“纯农就业家庭”转移就业援助制度建设方案，以家庭收入较低、生活困难，转移就业要求迫切的家庭和农村劳动力为重点援助对象，明确区县、乡镇和村站的工作职责和目标考核机制。统一规划转移就业援助的日常工作和年度集中活动安排，与区县财政局共同研究促进“纯农就业家庭”劳动力转移就业的优惠政策，落实经费保障，确保各项工作能够顺利实施。

二、全面部署“纯农就业家庭”转移就业援助工作

各区县人力资源和社会保障局应及时召开“纯农就业家庭”转移就业援助工作会议，在统一部署“纯农就业家庭”转移就业援助各项工作任务的基础上，从统筹城乡发展、促进农民增收致富的高度，重点说明开展“纯农就业家庭”转移就业援助的重要意义，统一思想，提高认识，克服畏难情绪，形成各

部门合力促进“纯农就业家庭”劳动力转移就业的良好工作局面。

三、有序组织“纯农就业家庭”的认定登记

各区县人力资源和社会保障局应在全市统一的认定标准上，结合近两年“纯农就业家庭”的调查结果，尽快明确本区县2010年“纯农就业家庭”转移就业援助的重点对象，下达重点援助的家庭收入标准，部署乡镇社会保障事务所、村级就业服务站启动2010年度“纯农就业家庭”的认定登记工作。2010年度全市“纯农就业家庭”的认定截至时间为4月30日。各乡镇社会保障事务所与经认定的 “受援纯农劳动力”签订的转移就业援助协议起始时间为2010年5月1日，终止时间为2011年4月30日。

四、重点开展就业助理员的业务培训

各区县人力资源和社会保障局要指导基层公共就业服务机构，选择政治水平高、服务意识强、业务素质好的人员担任就业助理员，承担转移就业援助的日常工作。并于4月底前，统一组织就业助理员的业务培训，围绕农村劳动力转移就业管理《关于印发〈北京市农村劳动力转移就业管理办法〉的通知》（京劳社就发〔2006〕86号）、《关于加强木市农村劳动力转移就业基础管理工作有关问题的通知》（京劳社就发〔2009〕48号）、职业介绍和职业指导方法、人力资源和社会保障政策法规等业务知识开展培训。全面提高就业助理员的业务能力，为转移就业援助工作的顺利实施奠定基础。

五、统筹安排转移就业援助的集中活动

各区县人力资源和社会保障局应根据2010年“纯农就业家庭”的认定情况，在重点地区组织开展“纯农就业家庭”转移就业援助专项行动，通过送岗位、送技能、送项目、送政策等多种形式，提高转移就业援助的实效性和影响力。

六、跟踪掌握转移就业援助的进展情况

“纯农就业家庭”转移就业援助工作已纳入2010年全市就业工作目标考核范围。各区县人力资源和社会保障局应及时跟踪掌握工作的进展情况，督促乡镇社会保障事务所抓紧落实，确保全年任务的顺利完成。同时，要及时向市人力资源和社会保障局报送本区县各阶段工作的开展信息。市人力资源和社会保障局将对具有地区特色的创新做法向全市推广介绍。

在劳动力市场信息系统“农村劳动力转移就业管理子系统”增加“纯农就

业家庭”转移就业援助功能前，暂由各区县人力资源和社会保障局按月组织《北京市“纯农就业家庭”转移就业援助实施情况统计表》的填报工作，并于每月5日前报送市人力资源和社会保障局就业促进处（失业保险处），数据统计的截止日期为每月的最后一天，首次报表时间为2010年5月5日前。

联系人：张延和、张征宇

联系电话：（010）63167924（传真）

附件：1. 北京市“纯农就业家庭”转移就业援助工作意见

2.“纯农就业家庭”转移就业援助申请认定表（略）

3. 北京市“纯农就业家庭”转移就业援助计划实施情况统计表（略）

4.“纯农就业家庭”认定编码规则（略）

北京市人力资源和社会保障局

北京市财政局

2010年3月12日

北京市“纯农就业家庭”转移就业援助工作意见

为深入贯彻《中共北京市委关于率先形成城乡经济社会发展一体化新格局的意见》，加快统筹城乡就业步伐，帮助低收入农户提高收入水平，市人力资源和社会保障局、市财政局将在全市郊区实施“纯农就业家庭”劳动力转移就业援助计划，现提出如下工作意见：

一、充分认识促进“纯农就业家庭”劳动力转移就业的重要意义

随着城乡一体化建设的不断推进，现代都市型农业、生态经济、非农产业的发展，引导越来越多的农村劳动力脱离农业生产劳动，进入到二三产业转移就业。新农村建设、城乡结合部改造以及郊区城镇化发展，促使越来越多的农民实现了从传统农居生活向城市生活的转变，生活质量明显改善，收入水平不断提高。近几年，农民现金收入以年均10%的速度增长，其中的67.6%来自于

工资收入和二三产经营收入，转移就业已经成为农民增收致富的重要途径。当前，北京市仍有很多单一从事农业生产的农村家庭 — “纯农就业家庭”，受地理位置偏、生产资料少和农产品附加值低等因素的影响，收入普遍偏低且增收空间有限，成为北京市农村低收入群体的主要组成部分。农业、农村、农民问题关系全市改革发展稳定大局，没有农村的现代化就没有首都的现代化，没有农民的富裕就没有全市人民生活水平的整体提高，没有农村劳动力的转移就业就没有统筹城乡就业的全面发展，因此，帮助“纯农就业家庭”劳动力转移就业，是确保市委、市政府提出的到2020年农民人均收入比2008年翻一番，20%相对低收入农户人均纯收入到2015年翻一番目标实现的关键所在，是确保北京市率先形成城乡经济社会发展一体化格局的必然要求。

二、“纯农就业家庭”的概念

本意见所称“纯农就业家庭”是指本市农业户籍家庭中，在法定劳动年龄内（在校学生、家务劳动者除外）且有劳动能力的成员（以下简称“家庭劳动力”），在上年度无一人在二三产业转移就业累计达到三个月的家庭。

家庭劳动力有从事下列活动的，不列入“纯农就业家庭”范围：

（一）经营从事含餐饮、住宿、娱乐、旅游等项目的观光农业的；

（二）经营从事农、林、牧、渔产品深加工制造的；

（三）收购农畜产品、肉、禽、蛋及水产品并进行批发、零售的；

（四）从事市、区县、乡镇政府或村级组织出资的公共管理、公共服务工作的；

（五）其他不列入“纯农”范围的生产经营活动。

三、“纯农就业家庭”的登记管理制度

“纯农就业家庭”登记管理制度依托于农村劳动力转移就业管理制度，是动态掌握“纯农就业家庭”劳动力就业状况变化、转移就业需求，为其提供有针对性重点帮助的重要依据。包括：

（一）“纯农就业家庭”的认定

1. 符合“纯农就业家庭”定义，且家庭收入较低，劳动力中有转移就业要求的，可在市人力资源和社会保障局规定时间内向户籍所在地乡镇社会保障事务所或村级就业服务站提交《“纯农就业家庭”转移就业援助申请认定表》

（一式两份）。

2. 乡镇社会保障事务所应组织村级就业服务站对申报的“纯农就业家庭”进行入户核实，由村委会在《“纯农就业家庭”转移就业援助申请认定表》上出具核实意见后，对符合“纯农就业家庭”条件的予以认定，其中有转移就业愿望的家庭劳动力称为“受援纯农劳动力”。

3. 经认定的“纯农就业家庭”列入年度转移就业援助范围，乡镇社会保障事务所应为其指定一名就业助理员，与“受援纯农劳动力”签订为期一年的转移就业援助协议。

4. 乡镇社会保障事务所要为每个“纯农就业家庭”建立转移就业援助台帐；为未持有《北京市农村劳动力转移就业证》（以下简称“转移就业证”）的“受援纯农劳动力”办理求职登记手续；将“纯农就业家庭”及“受援纯农劳动力”的相关信息录入数据库；在“受援纯农劳动力”个人持有的《转移就业证》上标注“受援纯农劳动力”和“纯农就业家庭”认定编号（编码规则见附件4）。

（二）“纯农就业家庭”的日常统计评估

经认定的“纯农就业家庭”及其“受援纯农劳动力”在援助期内均纳入跟踪统计范围，直至其退出转移就业援助。乡镇社会保障事务所应按月统计“受援纯农劳动力”转移就业和回流情况，并据此评估登记“纯农就业家庭”的转移就业状态，反映援助工作的实际进展。

每个统计期末，经认定的“纯农就业家庭”中至少有一名劳动力转移就业累计达到三个月的，属于成功转移就业家庭；至少有一名劳动力实现转移就业但其累计时间未达到三个月的，属于初步转移就业家庭。

（三）“纯农就业家庭”的注销

1. 在援助期内，经认定的“纯农就业家庭”中“受援纯农劳动力”无正当理由，拒不接受各类公共就业服务累计达到五次的，可注销其“纯农就业家庭”和“受援纯农劳动力”的身份。

2. 经认定的“纯农就业家庭”中所有“受援纯农劳动力”书面申请退出转移就业援助的，可随时办理“纯农就业家庭”和“受援纯农劳动力”注销手续；部分受援纯农劳动力书面申请退出转移就业援助的，可随时办理“受援纯农劳动力”注销手续。

3. 经认定的“纯农就业家庭”中所有“受援纯农劳动力”注销《转移就业证》后，其“纯农就业家庭”和“受援纯农劳动力”身份自动取消。

4. 援助期内，达到成功转移就业家庭条件的，注销“纯农就业家庭”，但保留“受援纯农劳动力”身份直至援助期满。

“受援纯农劳动力”在援助期内享受到的促进转移就业优惠政策，其身份注消后，可凭《转移就业证》在批准期限内继续享受。

（四）“纯农就业家庭”的动态管理

经认定的“纯农就业家庭”中原无转移就业愿望的家庭劳动力，可在援助期内根据其转移就业愿望，随时办理求职登记手续，成为“受援纯农劳动力”，纳入转移就业援助范围。

乡镇社会保障事务所应按照《关于印发〈北京市农村劳动力转移就业管理办法〉的通知》（京劳社就发〔2006〕86号）文件规定，建立与“纯农就业家庭”和“受援纯农劳动力”的日常联系制度，通过入户访问，电话联系等方式，动态掌握其基本情况和就业状态的变化情况，并按照《关于加强本市农村劳动力转移就业基础管理工作有关问题的通知》（京劳社就发〔2009〕48号）的要求，按月将“纯农就业家庭”及其“受援纯农劳动力”的登记、变更、注销和援助过程等如实录入数据库。

四、“纯农就业家庭”的转移就业援助

乡镇社会保障事务所应在与“受援纯农劳动力”签订的转移就业援助协议中明确援助对象，承诺所提供援助的项目、方式、次数、期限以及援助效果等，明确双方的权利、义务和所承担的责任等，确保各项措施能够落实到位。转移就业援助的具体内容包括：

（一）就业助理员在随时掌握“纯农就业家庭”及其“受援纯农劳动力”的基本情况和就业动态的基础上，每月至少为“受援纯农劳动力”提供两次就业岗位信息；在援助期内，至少提供一次政策培训，为有职业技能培训要求的提供一次免费培训机会；随时针对其在求职、转移就业过程中存在的实际困难和问题，开展“一对一”的职业指导和跟踪服务。

（二）区县人力资源和社会保障局、乡镇社会保障事务所利用电话、手机短信、互联网络等媒介开辟本地区就业服务热线，解答“受援纯农劳动力”遇到的就业和社会保障问题，提供政策咨询、就业岗位和培训信息服务等。

（三） 区县、乡镇公共就业服务机构应定期组织针对“受援纯农劳动力”的专场职业招聘洽谈活动，举办专题职业指导、职业技能培训班，为“受援纯农劳动力”提供正规化、专业化的转移就业援助。

五、广泛开发就业岗位，优先合理安置“受援纯农劳动力”

（一）进一步强化城乡“手拉手”就业协作机制，推动年轻的“受援纯农劳动力”向城区，向二三产业发达地区流动就业。

（二）结合地区经济社会发展，依托农民专业合作社、村集体经济组织，大力开发观光服务、民俗旅游、特色手工制作等家庭经营或计件加工的就业项目，帮助“受援纯农劳动力”通过灵活方式实现转移就业。

（三） 充分利用公共岗位资源，优先解决“受援纯农劳动力”的转移就业问题。市、区县、乡镇政府部门、财政拨款的事业单位、社会团体组织的后勤服务岗位优先吸纳安置“受援纯农劳动力”。市、区县政府出资的农村管水员、乡村公路养护员、生态林管护员、矿产资源看护员、治安巡逻员等公共管理服务岗位，在同等条件下优先安置“受援纯农劳动力”。

六、促进“受援纯农劳动力”转移就业的政策

在全面贯彻落实农村劳动力转移就业政策的基础上，进一步扩大政策扶持内容，加大扶持力度：

（一）用人单位招用“受援纯农劳动力”达到规定要求的，可享受1～5年的岗位补贴和社会保险补贴。

（二）各区县、乡镇政府可根据实际情况，制订本地区促进“受援纯农劳动力”转移就业的帮扶政策，所需资金从区县就业专项资金或乡镇财政支付。

七、工作要求

（一）各区县人力资源和社会保障局要将帮扶“纯农就业家庭”劳动力转移就业纳入城乡就业工作目标考核机制。到2010年底，“纯农就业家庭”较少的区县要实现“出现一户、帮扶一户、转移一户”的目标；其他郊区县每年帮

助60%以上的“纯农就业家庭”至少一名家庭劳动力实现转移就业，到2012年底全市实现“出现一户、帮扶一户、转移一户”的目标。

（二）各区县人力资源和社会保障局、财政局要积极研究制订促进“纯农就业家庭”的“受援纯农劳动力”转移就业的政策措施，加大资金帮扶力度，为促进“纯农就业家庭”通过转移就业实现增收致富创造良好环境。

（三）各区县人力资源和社会保障局、各乡镇社会保障事务所要以提高“纯农就业家庭”劳动力转移就业成功率和稳定性为目标，扎实开展岗位推荐、职业指导、职业培训、政策帮扶和跟踪服务等各项援助措施，帮助“纯农就业家庭”劳动力真正树立转移就业意识，转变农村就业习惯，提升职业技能水平，使转移就业成为他们就业经历中的重要组成部分，并且能够长期坚持下去。

（四）各区县人力资源和社会保障局应督促指导各乡镇社会保障事务所建立“纯农就业家庭”转移就业援助工作考核制度，明确“纯农就业家庭”转移就业援助目标，健全管理规章制度，规范就业助理员的服务行为，确保各项转移就业援助措施能够落实到位。

市人力资源和社会保障局将建立“纯农就业家庭”转移就业援助跟踪调查机制，对“纯农就业家庭”及其“受援纯农劳动力”享受转移就业援助的情况和满意程度、实际就业状况进行调查了解。对于积极主动为“纯农就业家庭”及其“受援纯农劳动力”提供有效帮扶且取得突出成绩的单位和个人，予以表彰；对于瞒报“纯农就业家庭”情况或不实记录“受援纯农劳动力”就业状态的单位和个人将给予通报批评。调查结果将作为各区县“纯农就业家庭”转移就业援助工作的评价依据之一，列入就业工作目标考核范围。

（五）各级公共就业服务机构要建立重点帮扶机制，指定专业服务人员、畅通信息传递渠道，对乡镇社会保障事务所落实“受援纯农家庭”转移就业援助协议，提供重点服务和技术支持。

关于印发《北京市城乡居民大病保险试行办法》的通知

京发改〔2013〕2827号

各区县发展改革委、财政局、人力社保局、卫生局、民政局：

为进一步完善本市城乡居民医疗保险制度，健全多层次医疗保障体系，有效提高重特大疾病保障水平，减轻大病患者医疗费用负担，根据国家发展改革委、卫生部、财政部、人力资源社会保障部、民政部、保监会联合印发的《关于开展城乡居民大病保险工作的指导意见》（发改社会〔2012〕2605号）有关要求，制定了《北京市城乡居民大病保险试行办法》，经市政府批准同意，现予以印发，请贯彻落实。

特此通知。

北京市发展和改革委员会　北京市卫生局

北京市财政局　北京市人力资源和社会保障局

北京市民政局　中国保险监督管理委员会北京监管局

2013年12月31日

北京市城乡居民大病保险试行办法

第一条　为进一步完善北京市城乡居民医疗保险制度，有效提高重特大疾病保障水平，减轻大病患者医疗费用负担，依据《关于开展城乡居民大病保险工作的指导意见》（发改社会〔2012〕2605号），制定本办法。

第二条　参加北京市城镇居民基本医疗保险和新型农村合作医疗的人员适用本办法。

第三条 城镇居民大病保险资金实行全市统筹，由城镇居民基本医疗保险基金按照当年筹资标准5%的额度划拨；农村居民大病保险资金实行区县统筹，由各区县新农合基金按照当年筹资标准5%的额度划拨。大病保险资金纳入社会保障基金财政专户，单独核算，专款专用。

第四条 城乡居民在基本医疗保险定点医疗机构发生的符合本市城乡居民基本医疗保险报销范围的费用，在基本医疗保险报销后，城镇居民在基本医疗保险政策范围内个人自付超过上一年度全市城镇居民年人均可支配收入的高额费用，农村居民在基本医疗保险政策范围内个人自付超过上一年度全市农村居民年人均纯收入的高额费用（以下简称起付金额，具体金额由市人力资源和社会保障局、市卫生局发布），纳入本市城乡居民大病保险支付范围。

第五条 大病保险实行“分段计算、累加支付”。城乡居民发生起付金额以上、5万元（含）以内的费用，由大病保险资金报销50%；超过5万元的费用，由大病保险资金报销60%。一个医疗保险年度结算一次。

第六条 城镇居民大病保险由市人力资源和社会保障部门主管，市和区县医保中心负责经办。农村居民大病保险由市卫生部门主管，各区县新农合管理部门负责经办；其中门头沟区、平谷区、密云县农村居民大病保险试点由卫生部门和商业保险机构“共保联办”，双方在合理控制商业保险机构盈利率基础上确定具体协议条款，保障水平执行全市统一政策。

市有关部门要积极探索并创造条件向商业保险机构购买大病保险，发挥商业保险机构的专业化、精细化优势，提高大病保险的运行效率、服务水平和质量。

第七条 本市城镇居民大病保险起付金额、报销比例政策需要调整时，由市人力资源和社会保障局会同市财政局提出，报市人民政府批准。

本市农村居民大病保险起付金额、报销比例政策需要调整时，由市卫生局会同市财政局提出，报市人民政府批准。

第八条 各相关部门和机构要通过多种方式加强监督管理，严格防控不合理医疗行为和费用，保障医疗服务质量。卫生部门要加强对医疗机构、医疗服务行为和质量的监管。商业保险经办机构要充分发挥医疗保险机制的作用，与政府有关部门密切配合，加强对相关医疗服务和医疗费用的监控。

第九条　各有关方面要加强对大病保险政策的宣传和解读，使广大群众和社会各界能够充分了解、理解和支持这项改革，为大病保险的实施营造良好的社会环境。

第十条　本办法自2014年1月1日起试行。

北京市建设征地补偿安置办法

北京市人民政府令第148号

《北京市建设征地补偿安置办法》已经2004年4月29日市人民政府第24次常务会议通过，现予公布，自2004年7月1日起施行。

市长　王岐山

2004年5月21日

北京市建设征地补偿安置办法

第一章　总　则

第一条　为了保护被征地农村村民、农村集体经济组织和征地单位合法权益，促进首都经济发展，维护社会稳定，根据《中华人民共和国土地管理法》《中华人民共和国劳动法》等有关规定，结合本市实际情况，制定本办法。

第二条　本市行政区域内依法征用农民集体所有土地的，依照本办法进行补偿安置。

第三条　市土地行政主管部门负责征地补偿管理工作；市劳动保障行政主管部门负责转非劳动力就业和社会保险管理工作；市民政部门负责超转人员管理工作。区、县土地、劳动保障、民政部门按照分工负责本行政区域内征地补偿安置具体管理工作。

公安、农村工作等部门应当按照各自的职责对征地补偿安置工作实施管理。

区、县人民政府应当对本行政区域内的征地补偿安置工作实施监督管理。乡镇人民政府应当协助做好征地补偿安置工作。

第四条　本市征地补偿安置工作坚持公开的原则，征地补偿费由征地双方依法协商确定。

第五条　经批准征用农民集体所有土地的单位（以下简称征地单位）应当支付征地补偿费。征地补偿费应当按时、足额支付到位。

本市征地补偿费实行最低保护标准制度。

第六条　任何单位和个人不得侵占、挪用征地补偿费用和其他有关费用。

第七条　农村集体经济组织和村民委员会应当按照本办法规定做好征地补偿安置中相应工作。

第二章　征地补偿

第八条　征地单位支付的征地补偿费包括土地补偿费和安置补助费。涉及青苗和其他土地附着物的，还应当向所有权人支付青苗补偿费和其他土地附着物补偿费。

青苗是指尚未收获的农作物。其他土地附着物包括房屋、水井、道路、管线、水渠等建筑物、构筑物以及林木和其他经济作物等。

第九条　征地补偿费最低保护标准由市土地行政主管部门以乡镇为单位结合被征地农村村民的生活水平、农业产值、土地区位以及本办法规定的人员安置费用等综合因素确定，报市人民政府批准后公布执行。

征地补偿费最低保护标准应当根据社会、经济发展水平适时调整。

第十条　征地单位与被征地农村集体经济组织或者村民委员会应当在不低于本市征地补偿费最低保护标准的基础上，协商签订书面征地补偿安置协议。协议应当包括补偿方式、补偿款金额及支付方式、安置人员数量及安置方式、青苗及土地附着物补偿、违约责任和纠纷处理方式等内容。

签订协议前，被征地农村集体经济组织或者村民委员会应当就协议主要内容经村民大会或者村民代表大会等民主程序形成书面决议。决议应当妥善保存。签订协议后，农村集体经济组织或者村民委员会应当向农村村民公示征地补偿安置协议。

第十一条　土地行政主管部门应当对农村集体经济组织或者村民委员会在签订征地补偿安置协议前是否履行民主程序、征地双方达成协议的内容是否符合法律规定进行监督，并可就监督内容听取农村村民意见。

土地行政主管部门在向批准征地机关报送征用土地方案时，应当附具征地双方签订的征地补偿安置协议。

第十二条　区、县人民政府应当自收到征用土地批准文件之日起10日内在被征地的乡镇、村进行征地公告。征地公告的内容应当包括批准机关、批准时间、批准文件名称和文号，被征地范围、地类、土地面积，征地单位、项目名称、征后用途，双方协议的征地补偿款金额和人员安置方式等内容。

第十三条　征地单位应当将征地补偿费专户存储，接受土地行政主管部门的监管，依法支付。

征地补偿费监管的具体办法，由市土地行政主管部门规定并公布。

第十四条　征地补偿费用于人员安置后，其余部分作为土地补偿费支付给被征地的农村集体经济组织或者村民委员会，用于农村村民生产生活。

农村集体经济组织或者村民委员会应当依法公开土地补偿费和安置补助费的使用情况，接受监督。

第十五条　征地双方经协商可以实行非货币补偿。在符合规划的前提下，征地单位可以在征用范围内留出部分土地由农村集体经济组织或者村民委员会使用，作为征地补偿。

第十六条　青苗补偿按照1季产值计算，但多年生的农作物青苗按照1年产值计算。

林木的补偿按照本市有关规定执行。

其他经济作物的补偿，由征地双方根据经济作物生长情况协商确定；协商不成的，可以委托评估机构参照届时市场价格评估确定。

第十七条　拆迁住宅房屋的，按照《北京市集体土地房屋拆迁管理办法》执行。

拆迁非住宅房屋和其他建筑物、构筑物的，按照重置成新价格予以补偿；公益公共设施确需迁建的，应当迁建。拆迁经营性用房造成停产停业经济损失的，应当按照规定给予一次性停产停业补助费。

拆迁未超过批准期限的临时建筑，按照重置成新价格予以适当补偿；超过批准期限的临时建筑和违法建设，不予补偿。

第十八条　违法建设、违法占用土地的，涉及的土地附着物不予补偿。征地公告发布后，在征地范围内新种植的青苗、经济作物、林木等，不予补偿。

第三章　人员安置

第十九条　征用农民集体所有土地的，相应的农村村民应当同时转为非农业户口。应当转为非农业户口的农村村民数量，按照被征用的土地数量除以征地前被征地农村集体经济组织或者该村人均土地数量计算。应当转为非农业户口的农村村民人口年龄结构应当与该农村集体经济组织的人口年龄结构一致。

第二十条　农村集体经济组织或者村民委员会应当自征地公告之日起60日内确定应当转为非农业户口人员、转非劳动力、超转人员名单，向农村村民公示，并分别报区、县公安、劳动保障和民政部门。各有关部门应当依照职责办理相关手续。

超转人员安置办法依照市人民政府有关规定执行。

第二十一条　不满16周岁的未成年人及16周岁以上正在接受义务教育和学历教育的学生，只办理转为非农业户口的手续，不享受本办法规定的转非劳动力安置补偿待遇。

第二十二条　依照本办法第十五条规定实行非货币补偿的，农村集体经济组织或者村民委员会应当保证转非劳动力和超转人员安置补偿所需费用。

第四章　就业促进

第二十三条　转非劳动力的就业应当坚持征地单位优先招用、劳动者自主择业、政府促进就业的方针。

第二十四条　征地单位招用人员时，应当优先招用转非劳动力。乡镇企业、农村集体经济组织有条件的，可以吸纳转非劳动力就业。

鼓励用人单位招用转非劳动力。

第二十五条　公共就业服务机构应当为转非劳动力提供职业指导、职业介绍、职业技能培训等促进就业服务。

第二十六条　转非劳动力在征地时被单位招用的，征地单位应当从征地补偿款中支付招用单位一次性就业补助费；转非劳动力自谋职业的，一次性就业补助费支付给本人。

第二十七条 一次性就业补助费不低于下列标准：

（一）转非劳动力年满30周岁、不满40周岁的，为征地时本市月最低工资标准的60倍；

（二）转非劳动力男年满55周岁、女年满45周岁的，为征地时本市月最低工资标准的48倍，年龄每增加1岁递减六分之一，至达到国家规定的退休年龄时止；

（三）其他转非劳动力为征地时本市月最低工资标准的48倍。

第二十八条 依照本办法第二十六条规定招用转非劳动力的单位，应当按照劳动管理法律、法规、规章的规定，对转非劳动力实行同工同酬、进行岗前职业技能培训等，并遵守下列规定：

（一）与转非劳动力签订劳动合同，并到土地所在区、县劳动保障部门办理招聘备案手续。转非劳动力要求签订无固定期限合同的，应当与其签订无固定期限劳动合同，并不得约定试用期。

（二）与转非劳动力履行劳动合同未满5年且转非劳动力未达到国家规定退休年龄的，解除或终止劳动合同时，每少履行1年，一次性就业补助费按照五分之一的比例返还给转非劳动力，不足1年的，按1年计算。

第二十九条 转非劳动力自谋职业的，应当与乡镇人民政府、农村集体经济组织或者村民委员会签订自谋职业协议并经公证机关公证。

按照前款规定签订自谋职业协议后，转非劳动力应当办理就业登记手续，将档案转到市或者区、县职业介绍服务中心，并按照国家和本市规定缴纳各项社会保险费。

第三十条 转非劳动力失业的，可以将本人档案转到户籍所在地的区、县失业保险经办机构，并办理失业登记、申领失业保险金手续。有关部门应当按照规定为其发放《北京市再就业优惠证》。

失业的转非劳动力和招用失业转非劳动力的单位，享受本市促进就业的各项优惠政策。

第三十一条 正在服有期徒刑或者被劳动教养的转非劳动力，其一次性就业补助费可以支付给其委托的人，也可以先由农村集体经济组织或者村民委员会代为保管，待其刑满释放或者解除劳动教养后一次性全额支付给本人。

第三十二条　转非劳动力的档案由农村集体经济组织或者村民委员会负责建立。档案中应当有转非劳动力登记表及相关材料，自谋职业的还应当有经公证的自谋职业协议书。

第五章　社会保险

第三十三条　自批准征地之月起，转非劳动力应当按照国家和本市规定参加各项社会保险，并按规定缴纳社会保险费。

农村集体经济组织或者村民委员会应当在转非劳动力办理转为非农业户口手续后30日内，到所在区、县社会保险经办机构为其办理参加社会保险手续，补缴社会保险费。

转非劳动力补缴的社会保险费，由征地单位从征地补偿费中直接拨付到其所在区、县社会保险经办机构。

第三十四条　转非劳动力达到国家规定的退休年龄时，累计缴纳基本养老保险费满15年及其以上的，享受按月领取基本养老金待遇。基本养老金由基础养老金和个人帐户养老金两部分组成。基础养老金按照本人退休时上一年本市职工月平均工资的20%计发；个人账户养老金按照个人账户累计储存额的1/120计发。转非劳动力按月领取的基本养老金低于本市基本养老金最低标准的，按照最低标准发放，并执行基本养老金调整的统一规定。

转非劳动力达到国家规定的退休年龄时，累计缴纳基本养老保险费不满15年的，不享受按月领取基本养老金待遇，其个人账户储存额一次性支付给本人，并终止养老保险关系。

第三十五条　依法批准征地时，转非劳动力男年满41周岁、女年满31周岁的补缴1年基本养老保险费；年龄每增加1岁增补1年基本养老保险费，最多补缴15年。

补缴基本养老保险费以依法批准征地时上一年本市职工平均工资的60%为基数，按照28%的比例一次性补缴。补缴后，由社会保险经办机构按照11%的比例一次性为其建立基本养老保险个人账户。

第三十六条　转非劳动力达到国家规定的退休年龄时，基本医疗保险累计缴费年限男满25年、女满20年且符合按月领取基本养老金条件的，办理退休手续后按规定享受退休人员基本医疗保险待遇；不符合上述条件的不享受退休人员基本医疗保险待遇，个人账户余额一次性支付给本人。

第三十七条 依法批准征地时，转非劳动力男年满31周岁的补缴1年基本医疗保险费，至年满51周岁前每增加1岁增补1年，最多补缴10年；年满51周岁的补缴11年基本医疗保险费，至退休前每增加1岁增补1年，最多补缴15年。

依法批准征地时，转非劳动力女年满26周岁的补缴1年基本医疗保险费，至年满41周岁前每增加1岁增补1年，最多补缴5年；年满41周岁补缴6年基本医疗保险费，至退休前每增加1岁增补1年，最多补缴10年。

补缴基本医疗保险费以依法批准征地时上一年本市职工平均工资的60%为基数，按照12%的比例一次性补缴。补缴后，由社会保险经办机构将其中9%划入统筹基金、1%划入大额医疗互助资金、2%划入个人账户。

第三十八条 转非劳动力按本办法第三十五条规定一次性补缴基本养老保险费的，其补缴基本养老保险费年限视同基本医疗保险缴费年限，但最多视同10年缴费年限。

第三十九条 转非劳动力按照本办法第三十七条规定补缴基本医疗保险费后，在达到国家规定的退休年龄前继续缴纳基本医疗保险费的，享受当期基本医疗保险待遇；不继续缴纳基本医疗保险费的，不享受当期基本医疗保险待遇。

第四十条 依法批准征地时，转非劳动力年满16周岁的补缴1年失业保险费，至达到国家规定的退休年龄前，每增加1岁增补1年，最多补缴20年。补缴失业保险费以依法批准征地时上一年本市职工平均工资的60%为基数，按照2%的比例一次性补缴。

转非劳动力失业后，按照规定享受失业保险待遇。但其在领取失业保险金期间自谋职业的，不执行一次性领取失业保险金的规定。未领取失业保险金的期限予以保留，与再次失业后应当领取失业保险金的期限合并计算。

第四十一条 转非劳动力中的复员退伍军人，其在军队工作的年限视同社会保险费缴费年限。

参加了城镇企业农民工社会保险的转非劳动力，其参加农民工社会保险的时间计算为缴费年限。但已一次性领取养老保险费、一次性生活补助费的，不计算养老保险和失业保险的缴费年限。

第四十二条　正在服有期徒刑或者被劳动教养的转非劳动力，其补偿安置适用本章有关规定。

第六章　法律责任

第四十三条　侵占、挪用征地补偿费用和其他有关费用的，由上级机关或者监察部门依法给予行政处分；构成犯罪的，依法追究刑事责任。

第四十四条　土地、劳动保障、民政、公安等有关管理部门不依法履行职责的，由其上级主管部门责令限期改正，逾期不改正的，依法追究主管责任人员和其他直接责任人员的行政责任。

第七章　附则

第四十五条　本办法所称下列名词的含义是：

转非劳动力是指征地转为非农业户口且在法定劳动年龄范围内具有劳动能力的人员，不包括16周岁以上正在接受义务教育和学历教育的学生。

超转人员是指征地转为非农业户口且男年满60周岁、女年满50周岁及其以上的人员和经认定完全丧失劳动能力的人员。

以上年龄计算以依法批准征地之日为准。

第四十六条　农村村民转为非农业户口后，不丧失对农村集体经济组织积累应当享有的财产权利。

第四十七条　国家对大中型水利、水电工程建设征地补偿另有规定的，从其规定。

第四十八条　本办法自2004年7月1日起实施，1993年10月6日市人民政府发布的《北京市建设征地农转工人员安置办法》同时废止。

其他人力社保法规名录

✧ 关于印发北京市基本养老保险关系转移接续几个具体问题处理意见的通知　　京人社养发〔2011〕120号

✧ 关于开展城乡居民大病保险工作的指导意见 发改社会〔2012〕2605号

✧ 国务院关于建立统一的城乡居民基本养老保险制度的意见 国发〔2014〕8号

✧ 关于印发《北京市社会公益性就业组织管理试行办法》的通知 京人社就发〔2014〕170号

✧ 北京市人民政府关于进一步做好新形势下就业创业工作的实施意见 京政发〔2015〕59号

北京市人民政府关于进一步加强基层公共文化建设的意见

京政发〔2015〕28号

各区、县人民政府，市政府各委、办、局，各市属机构：

为深入贯彻落实《中共中央办公厅 国务院办公厅关于加快构建现代公共文化服务体系的意见》（中办发〔2015〕2号）精神，强化全国文化中心的首都城市战略定位，加快构建具有首都特色的现代公共文化服务体系，扎实推进基层公共文化服务工作，满足人民群众基本文化需求，现提出以下意见。

一、总体要求

（一）指导思想

深入贯彻落实党的十八大和十八届三中、四中全会精神，深入学习贯彻习近平总书记系列重要讲话和对北京工作的重要指示精神，牢牢把握首都城市战略定位，培育和践行社会主义核心价值观，以改革创新为动力，以基层为重点，统一基层公共文化设施建设和服务标准，加快构建覆盖全市的现代公共文化服务体系，着力改善城乡基层公共文化服务条件，提高基层公共文化服务供给能力，确保人民群众共享文化发展成果，为建设国际一流和谐宜居之都提供强大精神动力和文化支撑。

（二）基本原则

牢固树立以人民为中心的工作导向，发挥文化引领风尚、教育人民、服务社会、推动发展的作用，将基层公共文化建设作为全市公共服务体系建设的重要基础和弘扬社会主义核心价值观的重要抓手，按照基本性、公益性、均等性和便利性的原则，坚持政府主导、社会参与、共建共享、改革创新，不断完善配套政策，进一步发挥市场在文化资源配置中的积极作用，形成全社会支持基层公共文化建设的强大合力。

（三）工作目标

到2020年，率先完成国家基本公共文化服务指导标准的达标任务，充分实现基层公共文化服务标准化、均等化、社会化和数字化，基本建成均衡发展、供给丰富、服务高效、保障有力的现代公共文化服务体系，全国文化中心的示范作用进一步彰显，市民的基本文化需求得到有效满足，文化素养和文明素质得到明显提升。

二、构建基层公共文化服务标准化体系

（四）设施建设标准化

充分利用现有公共文化设施资源，坚持均衡配置、规模适当、功能优先、经济适用的原则，统筹建设集宣传文化、党员教育、精神文明、科技普及、普法教育、体育健身等多功能于一体的基层综合文化中心。每个街道（乡镇）至少应建有1座综合文化中心和1个户外文化广场，其中街道综合文化中心的面积不少于800平方米，乡镇综合文化中心的面积不少于1 200平方米；每个社区（行政村）应至少建有1座综合文化室，其中社区综合文化室的面积不少于200平方米，行政村综合文化室的面积不少于300平方米。综合文化中心和文化室应配备必要的计算机、电视机、播放机（含数字电影放映机）、音响、灯光照明等设备。

（五）服务内容标准化

以群众基本文化需求为导向，制定本市基层公共文化设施服务规范，明确基本公共文化服务的内容、种类、数量和水平，特别是明确街道（乡镇）、社区（行政村）综合文化中心、文化室的人均藏书量、人均新增藏书量以及文化辅导培训、公益演出和公益电影放映等文化活动次数。积极开展公共场所阅报栏、应急广播体系建设，实现农村广播“村村响”。深入推进基层公共文化设施免费开放工作，开放时间每周不少于56小时，并应与公众工作日工作时间适当错开。

三、促进基层公共文化服务均等化

（六）推动城乡公共文化服务一体化

根据北京市常住人口变化趋势，合理配置公共文化服务资源，促进城乡基层公共文化服务均等化。推动城乡之间公共文化服务资源整合，逐步将乡镇（行政村）综合文化中心（室）纳入全市管理与服务体系，实现公共文化服务体系，实现一体化配送与运营，打通基层公共文化服务“最后一公里”。加强城市对农村文化建设的帮扶，支持农村文化艺术创作，加大对民间文化艺术的扶持力度，形成城乡文化交流常态化工作机制。

（七）保障特殊群体基本文化权益

坚持普惠与特惠相结合，面向老年人、未成年人、残疾人等特殊群体，积极组织开展公益性文化辅导培训、展览展示、科技普及、体育健身等公共文化服务工作。公共文化服务机构要为残疾人提供无障碍设施，公共图书馆应配备盲文书籍，为盲人阅读提供服务。完善公共博物馆免费开放的保障机制，提高接待和服务水平。积极倡导未实行免费开放的博物馆对老年人、未成年人、残疾人等特殊群体减免门票费用，在国际博物馆日、中国文化遗产日对特殊群体免费开放。

（八）优化基层公共文化设施布局

在按照行政区划设置基层公共文化设施的基础上，综合考虑人口、交通等因素，以一刻钟文化服务圈为半径，编制城乡基层公共文化设施规划，完善公共文化设施网络。对全市基层公共文化设施进行优化布局，注重公平、合理安排，鼓励跨街道（乡镇）设置区域级综合文化中心。加快重点新城、新建大型社区等人口密集地区的文化设施建设，解决原有公共文化设施不足的问题。

四、促进基层公共文化服务社会化

（九）加大政府购买服务力度

立足群众需求，创新购买方式，突出公益性主题，不断创新政府向社会力量购买面向基层的公共文化服务模式。结合实际情况不断丰富、调整政府购买公共文化服务指导性目录，建立健全方式灵活、程序规范、标准明确、结果评价、动态调整的购买机制，逐步加大财政资金向社会力量购买面向基层的公共文化服务的投入力度。

（十）统筹开发各类文化资源

充分发挥首都各级各类文化资源丰富的优势，巩固壮大文化联盟，搭建融合服务平台，统筹用好中央属和市属文化资源。制定完善相关政策措施，鼓励和引导党政机关、企事业单位等的内部文化设施向社会免费或优惠开放，扩大服务覆盖范围。鼓励社会力量面向基层捐赠和兴办公益性文化事业，加强捐赠文化资产的登记、管理和使用工作，严格监督管理，提高使用效率。

（十一）鼓励社会化运营方式

创新基层公共文化设施管理模式，吸引有实力的社会组织和企业开展社会化、专业化运营，促进公共文化服务提供主体和提供方式多元化。引入竞争机制，鼓励和支持社会力量通过兴办实体、资助项目、赞助活动、提供产品和服务等多种方式参与公共文化服务体系建设。

（十二）培育文化类社会组织

加强对文化类社会组织的引导、扶持和管理，促进其规范有序发展。鼓励基层公共文化服务机构成立行业协会，发挥其在行业自律、行业管理、行业交流等方面的重要作用。文化类社会组织在获取政策支持、人员培训、职称评定和资格认证等方面，享有与公益性文化事业单位同等的待遇。

（十三）加强文化志愿服务工作

探索具有首都特色、体现专业水准的文化志愿服务管理模式，完善文化志愿者注册招募、服务管理和激励保障机制，建立文化志愿者信息注册系统及数据库。加强对文化志愿队伍的培训，提升文化志愿者的服务意识、服务能力和服务水平。推动专业艺术院团、艺术院校等到基层教、学、帮、带，建立志愿服务下基层制度。

五、加强基层公共文化服务数字化建设

（十四）提升信息化服务水平

基层综合文化中心、文化室应建有公共电子阅览室、有线电视双向网络等，并免费提供互联网服务；通过构建标准统一、互联互通的公共数字文化服务网络，确保实现国家、市、区县三级文化信息资源的共建共享。

（十五）搭建数字服务平台

充分利用互联网、移动通讯网、广播电视网等手段，统筹实施全市数字图书馆、博物馆、美术馆和数字文化社区、广播电视“村村通户户通”、农村电影放映等重点项目，推进基层公共文化服务云系统建设。

（十六）加快数字资源库建设

建立公共文化资源数据采集、整合和评估机制，实现与群众文化需求有效对接。加快对公共图书馆、博物馆、美术馆、文化馆馆藏资源的数字化加工，构建公共文化数字资源库。应用现代信息管理技术，完善基层公共文化设施运营统计数据报送机制。

六、创新公共文化管理体制和运行机制

（十七）推动基层公共文化服务管理体制创新

高标准开展首都公共文化服务示范区创建工作，制定创建方案，全面提升各区县公共文化服务体系建设水平。以强化功能为重点，深化公益性文化事业单位改革，探索在基层公共图书馆、博物馆、美术馆、文化馆等建立现代法人治理结构，吸纳有关方面代表、专业人士和各界群众组建理事会，共同参与管理，健全决策、执行和监督机制。加强市、区县两级公共文化机构能力建设，采取集中培训、上门指导等多种形式，提高基层公共文化服务机构的管理水平。推广本市在基层公共文化建设中涌现出来的新经验、新举措，引导社会力量和城乡居民积极参与公共文化服务项目规划、建设、管理、服务和监督。

（十八）完善基层公共文化服务供需对接机制

建立群众文化需求征集和反馈机制，探索开展“自下而上、以需定供”的互动式、菜单式公共文化服务，实现一体化配送与运营，推动公共文化服务供给与群众文化需求有效对接。在全市公共图书馆、文化馆中构建市级总馆、区域级中心馆、街道（乡镇）分馆和社区（行政村）基层服务点组成的四级总分馆制服务体系，将市民文明学校、农业广播电视学校等相关服务融入其中，向基层群众提供图书配送、文化辅导培训、艺术鉴赏、科技普及、文明讲堂和农艺讲座等服务。建立公共阅读服务体系和公益演出服务体系。大力推动公共图书馆“一卡通”服务平台建设，增加图书通借通还网点。推动文化信息资源共

享工程和数字电影放映服务资源整合，建立共建共享长效机制。

七、加大基层公共文化服务保障力度

（十九）建立健全组织领导机制

在市文化改革和发展领导小组的统一领导下，建立市公共文化服务体系建设联席会议制度，负责研究制定相关配套政策，统筹推进重点工作，特别是基层公共文化服务工作。联席会议成员单位包括市文化、发展改革、教育、科技、经济信息化、财政、规划、住房城乡建设、新闻出版广电、体育等部门，办公室设在市文化局。各区县政府、市政府各有关部门和单位要高度重视基层公共文化建设工作，将其列入本地区、本部门和本领域工作重要议事日程，纳入国民经济和社会发展总体规划，纳入政府固定资产投资计划，纳入同级财政预算。

（二十）强化设施保障

严格落实北京市居住公共服务设施配套指标有关规定，确保公共文化设施与新建、改扩建住宅小区建设同步实施、同步验收，及时交付使用。竣工验收完成并具备交付使用条件后，建设单位应及时将公共文化设施移交给区县文化部门管理和使用，并配合办理土地和房屋权属登记手续；区县文化部门可将公共文化设施委托属地街道办事处（乡镇政府）管理和使用，街道办事处（乡镇政府）要积极做好接收、管理和使用工作，确保发挥设施服务功能。公共文化设施未经所在区县政府和市有关部门批准，不得改变使用性质或转让。

（二十一）强化财税保障

各区县政府、市政府各有关部门应按照首都公共文化服务示范区创建标准，建立健全本地区、本部门基层公共文化服务财政保障机制，扶持公益文化惠民项目，保障公共文化服务体系建设和运行。创新公共文化服务投入方式，健全监管机制，本着节俭、高效的原则，用好财政资金，加强对公共文化服务资金管理使用情况的监督和审计，通过政府购买、项目补贴、定向资助、贷款贴息等形式，不断提高财政资金投入的针对性和有效性。在市级主管部门的指导下，由区县文化部门统筹本地区的基层文化活动、图书购置、电影放映等经费，提高资金使用效率。

（二十二）强化人才保障

加强全市各级公共文化服务人才队伍建设，为每个街道（乡镇）配备3～4名文化专职工作人员；采取政府购买公益服务等多种方式，为每个社区（行政村）配备至少1名群众文化组织员。建立培训上岗和资格认定制度，全面提高从业人员素质。完善基层公共文化服务专业人才职业教育体系，加强基层文化工作骨干培训工作，不断提高其专业化水平。

（二十三）强化绩效考核

建立市、区县、街道（乡镇）三级公共文化服务绩效考核机制，重点加强对基层公共文化服务项目资金使用、实施效果、服务效能等方面的监督和评估，并引入社会专业机构进行第三方评价，不断增强基层公共文化服务评价的客观性和科学性。

各区县政府、市政府各有关部门要根据本意见，抓紧研究制定具体工作方案，切实把基层公共文化建设各项工作落到实处。市文化局要会同有关部门，加强对基层公共文化建设工作的督促检查，遇有重大问题及时向市政府报告。

北京市人民政府

2015年5月29日

北京市文化局 北京市发展和改革委员会关于印发《北京市基层公共文化设施建设标准》的通知

京文公共发〔2015〕172号

各区（县）人民政府、各有关单位：

为贯彻落实中共中央办公厅、国务院办公厅《关于加快构建现代公共文化服务体系的意见》（中办发〔2015〕2号），北京市研究制定了《北京市人民政府关于进一步加强基层公共文化建设的意见》《首都公共文化服务示范区创建方案》《北京市基层公共文化设施建设标准》和《北京市基层公共文化设施服务规范》等“1+3”公共文化政策文件，已经市政府第79次常务会审议通过。《北京市人民政府关于进一步加强基层公共文化建设的意见》（京政发〔2015〕28号）已由市政府印发。经市政府同意，现将《北京市基层公共文化设施建设标准》印发给你们，请贯彻执行。

北京市文化局 北京市发展和改革委员会

2015年6月15日

北京市基层公共文化设施建设标准

为规范基层公共文化设施功能标准，构建现代公共文化服务体系，推动实现基本公共文化服务标准化、均等化、社会化和数字化，依据《公共文化体育设施条例》《乡镇综合文化站建设标准》，中办、国办和市委、市政府关于加强公共文化服务体系建设等相关法规和文件，制定本《标准》。

第一条 本《标准》中的基层公共文化设施（以下简称：文化设施）是指

乡镇（街道）综合文化中心（含区域级，下同）、行政村（社区）综合文化室、小区配套文化设施以及社会兴办用以提供公益文化服务的活动场所。鼓励统筹整合文化、教育、科技、新闻出版广电、体育和青少年、老年活动场所等设施，综合利用，共建共享，多种方式提供文化设施。

第二条　文化设施应提供的基本公共文化服务和文化产品主要包括：听广播，上互联网，看电视、看电影、看书、看报、看政府信息公开，参加文艺辅导培训、演出排练、文艺创作、文化活动、体育健身，接受党员教育、校外教育（含学生自习）、老年大学教育、科学技术和卫生保健，欣赏文艺演出、文艺作品、展览展示等二十大类。各级党委政府和文化服务机构可根据本地区经济社会发展水平和群众实际需求，在保基本的前提下，确定本地区基本公共文化服务内容和产品，增加相关服务项目，提供多样化的基本公共文化服务。

第三条　实施方式和范围：纳入各级政府固定资产投资的基本建设项目，由政府组织实施。新建小区配套文化设施建设，按照居住区配套设施相关规定执行。

第四条　区县、乡镇政府（街道办事处）应当将文化设施纳入同级城乡建设规划，根据国民经济和社会发展水平、人口结构、环境条件以及公共文化事业发展需要，制定本地区文化设施建设规划，合理规划设施数量、种类和规模，列入同级政府基础设施固定资产投资计划，推动设施建设，加强后期运营管理。

第五条　应以步行15分钟为服务半径，统筹设置基层公共文化设施。

第六条　文化设施应选在人口集中、交通便利、方便群众参与、易于疏散的地方独立建设，或与相关公共设施合并建设，新建设施不应与政府机关同址建设。已与政府机关同址建设的，应通过适当改造，设计独立进出区域，与政府机关形成同址不同门的格局和路径，方便群众参与活动。受到用地限制的区域，在不降低设施规模的前提下，可多点分置，多体多功能，分别建设或改造。

第七条　在原有文化设施基础上进行改扩建的，其规模不得小于本标准。涉及拆迁的，应先建后拆或拆建同步。区县文化行政主管部门负责验收和监督管理。

第八条　为实现设施的有效全覆盖，形成合理的布局结构，根据常住人口和服务需求情况，可跨乡镇、街道行政区域，设置区域级综合文化中心。设施面积参照文化、教育、体育等相关标准，共建共享，适度提高设施规模，增强设施综合服务功能，扩大服务辐射范围。

第九条　在保障基本性和便利性的前提下，乡镇政府（街道办事处）应向驻地行政村村委会（社区居民委员会）长期免费提供综合文化中心或就近设施，扶持村（社区）开展公共文化活动，提升公共文化服务水平。驻地的村（社区）可不再建设行政村（社区）综合文化室。

第十条　应充分盘活现有设施存量，整合各类设施资源，提高设施资源使用效率。在保障设施便利性和规模、功能不减少的情况下，可通过整合各类设施和改扩建方式，共建共享文化设施。

第十一条　鼓励以政府购买的方式建有文化设施，其规模不得低于本标准，每次签订合同年限不得低于5年。经过政府投资装修改造的设施，到期后在同等条件下，公共文化服务机构优先租赁和购买。

第十二条　应根据城乡区域特点和常住人口数量，建设相应规模的设施。用于提供直接服务的建筑面积占总建筑面积（不含户外）的比例，不少于85%：

（一）农村

1. 乡镇综合文化中心

常住人口>4.5万人，设施建筑面积≥3 000平方米；

常住人口在2.5万人（含）至4.5万人（含）之间，设施建筑面积≥2 000平方米；

常住人口<2.5万人，设施建筑面积≥1 200平方米。

2. 行政村综合文化室

常住人口>2 000人，设施建筑面积≥500平方米；

常住人口在1 000人（含）至2 000人（含）之间，设施建筑面积≥400平方米；

常住人口<1 000人，设施建筑面积≥300平方米。

（二）城区

1. 街道综合文化中心

常住人口>4.5万人，设施建筑面积≥2 000平方米；

常住人口在2.5万人（含）至4.5万人（含）之间，设施建筑面积≥1 500平方米；

常住人口<2.5万人，设施建筑面积≥800平方米。

2. 社区综合文化室

常住人口>2 000人，设施建筑面积≥300平方米；

常住人口<2 000人（含），设施建筑面积≥200平方米。

第十三条　在布局上要重点考虑规划人口数量、密度、交通便利等因素，形成服务人口与服务半径的合理架构，提高设施共享率。实际常住人口数量超过应服务的常住人口数量标准整倍数的，可以适当倍增设施规模或增加布点数量；未达到整倍数的，不增加面积，按对应标准整数位计算。

第十四条　自然村综合文化室建设标准，由各区县文化行政主管部门和发展改革部门结合实际情况，参照本标准确定。

第十五条　文化设施功能的基本模式是“2+X”，“2”是设有1个多功能活动厅和1个户外文化广场，“X”是设有图书室（数字阅览室和信息厅）、展览室、辅导培训室、排练室、电影厅和健身室等。根据建筑规模和群众实际需求，可适当增加或调整“X”的数量和功能，为老年人、未成年人提供活动区域。其中，乡镇（街道）图书馆面积不少于100平方米，阅读座位不少于30席；行政村（社区）图书室，阅读座位不少于10席。

第十六条　有条件的综合文化中心可增设小剧场，面积另计。配套功能区包括业务管理用房、化妆更衣间、音响道具设备房、供暖设施用房、小卖部、库房、公共厕所等。户外文体活动场地不低于建筑面积的1/3，设置相应的文体设备。

第十七条　有条件的综合文化室可增设演出厅，面积另计。配套功能区包括业务管理用房、化妆更衣间、音响道具设备房、供暖设施用房、小卖部、库房、公共厕所等。室外文体活动场地不低于建筑面积的1/2，设置相应的文体设备。

第十八条　应合理分配设施面积，综合利用，节约空间，适当预留发展用地或空间。在设计时应动静相宜，互不干扰。满足残障人士无障碍需求，体现人性化。

第十九条　区县、乡镇政府（街道办事处）应为文化设施配置公共文化服务所必需的基本器材等文化设备（含电影放映和图书），及时更新和补充。按照国家有关规定对设施和设备办理资产登记，确保国有资产安全、完整和有效使用。

第二十条　城区文化设施建设应与城市功能定位相结合，农村文化设施建设应与新农村规划相结合；少数民族地区设施应考虑少数民族地区特点，建设适合本地区特点和民族风格的文化设施。

第二十一条　应依据国家相关标准进行设计，选用符合国家规定的节能、低耗、环保材料，达到一般建设标准，符合国家环保等规定，避免在建筑材料上过度投入。

第二十二条　设计体现实用、方便、美观以及地方特色，内外装饰典雅大方、标识统一，易于辨识，方便引导。

第二十三条　小于500平方米的设施，可采用砖混结构；大于500平方米（含）的设施，可采用剪力墙结构。

第二十四条　供水、供电、供暖、制冷、消防、无障碍设施和其他安全设施齐全，有条件的应提供自行车或机动车车位。

第二十五条　设施绿化率应达到国家相关标准。

第二十六条　每年一月，各区县文化行政主管部门和各公共文化服务机构应对本区域文化设施和常住人口等数据进行核实、更新，上报市文化行政主管部门备案。

第二十七条　本标准自发布之日起30日后施行，原京文基〔2007〕206号废止。

其他文化法规名录

✧ 北京市文化局关于印发《北京市基层公共文化设施服务规范》的通知　京文公共发〔2015〕170号

✧ 北京市文化局关于印发《北京市优秀群众文化项目扶持办法（试行）》的通知　　京文公共发〔2015〕359号

✧ 北京市财政局 北京市文化局关于印发《北京市基层公益性演出活动专项资金管理办法》的通知　　京财科文〔2013〕2329号

北京市卫生和计划生育委员会等5部门关于进一步做好北京市计划生育特殊困难家庭扶助工作的通知

京卫家庭字〔2015〕1号

各区县卫生计生委、民政局、财政局、人力资源和社会保障局、住房和城乡建设委员会：

我国全面推行计划生育以来，广大群众积极响应国家号召，自觉实行计划生育，为控制人口过快增长、促进经济社会发展作出了贡献。目前，一些家庭由于独生子女伤残（指被依法鉴定为三级以上伤残）死亡，在生活保障、养老照料、大病医疗、精神慰藉等方面遇到一些特殊困难。这些家庭是我国实行计划生育政策以来形成的特殊群体，是当前社会中抵御风险最弱、最需要政府与社会真正重视、真情关心、真心理解、真诚扶助的困难群体。根据国家卫生计生委等5部门《关于进一步做好计划生育特殊困难家庭扶助工作的通知》（国卫家庭发〔2013〕41号）精神，为加大对计划生育特殊困难家庭（指独生子女发生伤残或死亡、未再生育或收养子女的家庭）的扶助力度，进一步做好计划生育特殊困难家庭扶助工作，现通知如下：

一、加大经济扶助力度

（一）根据经济社会发展水平，提高经济扶助标准。自2014年起，将本市女方年满49周岁以上的独生子女伤残、死亡家庭夫妻领取的特别扶助金标准由现行的每人每月160元、200元分别提高到每人每月400元、500元。

（二）建立特殊群体保险制度。由市卫生计生部门牵头研究建立覆盖计划生育特殊困难家庭的综合保险制度，保障独生子女家庭利益。

二、做好养老保障工作

（三）计划生育特殊困难家庭中失能或70周岁及以上老年人，可安排入住公办养老机构。

（四）有条件的区县人民政府、街道办事处、乡镇人民政府可对计划生育特殊困难家庭成员中生活长期不能自理、经济困难的老年人，提供养老照护服务。

三、提高医疗保障水平

（五）有条件的乡镇、村可按照一定比例承担农村计划生育特殊困难家庭父母参加新型农村合作医疗个人缴费支出。

（六）对有再生育意愿的独生子女伤残死亡家庭，确需实施辅助生殖技术的，各级卫生计生机构要做好咨询指导工作，并给予必要的帮助，提供医学咨询、优生指导、孕期保健等服务，帮助其实现再生育。卫生计生部门全程代办生育服务证件。

（七）鼓励和支持各级医疗机构为计划生育特殊困难家庭成员开通绿色通道。各区县卫生计生部门应制定本行政区域内60周岁及以上计划生育特殊困难家庭成员就医方便措施，建立转诊绿色通道。在计划生育特殊困难家庭成员发生危急重病时，各区县区域医疗中心及以下医疗机构，应优先安排接诊。对于在医联体内医疗机构就诊的60周岁及以上计划生育特殊困难家庭成员，根据病情需要在医联体内应优先安排层级转诊。

社区卫生服务机构要优先签约计划生育特殊困难家庭，提供家庭医生式服务，免费提供基本公共卫生服务项目。

四、开展社会关怀活动

（八）充分发挥各类社会组织、企事业单位、群众自治组织，特别是志愿服务组织、社会工作专业服务机构、基层计划生育协会的积极作用，以精神慰藉和心理疏导为重点，深入开展各种形式的社会关怀活动，营造良好的社会氛围。

积极引导建立为计划生育特殊困难家庭提供服务的社会组织，通过政府购买服务等形式，对计划生育特殊困难家庭开展扶助工作。支持专业机构对计划生育特殊困难家庭进行心理干预和辅导。各区县卫生计生部门建立完善“心灵家园”基地，帮助计划生育特殊困难家庭建立互助组织，为计划生育特殊困难家庭搭建相互关怀抚慰、自我服务管理的平台。

建立长期性、专业化社区工作者、志愿者队伍，为计划生育特殊困难家庭提供服务。鼓励大学生、部队官兵等青年群体与计划生育特殊困难家庭结为国策亲戚，提供亲情抚慰和精神慰藉。

（九）对生活贫困、住房困难的城镇计划生育特殊困难家庭申请保障性住房，经审核符合保障条件的纳入优先配租、配售范围。对农村计划生育特殊困难家庭，要按照有关规定优先纳入农村危房改造范围。

（十）各区县卫生计生部门负责建立本辖区计划生育特殊困难家庭联系人制度，并对制度实施进行指导、督促和检查；街道办事处、乡镇人民政府负责全面掌握本地区计划生育特殊困难家庭情况，建档立册、动态维护，指导居（村）委会开展计划生育特殊困难家庭联系工作，并指定专人负责联系计划生育特殊困难家庭，对年满70周岁以上的失独家庭成员，要确保每月至少联系一次，并及时向街道办事处、乡镇人民政府反映情况。

要将失去民事行为能力的计划生育特殊困难家庭成员纳入国家成年监护制度安排中，及时沟通情况、了解需求，提供必要的帮助。

五、切实加强组织领导

（十一）计划生育特殊困难家庭扶助是一项政治性、政策性很强的工作，妥善解决计划生育特殊困难家庭的问题，事关群众切身利益，事关社会和谐稳定。区县人民政府和相关部门要高度重视计划生育特殊困难家庭扶助工作，加强组织领导，切实承担责任，确保投入到位、工作到位、监督落实到位。要结合本地区实际制定具体政策措施，加强舆论引导，开展多种形式的帮扶活动，积极营造全社会关心、帮助计划生育特殊困难家庭的社会环境。

北京市卫生和计划生育委员会　北京市民政局

北京市财政局　北京市人力资源和社会保障局

北京市住房和城乡建设委员会

2015年3月27日

国务院关于整合城乡居民基本医疗保险制度的意见

国发〔2016〕3号

各省、自治区、直辖市人民政府，国务院各部委、各直属机构：

整合城镇居民基本医疗保险（以下简称城镇居民医保）和新型农村合作医疗（以下简称新农合）两项制度，建立统一的城乡居民基本医疗保险（以下简称城乡居民医保）制度，是推进医药卫生体制改革、实现城乡居民公平享有基本医疗保险权益、促进社会公平正义、增进人民福祉的重大举措，对促进城乡经济社会协调发展、全面建成小康社会具有重要意义。在总结城镇居民医保和新农合运行情况以及地方探索实践经验的基础上，现就整合建立城乡居民医保制度提出如下意见。

一、总体要求与基本原则

（一）总体要求

以邓小平理论、“三个代表”重要思想、科学发展观为指导，认真贯彻党的十八大、十八届二中、三中、四中、五中全会和习近平总书记系列重要讲话精神，落实党中央、国务院关于深化医药卫生体制改革的要求，按照全覆盖、保基本、多层次、可持续的方针，加强统筹协调与顶层设计，遵循先易后难、循序渐进的原则，从完善政策入手，推进城镇居民医保和新农合制度整合，逐步在全国范围内建立起统一的城乡居民医保制度，推动保障更加公平、管理服务更加规范、医疗资源利用更加有效，促进全民医保体系持续健康发展。

（二）基本原则

1. 统筹规划、协调发展。要把城乡居民医保制度整合纳入全民医保体系发展和深化医改全局，统筹安排，合理规划，突出医保、医疗、医药三医联动，加强基本医保、大病保险、医疗救助、疾病应急救助、商业健康保险等衔接，强化制度的系统性、整体性、协同性。

2. 立足基本、保障公平。要准确定位，科学设计，立足经济社会发展水平、城乡居民负担和基金承受能力，充分考虑并逐步缩小城乡差距、地区差异，保障城乡居民公平享有基本医保待遇，实现城乡居民医保制度可持续发展。

3. 因地制宜、有序推进。要结合实际，全面分析研判，周密制订实施方案，加强整合前后的衔接，确保工作顺畅接续、有序过渡，确保群众基本医保待遇不受影响，确保医保基金安全和制度运行平稳。

4. 创新机制、提升效能。要坚持管办分开，落实政府责任，完善管理运行机制，深入推进支付方式改革，提升医保资金使用效率和经办管理服务效能。充分发挥市场机制作用，调动社会力量参与基本医保经办服务。

二、整合基本制度政策

（一）统一覆盖范围

城乡居民医保制度覆盖范围包括现有城镇居民医保和新农合所有应参保（合）人员，即覆盖除职工基本医疗保险应参保人员以外的其他所有城乡居民。农民工和灵活就业人员依法参加职工基本医疗保险，有困难的可按照当地规定参加城乡居民医保。各地要完善参保方式，促进应保尽保，避免重复参保。

（二）统一筹资政策

坚持多渠道筹资，继续实行个人缴费与政府补助相结合为主的筹资方式，鼓励集体、单位或其他社会经济组织给予扶持或资助。各地要统筹考虑城乡居民医保与大病保险保障需求，按照基金收支平衡的原则，合理确定城乡统一的筹资标准。现有城镇居民医保和新农合个人缴费标准差距较大的地区，可采取差别缴费的办法，利用2～3年时间逐步过渡。整合后的实际人均筹资和个人缴费不得低于现有水平。

完善筹资动态调整机制。在精算平衡的基础上，逐步建立与经济社会发展水平、各方承受能力相适应的稳定筹资机制。逐步建立个人缴费标准与城乡居民人均可支配收入相衔接的机制。合理划分政府与个人的筹资责任，在提高政府补助标准的同时，适当提高个人缴费比重。

（三）统一保障待遇

遵循保障适度、收支平衡的原则，均衡城乡保障待遇，逐步统一保障范围和支付标准，为参保人员提供公平的基本医疗保障。妥善处理整合前的特殊保障政策，做好过渡与衔接。

城乡居民医保基金主要用于支付参保人员发生的住院和门诊医药费用。稳定住院保障水平，政策范围内住院费用支付比例保持在75%左右。进一步完善门诊统筹，逐步提高门诊保障水平。逐步缩小政策范围内支付比例与实际支付比例间的差距。

（四）统一医保目录

统一城乡居民医保药品目录和医疗服务项目目录，明确药品和医疗服务支付范围。各省（区、市）要按照国家基本医保用药管理和基本药物制度有关规定，遵循临床必需、安全有效、价格合理、技术适宜、基金可承受的原则，在现有城镇居民医保和新农合目录的基础上，适当考虑参保人员需求变化进行调整，有增有减、有控有扩，做到种类基本齐全、结构总体合理。完善医保目录管理办法，实行分级管理、动态调整。

（五）统一定点管理

统一城乡居民医保定点机构管理办法，强化定点服务协议管理，建立健全考核评价机制和动态的准入退出机制。对非公立医疗机构与公立医疗机构实行同等的定点管理政策。原则上由统筹地区管理机构负责定点机构的准入、退出和监管，省级管理机构负责制订定点机构的准入原则和管理办法，并重点加强对统筹区域外的省、市级定点医疗机构的指导与监督。

（六）统一基金管理

城乡居民医保执行国家统一的基金财务制度、会计制度和基金预决算管理制度。城乡居民医保基金纳入财政专户，实行“收支两条线”管理。基金独立核算、专户管理，任何单位和个人不得挤占挪用。

结合基金预算管理全面推进付费总额控制。基金使用遵循以收定支、收支平衡、略有结余的原则，确保应支付费用及时足额拨付，合理控制基金当年结余率和累计结余率。建立健全基金运行风险预警机制，防范基金风险，提高使用效率。

强化基金内部审计和外部监督，坚持基金收支运行情况信息公开和参保人员就医结算信息公示制度，加强社会监督、民主监督和舆论监督。

三、理顺管理体制

（一）整合经办机构

鼓励有条件的地区理顺医保管理体制，统一基本医保行政管理职能。充分利用现有城镇居民医保、新农合经办资源，整合城乡居民医保经办机构、人员和信息系统，规范经办流程，提供一体化的经办服务。完善经办机构内外部监督制约机制，加强培训和绩效考核。

（二）创新经办管理

完善管理运行机制，改进服务手段和管理办法，优化经办流程，提高管理效率和服务水平。鼓励有条件的地区创新经办服务模式，推进管办分开，引入竞争机制，在确保基金安全和有效监管的前提下，以政府购买服务的方式委托具有资质的商业保险机构等社会力量参与基本医保的经办服务，激发经办活力。

四、提升服务效能

（一）提高统筹层次

城乡居民医保制度原则上实行市（地）级统筹，各地要围绕统一待遇政策、基金管理、信息系统和就医结算等重点，稳步推进市（地）级统筹。做好医保关系转移接续和异地就医结算服务。根据统筹地区内各县（市、区）的经济发展和医疗服务水平，加强基金的分级管理，充分调动县级政府、经办管理机构基金管理的积极性和主动性。鼓励有条件的地区实行省级统筹。

（二）完善信息系统

整合现有信息系统，支撑城乡居民医保制度运行和功能拓展。推动城乡居民医保信息系统与定点机构信息系统、医疗救助信息系统的业务协同和信息共享，做好城乡居民医保信息系统与参与经办服务的商业保险机构信息系统必要的信息交换和数据共享。强化信息安全和患者信息隐私保护。

（三）完善支付方式

系统推进按人头付费、按病种付费、按床日付费、总额预付等多种付费方式相结合的复合支付方式改革，建立健全医保经办机构与医疗机构及药品供应商的谈判协商机制和风险分担机制，推动形成合理的医保支付标准，引导定点医疗机构规范服务行为，控制医疗费用不合理增长。

通过支持参保居民与基层医疗机构及全科医师开展签约服务、制定差别化的支付政策等措施，推进分级诊疗制度建设，逐步形成基层首诊、双向转诊、急慢分治、上下联动的就医新秩序。

（四）加强医疗服务监管

完善城乡居民医保服务监管办法，充分运用协议管理，强化对医疗服务的监控作用。各级医保经办机构要利用信息化手段，推进医保智能审核和实时监控，促进合理诊疗、合理用药。卫生计生行政部门要加强医疗服务监管，规范医疗服务行为。

五、精心组织实施，确保整合工作平稳推进

（一）加强组织领导

整合城乡居民医保制度是深化医改的一项重点任务，关系城乡居民切身利益，涉及面广、政策性强。各地各有关部门要按照全面深化改革的战略布局要求，充分认识这项工作的重要意义，加强领导，精心组织，确保整合工作平稳有序推进。各省级医改领导小组要加强统筹协调，及时研究解决整合过程中的问题。

（二）明确工作进度和责任分工

各省（区、市）要于2016年6月底前对整合城乡居民医保工作作出规划和部署，明确时间表、路线图，健全工作推进和考核评价机制，严格落实责任制，确保各项政策措施落实到位。各统筹地区要于2016年12月底前出台具体实施方案。综合医改试点省要将整合城乡居民医保作为重点改革内容，加强与医改其他工作的统筹协调，加快推进。

各地人力资源社会保障、卫生计生部门要完善相关政策措施，加强城乡居民医保制度整合前后的衔接；财政部门要完善基金财务会计制度，会同相关部门做好基金监管工作；保险监管部门要加强对参与经办服务的商业保险机构的从业资格审查、服务质量和市场行为监管；发展改革部门要将城乡居民医保制度整合纳入国民经济和社会发展规划；编制管理部门要在经办资源和管理体制

整合工作中发挥职能作用；医改办要协调相关部门做好跟踪评价、经验总结和推广工作。

（三）做好宣传工作

要加强正面宣传和舆论引导，及时准确解读政策，宣传各地经验亮点，妥善回应公众关切，合理引导社会预期，努力营造城乡居民医保制度整合的良好氛围。

国务院

2016年1月3日

北京市卫生局关于推进乡村医生参与开展签约服务工作的指导意见

京卫基层字〔2013〕19号

各涉农区县卫生局、市社管中心：

为贯彻落实国家卫生和计划生育委员会办公厅《关于开展乡村医生签约服务试点的指导意见》（卫办农卫发〔2013〕28号）精神，结合我市家庭医生式服务的工作实际，现就乡村医生开展家庭医生式服务提出如下意见。

一、工作目标

通过推进乡村医生参与开展签约服务，促进我市家庭医生式服务在农村地区深入开展。促进乡村医生转变服务模式，主动为农村居民提供健康管理服务。

二、基本原则

（一）统筹原则

乡村医生参与开展签约服务，要与本区县社区家庭医生式服务工作紧密结合，统一要求、统一管理，避免农村居民重复签约。

（二）自愿原则

在乡村医生自愿前提下，区县视工作需求和乡村医生的服务能力，可安排享受政府补助的乡村医生单独开展签约服务，也可安排其参加社区卫生服务团队协助开展签约服务。

（三）规范原则

对参与开展签约服务的乡村医生，由乡镇社区卫生服务中心统一做好业务培训，确保乡村医生能够按照全市及本区县家庭医生式服务的总体要求和具体服务标准，为签约村民提供规范的健康管理服务。

三、服务内容

参与开展签约服务的乡村医生，在为农村居民提供基本公共卫生和基本医疗服务，对疑难、急重患者协助开展转诊服务的基础上，应根据乡镇社区卫生服务中心或所在社区卫生服务团队的统一安排，按照当地社区家庭医生式服务规定的内容和标准，对签约农村居民开展健康管理。同时，规范门诊日志等文书材料，存档、备查。

四、工作要求

（一）结合实际，稳步推进

各涉农区县卫生局要结合实际，将乡村医生作为社区卫生服务队伍的有效补充加以利用，推进乡村医生参与家庭医生式服务，规范乡村医生服务行为。在全面推进乡村一体化管理的基础上，有序组织乡村医生参与开展家庭医生式服务工作。

（二）强化管理，讲求实效

纳入社区卫生服务团队参与开展签约服务的乡村医生，应接受团队统一管理，参加团队日常活动，在团队中的职责清晰，任务明确。对于单独开展签约服务的乡村医生，由乡镇社区卫生服务中心将其作为一个独立的社区卫生服务团队进行管理，定期进行业务指导，建立信息交流反馈机制，将乡村医生签约数量及服务提供情况一并纳入本辖区家庭医生式服务工作统计范围。

（三）落实补助，注重激励

对参与签约服务的乡村医生，要将签约服务开展情况特别是签约人员的满意度作为绩效考核的重要指标。按照《北京市卫生局北京市财政局关于调整本市乡村医生补助标准的通知》（京卫基层字〔2013〕6号）要求，各区县在认真落实乡村医生开展基本公共卫生服务和实施基本药物制度补助的基础上，可以利用补助资金分档次发放部分对参与签约服务的乡村医生予以激励。此外，在社区卫生人员绩效工资总量之外，单独建立了家庭医生式服务激励机制的区县，应将参与开展签约服务的乡村医生纳入奖励范围。

北京市卫生局

2013年8月19日

北京市人民政府办公厅印发《北京市关于加强村级医疗卫生机构和乡村医生队伍建设的实施方案》的通知

京政办发〔2016〕19号

各区人民政府，市政府各委、办、局，各市属机构：

《北京市关于加强村级医疗卫生机构和乡村医生队伍建设的实施方案》已经市政府同意，现印发给你们，请结合实际认真贯彻落实。

北京市人民政府办公厅

2016年3月25日

北京市关于加强村级医疗卫生机构和乡村医生队伍建设的实施方案

为进一步加强本市村级医疗卫生机构和乡村医生队伍建设，更好地为农村居民提供公共卫生和基本医疗服务，根据相关法律法规和《国务院办公厅关于进一步加强乡村医生队伍建设的实施意见》（国办发〔2015〕13号）有关要求，结合本市实际，制定以下实施方案。

本方案所指村级医疗卫生机构为承担村级公共卫生和基本医疗任务的农村社区卫生服务站、村卫生室（所、站）等医疗卫生机构。

一、总体要求和主要目标

（一）总体要求

明确村级医疗卫生机构设置要求，建立乡村医生岗位管理制度，通过政府投入和社会力量参与，推进机构建设，强化运行保障，改善乡村医生岗位人员执业条件，改革服务模式和完善激励机制，着力解决农村地区医疗资源缺失及乡村医生队伍老化、待遇偏低等问题，筑牢农村基层卫生服务网，切实提高村级医疗卫生服务能力和水平，推进城乡一体化医疗卫生服务体系建设，满足农村居民日益增长的医疗卫生服务需求。

（二）主要目标

到2016年底，全面实行乡村医生岗位管理，建立乡村医生岗位人员培养、聘用和退出机制，探索建立政府补助稳定增长机制；着手实施847个“空白村”村级医疗卫生机构建设及岗位人员配置。到2019年底，实现行政村医疗卫生机构全覆盖，乡村医生岗位人员配置到位。到2020年底，乡村医生岗位人员具备大专以上学历人员比例从目前的8.6%提高到30%，具备执业助理医师以上资格人员比例从目前的6.5%提高到30%，符合条件的村级医疗卫生机构纳入新型农村合作医疗定点医疗机构范围。经过10年的努力，使乡村医生岗位人员总体具备中专及以上学历并努力提高大专及以上学历人员比例，基本具备执业助理医师及以上资格，更好保障农村居民享受均等化的基本公共卫生服务和安全、有效、方便、价廉的基本医疗服务。

二、工作任务

（一）加强村级医疗卫生机构建设与运行保障

各涉农区（除东城区、西城区、石景山区以外的13个区）政府要统筹规划设置村级医疗卫生机构，原则上1个行政村设置1所村级医疗卫生机构，人口较多或者居住分散的行政村可酌情增设；人口较少或面积较小的行政村，可与相邻行政村联合设置。乡镇社区卫生服务机构所在地的行政村原则上可不另设村级医疗卫生机构。

由区政府负责承担村级医疗卫生机构的房屋建设、设备购置、信息化建设等任务，承担所需的水、电、暖等经费补助，以政府购买服务的方式安排乡村医生岗位人员补助。鼓励村集体及其他社会力量参与和支持村级医疗卫生机构建设和运行。乡镇社区卫生服务机构负责对村级医疗卫生机构业务工作实行统一管理。

村级医疗卫生机构执行本市基本药物政策，实行基本药物集中采购、统一配送、零差率销售。符合条件的村级医疗卫生机构纳入新型农村合作医疗定点医疗机构范围，实施即时结算。

（责任单位：各涉农区政府，市卫生计生委、市发展改革委、市财政局、市人力社保局）

（二）建立乡村医生岗位管理制度

乡村医生岗位专指在村卫生室（所、站）为辖区农村居民提供公共卫生和基本医疗服务的岗位。乡村医生岗位按照每千服务人口不少于1名的标准设置，由市卫生计生委负责统一制定服务规范，完善管理考核办法等。

逐步建立区级定岗、乡镇管理、村级使用的管理模式。由各涉农区政府负责按照岗位需求配置相应人员，执业医师、执业助理医师和持有《乡村医生执业证书》人员均可从事乡村医生岗位工作。乡镇社区卫生服务机构指定专人负责乡村医生岗位管理工作，加强日常监督指导，规范服务；组织实施乡村医生岗位人员绩效考核，考核结果作为补助发放和执业注册的依据。

各涉农区政府可根据实际情况，自行确定乡村医生岗位人员退出年龄。此外，建立乡村医生岗位人员退出机制，对出现违反医师执业有关规定、考核不合格及其他不适合从事乡村医生岗位工作的人员，及时予以调整。

（责任单位：各涉农区政府，市卫生计生委）

（三）进一步明确乡村医生岗位职责

乡村医生岗位职责主要是为农村居民提供公共卫生服务和基本医疗服务，包括以下内容：在专业公共卫生机构和乡镇社区卫生服务机构的指导下，按照服务标准和规范开展基本公共卫生服务；协助专业公共卫生机构落实重大公共卫生服务项目，按规定及时报告传染病疫情和中毒事件，协助处置突发公共卫生事件等；使用基本药物、适宜技术和中医药方法为农村居民提供常见病、多发病的一般诊治，将需要转诊的患者及时转至乡镇以上医疗机构；在乡镇社区卫生服务机构的统一管理下，完成卫生计生部门委托的其他医疗卫生服务相关工作。

（责任单位：市卫生计生委，各涉农区政府）

（四）提高乡村医生岗位人员胜任能力

新进入乡村医生岗位的人员应当具有医学大专以上学历和执业助理医师以

上资格。采取政府奖励的方式，鼓励不具备大专以上学历的在岗人员参加高等医学院校临床医学或农村医学专业学习，提高学历层次。鼓励持有《乡村医生执业证书》的在岗人员按国家规定考取执业助理医师资格。执行国家乡村全科执业助理医师考试制度，做好乡村医生队伍建设和全科医生队伍建设的衔接。

市卫生计生委统筹管理并组织实施乡村医生岗位人员培训工作。市、区卫生行政部门每年免费提供不少于2次、累计时间不少于2周的培训。乡村医生岗位人员每3年免费到区级医疗卫生机构或有条件的乡镇社区卫生服务机构脱产进修，进修时间不少于1个月。乡村医生岗位人员应按要求参加培训，参加培训情况纳入绩效考核。

（责任单位：各涉农区政府，市卫生计生委、市教委）

（五）多渠道选聘乡村医生岗位人员

1. 定向培养。加强农村订单定向医学生免费培养工作，选择符合条件的农村青年进行定向培养，毕业后考取执业助理医师的，聘用到乡村医生岗位工作。根据北京高等医学院校办学实际情况，招生计划适当向农村定向免费培养医学生倾斜。

（责任单位：市发展改革委、市教委、市财政局、市卫生计生委，各涉农区政府）

2. 公开招聘。招聘对象为退休医务人员以及其他具备执业助理医师以上资格人员。鼓励优先招聘退休医务人员，其他人员可采用劳务派遣方式。

（责任单位：各涉农区政府）

3. 上级医疗机构派驻。鼓励区级医院与乡镇社区卫生服务机构探索编制统筹管理，并根据实际情况，派出相关人员承担乡村医生岗位工作，帮助村级医疗卫生机构提高医疗技术水平和服务能力。

（责任单位：市编办、市卫生计生委，各涉农区政府）

（六）提高乡村医生岗位吸引力

1. 提高乡村医生岗位政府补助标准。加大政府购买服务力度，自2016年起，乡村医生岗位政府补助标准提高到每人每月3 500元，并实行动态增长机制，增长幅度与本市经济发展和物价水平相适应。各涉农区政府可结合本区实际情况，增加山区和半山区乡村医生岗位的补助标准，增加幅度为每人每月

500～2 000元。

乡村医生岗位政府补助额度的60%为承担公共卫生服务的补助，40%为承担基本医疗和使用基本药物的补助。补助额度的40%按月发放，60%经考核合格后发放。

（责任单位：市卫生计生委、市财政局，各涉农区政府）

2. 完善乡村医生岗位人员社会保障待遇。支持和引导符合条件的岗位人员按规定参加职工社会保险。不属于职工社会保险覆盖范围的，可在户籍地参加城乡居民社会保险。政府对参加职工社会保险的乡村医生岗位人员，参照上一年度本市灵活就业人员缴纳社会保险最低标准予以适当缴费补助。对本方案发布实施前已参加城乡居民养老保险的乡村医生适当提高补助金额。

（责任单位：市卫生计生委、市人力社保局、市财政局，各涉农区政府）

3. 职称晋升向符合国家和北京市有关规定的乡村医生岗位人员倾斜，拓宽乡村医生岗位人员发展空间。

（责任单位：市卫生计生委）

完善乡村医生岗位人员生活条件，为非本村上岗人员解决基本生活用房。

（责任单位：各涉农区政府）

（七）转变乡村医生岗位人员服务模式

鼓励乡村医生岗位人员单独或纳入乡镇社区卫生服务团队与本地区农村居民开展签约式服务。

（责任单位：各涉农区政府，市卫生计生委）

（八）探索乡村医生岗位人员执业风险化解机制

建立适合乡村医生岗位特点的医疗风险化解机制，可采取政府资助的方式，将乡村医生岗位人员纳入辖区内医疗机构，统一参加医疗责任保险，改善乡村医生岗位人员执业环境。

（责任单位：各涉农区政府，市财政局、市卫生计生委）

（九）被聘到农村社区卫生服务站工作的持有《乡村医生执业证书》的人员，其待遇应按照同工同酬的原则与站内同岗人员保持一致

（责任单位：各涉农区政府）

三、工作要求

（一）强化政府职责

各涉农区政府要将村级医疗卫生机构和乡村医生队伍建设纳入本区国民经济和社会发展“十三五”规划，作为深化医药卫生体制改革的重要任务认真落实；要合理布局村级医疗卫生服务机构，完善相关配套政策，方便群众寻医问药。市政府各有关部门要认真履行职责，强化协作配合，加大督促指导力度，确保各项工作扎实推进。

（责任单位：各涉农区政府，市卫生计生委、市财政局、市发展改革委、市人力社保局、市教委、市医改办）

（二）落实资金投入

各涉农区政府要加大对农村医疗卫生事业的投入，保障乡村医生岗位人员的合理收入水平及社会保障待遇；将村级医疗卫生机构建设、设备购置、日常运行等所需资金纳入财政年度预算，及时拨付到位，并确保专款专用。市级财政转移支付对生态涵养发展区予以倾斜，有效支撑农村基层卫生服务能力提升。

（责任单位：市财政局、市发展改革委，各涉农区政府）

（三）细化工作措施

市有关部门要尽快制定村级医疗卫生机构建设和乡村医生岗位人才培养与素质提升的具体措施，完善相关社会保障政策等方面的具体举措。各涉农区政府要结合本区实际，进一步细化相关政策措施，在本方案发布实施60个工作日内，制定具体实施方案，并报市医改办、市卫生计生委、市发展改革委、市教委、市财政局、市人力社保局备案。

（责任单位：各涉农区政府，市医改办、市卫生计生委、市发展改革委、市教委、市财政局、市人力社保局，市有关部门）

（四）加强督导考核

建立村级医疗卫生机构和乡村医生队伍建设落实情况的督查和通报机制，加强考核和问责，确保各项政策措施有效落实。

（责任单位：市卫生计生委、市发展改革委、市教委、市财政局、市人力社保局、市医改办）

其他卫生计生法规名录

✧ 国家卫生计生委　财政部关于做好2016年新型农村合作医疗工作的通知　　国卫基层发〔2016〕16号

✧ 北京市卫生和计划生育委员会关于做好整合城乡居民基本医疗保险制度有关工作的通知　　京卫基层字〔2016〕10号

北京市体育局　北京市农村工作委员会
关于开展创建北京市体育特色乡镇的通知

京体群字〔2016〕24号

各区体育局、农委：

为贯彻落实《北京市“十三五”时期城乡一体化发展规划》，进一步推动农村体育工作的发展，“十三五”期间本市将打造60个体育特色乡镇，开展有特色、高水平、群众参与程度高的体育健身活动，切实增强农民体质。为切实做好北京市体育特色乡镇创建工作，市体育局、市农委制定了《北京市体育特色乡镇标准》《北京市体育特色乡镇评选办法》（见附件1、附件2），现就组织实施工作提出如下要求。

一、各区体育局、农委要高度重视北京市体育特色乡镇创建工作。要充分利用此契机，以创建体育特色乡镇为抓手，积极宣传，广泛动员，进一步推动农村体育工作发展。

二、各区体育局要制定本辖区实施细则，认真组织实施，有计划地创建体育特色村和特色乡镇。要制定体育特色村和特色乡镇创建工作计划，并纳入各区《全民健身实施计划（2016－2020年）》。

三、各区要成立由体育局、农委、农民体协等相关部门组成的评审小组，认真做好初评和评审工作，确保创建工作高质量、高水平。

四、北京市体育特色乡镇评审工作由市体育局、市农委负责，对获得体育特色乡镇称号的单位进行奖励，并给予30万元扶持经费。

五、市体育局将《北京市体育特色村标准》进行了细化（见附件4），各区体育局、农委应制定相关实施细则，根据标准开展创建工作。对符合标准的村，各区应给予命名和奖励，并上报市体育局、市农委备案。

附件：1. 北京市体育特色乡镇标准（略）
2. 北京市体育特色乡镇评选办法（略）
3. 北京市体育特色乡镇申报表（略）
4. 北京市体育特色村标准评价表（略）

北京市体育局　北京市农村工作委员会

2016年5月16日

北京市人民政府关于加快发展体育产业促进体育消费的实施意见

京政发〔2015〕36号

各区、县人民政府，市政府各委、办、局，各市属机构：

为认真贯彻落实《国务院关于加快发展体育产业促进体育消费的若干意见》（国发〔2014〕46号）精神，着力深化改革，促进体育产业健康发展，更好地满足人民群众多样化的体育健身需求，充分发挥体育消费在推动首都科学发展中的积极作用，结合本市实际，提出以下实施意见。

一、总体要求

（一）指导思想

深入贯彻落实党的十八大和十八届三中、四中全会精神，深入学习贯彻习近平总书记系列重要讲话和对北京工作的重要指示精神，进一步深化体育体制改革和机制创新，充分发挥市场在资源配置中的决定性作用，积极引导社会资本参与体育产业发展，着力扩大体育服务和产品供给，着力优化体育产业结构和空间布局，着力促进大众体育消费，加快形成主体多元、有效竞争、充满活力的市场格局，促进体育产业加快发展，积极引领健康向上的体育消费方式，为构建“高精尖”经济结构、加快建设国际一流的和谐宜居之都提供有力支撑。

（二）基本原则

1. 突出首都特色。坚持和强化首都城市战略定位，立足奥运城市，发挥首都优势，紧抓申办2022年冬奥会和推动京津冀协同发展契机，将满足群众体育需求与促进产业转型升级相结合，切实采取有力措施，激发体育消费活力，推动体育产业加快发展，使之成为全市经济转型升级的新亮点和新增长点。

2. 深化改革创新。加快政府职能转变，进一步简政放权，完善配套政策，既要把体制内资源盘活，又要有效激发社会资本参与体育发展的积极性，营造竞争有序、充满活力的市场环境，推动体育产业与体育事业协调发展。

3. 发挥市场作用。遵循产业发展规律，坚持市场导向，完善市场机制，积极吸引社会资本参与，加快培育多元市场主体，优化体育产业结构，推动体育产业与相关产业融合发展，不断拓展体育消费空间。

4. 坚持以人为本。树立文明健康生活方式，增强人民群众参与体育健身的意识，培育体育健身消费理念，激发群众体育健身热情；不断完善基层体育公共服务设施，健全政府购买体育公共服务机制，努力满足群众体育健身需求，使体育消费成为弘扬和践行社会主义核心价值观的重要载体。

（三）发展目标

到2025年，基本建成符合首都城市战略定位的体育产业体系，全市体育产业总规模超过3 000亿元，实现增加值500亿元左右；体育服务业增加值占体育产业增加值的比重达到70%以上。组建一批集团化、连锁化的大型体育服务企业，培育3～5家国内一流、国际知名的上市体育企业，不断丰富体育产品和服务供给。市民体育健身和消费意识显著增强，人均体育消费支出明显提高，经常参加体育锻炼的人数占总人口比例达到50%以上，体育公共服务基本覆盖全体市民。

二、重点任务

（一）深化体育体制改革

1. 深入推进体育项目职业化改革试点。结合《国务院办公厅关于印发中国足球改革发展总体方案的通知》（国办发〔2015〕11号），改革创新体制，发展足球运动，全面实现足球的社会价值和功能。以足球、篮球、排球三大球为基础，加快推进网球、台球、拳击等关注度高、市场空间大的运动项目职业化、产业化发展。建立和完善职业体育的政策制度体系，鼓励社会资本参与组建职业体育俱乐部和专业体育表演团队，支持职业体育俱乐部实行会员制。引导北京国安足球俱乐部、北京首钢篮球俱乐部、北京汽车排球俱乐部完善法人治理结构，建立现代企业制度，充分发挥俱乐部的市场主体作用。

（责任单位：市体育局、市发展改革委、市工商局）

2. 深入推进体育场馆管理改革试点。加快国有体育场馆所有权和运营权分离改革试点工作，探索国有体育场馆所有权单位在市场化评估的基础上，以场馆资源作价投资入股职业体育俱乐部；探索将国有企业和学校等国有单位的体育场馆运营权交由第三方运营机构经营管理，激发体育场馆活力。鼓励本市具有品牌影响力的体育场馆运营管理企业通过品牌输出、管理输出、专业技术和人才输出等形式实现规模化、专业化、连锁化运营。打造2～3家国内一流、国际知名的体育场馆运营管理企业。支持发展智慧体育场馆，加快利用现代科技方式提升体育场馆运营管理水平。选择3～5家体育场馆开展混合所有制试点，推行场馆设计、建设、运营管理一体化模式，将赛事功能需要与赛后综合利用有机结合。鼓励以体育场馆为载体，打造城市体育服务综合体。

（责任单位：市发展改革委、市教委、市财政局、市人力社保局、市规划委、市国资委、市体育局）

3. 深入推进体育人才培养模式改革试点。推动体育运动人才培养模式多元化，支持社会力量开办体育运动人才培养机构，支持职业体育俱乐部加大对体育人才培养的投入，支持社会化培养的体育运动人才进入本市各级专业运动队。开展体育人才自由流动试点，支持运动员、教练员职业化、市场化发展，鼓励和推动优秀运动员、教练员赴境外接受训练、培训和比赛，以提升运动、执教水平；积极吸引境外优秀运动员、教练员及体育教师以多种方式参与本市职业体育发展。

（责任单位：市体育局、市教委、市人力社保局）

4. 深入推进体育赛事管理运营改革试点。鼓励社会力量投资组建体育赛事企业，举办各类商业性和群众性体育赛事活动，打造自主品牌赛事。丰富业余体育赛事，鼓励机关团体、企事业单位、学校以及其他各类社会力量广泛举办群众性体育赛事活动。以政府购买服务的方式，对各类社会力量举办的商业性和群众性体育赛事予以支持，允许赛事所有权归相关企业及社会力量所拥有。市公安、城管执法、新闻出版广电、卫生计生、消防等部门要根据体育行政部门提出的保障要求，积极为各类体育赛事活动提供服务，并明确服务种类、工作流程和收费标准。

（责任单位：市体育局、市教委、市公安局、市卫生计生委、市新闻出版广电局、市城管执法局、市公安局消防局）

5. 深入推进体育协会实体化改革试点。选择若干体育行业协会开展改革试点，加快推进与行政机关脱钩。加强体育协会管理，鼓励体育类民办非企业组织发展，积极培育多形式、多层次体育协会，引导其提供相应的体育服务与产品。加强体育志愿者服务队伍建设，健全完善相关保障机制，为志愿服务创造良好条件。

（责任单位：市民政局、市教委、市体育局、团市委）

（二）扩大体育产品和服务供给

6. 支持社会力量积极提供体育产品和服务。鼓励引导社会资本投资各类体育企业，在体育场馆设施运营、公益健身服务体系、群众性体育赛事活动等领域推广政府和社会资本合作模式。借助北京产权交易平台等资源，创办辐射全国的体育资源交易平台。支持社会力量积极兴办各类体育中介服务组织，面向体育企业提供人力资源、财务、法律等各类中介服务。

（责任单位：市财政局、市发展改革委、市科委、市旅游委、市国资委、市体育局、中关村管委会）

7. 加快体育产品和服务创新。支持高等院校、科研院所和体育类企业加大协同创新力度，研究开发更多拥有自主知识产权和科技含量的体育用品。加快推动一批现有新技术、新产品向体育领域转化，提升体育行业技术与装备水平。鼓励体育服务类和科技类企业加强合作，开展商业模式和服务模式创新。建立市场化的项目发现、筛选和培育机制，将体育服务业纳入北京市服务业扩大开放综合试点，对于将体育与科技、金融等融合，具有创新性的项目和企业，给予资金和相关政策支持。

（责任单位：市科委、市教委、市商务委、市文化局、市体育局、市金融局、中关村管委会）

8. 扶持体育企业做强做大。鼓励推动符合条件的体育服务类和科技类企业上市，支持体育企业并购重组，培育和组建3～5家国内一流、国际知名的上市企业。在竞赛表演、休闲健身、体育传媒、场馆运营、电子竞技等领域，选择培育5～10家大型体育服务企业。支持各区县打造品牌俱乐部、示范场馆和精品赛事。支持有条件的体育企业加强与国外体育文化机构合作，通过海外并购、联合经营、设立分支机构、共建营销基地等方式，推动体育文化产品和服务出口，开拓境外市场。鼓励境外优秀体育服务类和科技类企业来京发展。

（责任单位：市商务委、市财政局、市国资委、市体育局）

9. 推动公共体育设施建设和开放利用。严格落实本市居住公共服务设施配置指标有关规定，加快建设一批便民利民的中小型体育场馆、公众健身活动中心、户外多功能球场、健身步道等设施，打造“一刻钟健身圈”。强化资源整合，充分开发利用城市公园、郊野公园、户外广场、公共绿地等空间资源，建设体育健身活动场所。盘活存量资源，改造旧厂房、仓库、老旧商业设施等用于体育健身。鼓励社会力量建设小型化、多样化活动场所和健身设施，鼓励可拆装式游泳池、可拆装式体育场馆等体育设施建设。加强体育服务标准化建设评估工作。加快推进企事业单位和学校体育场馆向社会开放，积极推动各级各类公共体育设施免费或低收费开放。

（责任单位：市规划委、市发展改革委、市教委、市财政局、市质监局、市体育局、市园林绿化局、各区县政府）

10. 培育壮大体育新业态。丰富体育产业内容，推动体育产业与文化旅游、教育培训、影视动漫、广告会展、网络传媒、建筑、金融保险、健康养老等产业深度融合，促进相关业态的发展，提供多样化的体育产品和服务。积极支持体育影视、体育动漫、体育文化创作。鼓励可穿戴式运动设备、运动健身技术装备、运动营养保健食品药品等研发制造。创办中国（北京）冬季国际体育用品博览会。以龙潭湖体育产业园区和奥林匹克公园中心区为重点，推动体育服务类和科技类重点企业集聚发展。引导有条件的区县规划设立户外营地、徒步骑行服务站、汽车露营营地、航空飞行营地、船艇码头等设施。

（责任单位：市体育局、市商务委、市旅游委、市文化局、市文资办、市金融局）

（三）大力促进体育消费

11. 促进群众健身消费。将开展全民健身活动与促进群众健身消费相结合。大力支持发展健身跑、健步走、足球、篮球、排球、网球、自行车、轮滑、武术、游泳、冰雪运动等群众喜闻乐见和有发展空间的体育项目。鼓励各区县根据自然、人文资源发展特色民俗体育项目。通过政府购买服务等多种方式，支持社会各界广泛开展体育活动和体育竞赛。鼓励企事业单位提供一定经费用于开展职工体育活动。

（责任单位：市体育局、市教委、市民政局、市总工会、团市委、市妇联）

12. 加强青少年体育活动。鼓励中小学校开展形式多样的体育运动项目，切实保证中小学生每天不少于一小时校园体育活动。建立健全学生体育竞赛体制，推进青少年足球、篮球、排球三大球联赛发展。加强对青少年的体育培训，积极创建青少年体育俱乐部和校外体育活动中心。以政府购买服务的方式，鼓励中小学生到体育俱乐部参加体育运动技能培训，掌握一项以上体育运动技能，养成良好的体育锻炼习惯和健康生活方式。

（责任单位：市教委、市财政局、市体育局、团市委）

13. 促进康体结合。倡导运动促进健康的理念，培养群众终身运动的习惯。大力发展运动康复医学，鼓励有条件的医疗机构设立运动康复科，鼓励社会资本开办体质测定、运动康复和营养膳食等各类机构。完善市民体质监测制度，定期发布市民体质监测报告。探索通过政府购买服务的方式，为大、中、小学生提供体质健康测试服务。加强社会体育指导员建设，为群众体育运动提供科学指导。推广"运动处方"，倡导合理膳食和科学运动，发挥体育锻炼在慢性病防治以及健康促进等方面的积极作用。

（责任单位：市体育局、市科委、市卫生计生委、市中医局）

14. 提升体育消费的信息化水平。深入推动体育消费与信息消费融合，加快推进体育产品和服务生产、传播、消费的数字化、网络化进程，拓展线上线下相结合的体育消费新空间。推动互联网金融与体育产业融合发展，鼓励体育类电子商务平台发挥技术、信息、资金优势，为体育消费提供优质服务。

（责任单位：市体育局、市经济信息化委、市文资办、市金融局）

15. 建立完善体育保险制度。制定实施促进体育保险发展的具体办法，加大财政资金的支持和引导力度，强化对体育产业发展的保障作用。鼓励和引导保险机构探索开发大型体育赛事责任险、学校体育险、体育旅游险、户外运动险等保险产品和服务，引导企事业单位、学校、个人购买运动伤害类保险。

（责任单位：市金融局、市财政局、市体育局）

（四）推进京津冀体育协同发展

16. 促进京津冀体育产业合理布局、集群发展。深入落实京津冀协同发展战略，充分发挥三地各自比较优势，因地制宜发展体育产业，打造一批符合市场规律、具有市场竞争力的体育产业基地和体育产业示范项目。

（责任单位：市体育局、市发展改革委、市财政局、市国资委）

17. 完善京津冀体育产业协同发展机制。大力促进京津冀体育产业深度融合，加快建设一体化市场体系，逐步实现人才、场地、资金、信息以及项目等资源的整合与共享，形成产业发展合力。支持三地相关单位组织跨区域体育竞赛和业余联赛。联合河北省、天津市建设特色鲜明的体育休闲旅游基地，打造京张冰雪体育休闲旅游带，建立2～3个生态体育公园。

（责任单位：市体育局、市发展改革委、市教委、市财政局、市旅游委）

三、政策措施

18. 完善金融支持政策。政府设立体育股权投资引导基金，引导社会资本设立体育产业投资基金。鼓励银行、担保等机构建立针对体育产业的特色支行、体育金融专业服务团队，不断创新金融产品和服务。探索债券、信托资金等支持体育产业发展的新途径。鼓励支持私募股权投资基金、创业投资基金及各类投资机构，加大对体育产业、体育新兴业态和体育设施建设的投资力度。支持符合条件的体育企业进入资本市场，通过股票上市、项目融资、产权置换等方式筹措资金。继续扩大对外开放，鼓励境外资本投资体育产业。

（责任单位：市金融局、市财政局、市体育局、中关村管委会）

19. 健全体育消费政策。安排一定比例的体育彩票公益金等财政资金，通过政府购买服务等方式，积极支持群众健身消费。探索推行体育消费一卡通，将符合条件的具有公益性、大众化的体育场馆设施使用和消费项目纳入其中；创新财政资金支持方式和途径，由补贴体育企业向补贴群众体育消费转变，拓展体育消费新空间。

（责任单位：市财政局、市人力社保局、市商务委、市体育局）

20. 完善税费价格政策。体育企业发生的符合条件的广告费支出，符合税法规定的可在税前扣除。对经认定为高新技术企业的体育企业，减按15%税率征收企业所得税。提供体育服务的社会组织，经认定取得非营利组织企业所得税免税优惠资格的，依法享受相关优惠政策。落实符合条件的体育企业创意和设计费用税前加计扣除政策。落实企业从事文化体育业应税劳务取得的收入按3%的税率计征营业税等政策。对财政部门拨付事业经费的体育场馆、体育学校自用的房产免征房产税。体育企业缴纳城镇土地使用税、房产税确有困难的，可按照税收管理权限报经批准后定期给予减免。企业、个人通过公益性社会团体或者县级以上人民政府及其部门向体育赛事活动、优秀运动队、公益性体育设施等捐赠，符合税法有关规定的，准予在计算应纳税所得额时扣除。

（责任单位：市财政局、市地税局、市体育局）

21. 完善规划布局与土地政策。将公共体育设施和体育产业发展用地纳入本市城市总体规划、土地利用总体规划和年度用地计划，对重点体育产业项目建设用地给予支持。新建和改扩建体育场馆可适当提高容积率指标。严格落实本市居住公共服务设施配置指标有关规定，确保群众健身类公共体育设施与新建、改扩建住宅小区同步建设、同步验收，及时交付使用。已建成住宅小区无公共体育设施，或现有设施未达到规划建设标准要求，具备条件的，要通过改造等方式予以完善。充分利用城市公园、郊野公园、公共绿地及城市空置场所等建设公共体育设施。鼓励基层公共文化体育设施共建共享。在已建成住宅小区中，支持企业、单位利用原划拨方式取得的建设用地和存量房产，在符合规划情况下兴办体育设施，对符合划拨用地目录的非营利性体育设施项目可继续以划拨方式使用土地；不符合划拨用地目录的经营性体育设施项目，连续经营1年以上的可采取协议出让方式办理用地手续。

（责任单位：市规划委、市发展改革委、市国土局、市住房城乡建设委、市体育局）

22. 健全人才培养政策。借鉴中关村科技创新创业人才扶持政策，研究建立符合体育产业发展、有利于培养和引进国际水准的体育创新型、复合型人才工作机制。对符合本市人才引进政策的高层次体育人才，视实际贡献及本人需求，纳入相应政策范围。建立健全体育人才认定机制、评价体系和激励机制，推进职业技能鉴定和职称评定工作，建立体育人才信息资源库和综合保障服务平台。实施体育产业人才国际交流项目，每年选派100名优秀体育产业人才赴境外学习交流。

（责任单位：市体育局、市科委、市财政局、市人力社保局、中关村管委会）

23. 健全创业扶持政策。支持鼓励退役运动员、大学生等积极参与体育创业。支持社会资本创办各类体育创业孵化服务机构。对于在京注册的体育服务类、科技类企业和经认定的创新型体育孵化服务机构新建、购买、租用办公用房的，按相关优惠政策给予补贴支持。

（责任单位：市体育局、市财政局、市人力社保局）

24. 完善体育无形资产开发保护政策。加强对体育组织、体育场馆、体育赛事活动名称、标志等无形资产的保护与开发，提升体育无形资产创造、运用、保护和管理水平。促进体育衍生品创意和设计开发，推进相关产业发展。研究建立体育无形资产交易平台，推进赛事举办权、赛事转播权、运动员转会权等具备交易条件的体育资源公开、公平、公正流转。完善体育技术成果转化机制，加强知识产权运用和保护，促进科技成果产业化。

（责任单位：市知识产权局、市新闻出版广电局、市工商局、市体育局、市金融局）

四、组织保障

25. 健全工作机制。建立市体育产业联席会议制度，负责研究制定全市体育产业发展中的重大战略和政策，统筹解决产业发展中的重大问题，协调推进重大项目建设。联席会议由分管体育工作的副市长担任召集人，成员单位包括市发展改革、教育、科技、经济信息化、人力社保、财政、国土、规划、住房城乡建设、税务、质监、新闻出版广电、统计、金融、知识产权等部门，办公室设在市体育局。

（责任单位：市体育局、市发展改革委）

26. 加强行业管理。充分发挥北京市体育产业协会及各体育行业分会在制定服务规范、引导产业布局和拓展业务领域等方面的指导作用，促进行业自律。建立预防与惩处并重的教育、监督和执法体系，加强体育组织、体育企业及从业人员的诚信建设，形成公正透明的发展环境。进一步完善体育产业统计制度，不断健全产业监测评价机制，定期发布产业运行数据。大力推进体育产业标准化工作，提高体育产业标准化水平。

（责任单位：市体育局、市发展改革委、市民政局、市质监局、市统计局、国家统计局北京调查总队）

27. 营造良好氛围。进一步加大宣传力度，充分利用广播、电视、报刊、互联网等媒体开展形式多样的宣传活动，鼓励各级各类媒体开辟专题专栏，普及健身知识，宣传健身效果，积极引导群众树立正确的体育消费观念、养成良好的体育消费习惯，传播体育带来的正能量，弘扬奥林匹克精神和中华体育精神，践行社会主义核心价值观。

（责任单位：市体育局、市教委、市文化局、市文资办、市新闻出版广电局）

各区县政府、市政府各有关部门要根据本实施意见要求，结合实际情况，抓紧研究制定具体工作方案和配套文件，切实把加快发展体育产业、促进体育消费各项工作落到实处。市体育局要会同有关部门对落实本实施意见的情况进行督促检查，遇有重大问题及时向市政府报告。

北京市人民政府

2015年7月9日

其他体育法规名录

✧ 国务院关于印发《全民健身计划（2016－2020年）》的通知　　国发〔2016〕37号

✧ 体育总局　教育部　全国总工会关于印发《国家体育锻炼标准施行办法》的通知　　体群字〔2013〕153号

✧ 北京市人民政府关于印发《北京市全民健身实施计划（2011－2015年）》的通知　　京政发〔2011〕16号